スポーツは民主主義のバロメーター

スポーツで読み解く競争社会の本質

杉崎 隆晴

Sugisaki Takaharu

Sports are Barometer of the Democracy

ロギカ書房

前書き

小泉内閣以降、「競争」という言葉が流行し、世間を席巻した。そして、この言葉は、多くの国民にとって、それまでの社会に鬱積していた問題をすべて解決してくれる特効薬のように感じられた。だからこそ、三百議席という大勝利を小泉自民党にもたらした。

しかしながら、それによって実現した「競争社会」は、国民の夢を実現するものではなかった。そのため、選挙（政策提案競争のルール）によって政権が交代し、ほぼ同数の民主党議員が誕生した。戦後初めて、政治に競争原理が導入された瞬間だった。

それによって、我々は、戦後初めて、あるいは、実質的には日本誕生以来初めて、「競争社会」を体験したわけである。この表現があまり違和感なく受け入れられる理由は、「高度経済成長を担っていた制度は競争的（自由主義的）資本主義ではなく、高度に洗練化された日本型社会主義である」という言説が、その当時から、多くの国民に共有されていたためと思われる。高度成長を成し遂げることができた第一の理由として先進国からも賛美されていた日本型終身雇用制度は、どう考えても、資本主義自由経済制度と折り合わない。論理的には折り合わないのに日本人の生活に違和感のない制度であったということは、当時の日本人が真の競争社会を生きていなかったことの証明でもある。

その「当時」とは、ほんの数十年前である。数十年前に日本人が競争社会に生きていなかったということは、競争社会の本質、もっと言えば、競争の本質を理解していなかったということだ。そういう非競争社会で数十年を生活してきて、非競争社会で出世するすべを身につけてエリートに昇進し、競争の本質を理解していない面々が小泉内閣の下で競争的制度を作り上げたわけであるから、真の競争社会に適応する制度改革ではなかったのは当然といえば当然だが。それが、小泉改革が挫折した原因である。そのことが理解されていないが故に、未だに、日本社会は混乱し、出口が見えてこない。その理由を明確に示そうとしたのが前著『政治・経済、そしてスポーツ　競争の現代的意味』であった。

その後、再度自民党が大勝利し安倍内閣が誕生したが、政治における競争(政策提案競争)は実質的に機能していない。日本は、北朝鮮や中国とは違い、民主主義社会なので、どの提案を採用するかは「政策論争」という競争を行い、その競争の勝敗ルールである多数決を通して決められなければならないはずである。したがって、55年体制にはなかった本当の論争をしなければならなくなったのだが、民主党(民進党)と自民党の提案競争は見るに堪えない状態であった。そのつけが、真剣な議論抜きにムードのみで誕生した小池都政の誕生とその後の混乱である。

このような政治的混乱を見て、心ある日本人なら誰でも、これまでの慣習や制度を根本的に変革しなければならないと、危機感を持っているはずだ。しかし、変革案が乱立していて変革の方向は見えていない。その理由は、改革の方向(その中のどの政策を採用すべきか)を決める政策提案「競争」というべき論争が機能していないからである。最大の理由は、安倍首相が論争から逃げていることであるが、追及する野党も論争の仕方を知らないようだ。

スポーツを考えれば分かるように、そもそも、真剣に行われる「競争」は何であれ見ていて面白いはずだ。この競争(政策論争)が見ていて面白くないのは、政策提案競争をしている当事者が「競争」の意味を理解していないからである。競争の本質は、スポーツの競争に限らず、始まる時に勝ち負けが決まっていないことだ。したがって、政策提案競争においても、自分が勝つことを前提として戦うが、負けた場合には潔く負けを認める姿勢で戦うことが肝心である。修正動議がしばしば可決されてもおかしくない。

ところが、日本の国会ではそのような例がほとんどない。議論を聞いていると、論争になっていない。時間を埋めるだけの討論で、本当の議論ができていない。典型的な例が安保法制の議論である。公聴人がすべて違憲としたにもかかわらず、その後の国会討論が議論になっていない。

朝日新聞の「耕論　熟議は幻想か」のインタビューで駒沢大学教授の大山礼子は、「フランスやドイツなどでは、実質的な審議がなされ、与野党の指摘で頻繁に修正が行われているが、日本では、政治論戦や日程闘争ばかりで、実質的な審議が深まらない。その最大の原因は、与党が法案を「事前審査」し、そもそも国会で修正するつもりがないところにある」と指摘している（2017.6.16）。与党議員に議論する気がないということである。その最大の理由は、自民党が利権政党であって理念政党でないからである。自民党には大きな政府派と小さな政府派がいるので、本来であれば二政党に分裂するはずであるが、それは自民党内において些細な違いであり、集まった代議士にとってどの政策を採れば自分たちが得をするのかという損得勘定が政策を決めているからだ。そうである以上、自民党内では議論ができても、他党との真剣な議論は望みようがない。

本書は、スポーツにおける競争の実態を見ながら、福澤諭吉が「競争」と訳した「コンペチション（Competition）」という語が意味するものを再度読者に提示し、日本における議会政治の成熟に資することを目的としている。

ただし、本書は、政治的混乱解消への道筋を示すことではなく、史上初めて真剣に政治選択の論争を行っている日本人にとって、道筋をつけるための議論を展開するには「何が必要か、何が足りないのか、日本文化のどこを変える必要があるのか」を「競争の本質」をキーワードに論じたものである。

第一章で詳しく考察するが、スポーツが競技として行われるための必要条件は、①対戦者の平等性（試合開始時に勝敗が決まっておらず、どちらにも勝つチャンスがある）、②ルールの遵守、そして、③

敗者へのいたわり（ノーサイドの精神）である。敗者へのいたわりがあるから、負けるかも知れない競争が楽しくできるのだ。しかし、経済活動において小泉内閣が導入した競争制度には、敗者へのいたわり政策（失業対策等）への配慮が決定的に不足していた。そのため、政策立案を担当した役人が不完全競争になるような制度を作って、日本型社会主義の恩恵を受けた自分たちの立場を守ることに四苦八苦しただけではなく、経済競争の敗者が、スポーツ競技の敗者とは似ても似つかぬ無権利状態におかれることになったのである。

後で再度議論するが、ここに福翁自伝の一部を紹介する。

選挙法とは如何な法律で議院とは如何な役所かと尋ねると、彼方の人はただ笑っている、何を聞くのかわかり切ったことだというような訳け。ソレが此方ではわからなくてどうにも始末が付かない。また、党派には保守党と自由党と徒党のようなものがあって、双方負けず劣らずを削って争うているという。何のことだ、太平無事の天下に政治上の喧嘩をしているという。サアわからない。コリヤ大変なことだ、何をしているのか知らん。少しも考えの付こう筈がない。あの人とこの人とは敵だなんというて、同じテーブルで酒を飲んで飯を食っている。少しもわからない。ソレがわかるようになろうというまでには骨の折れた話で、その謂れ因縁が少しずつわかるようになって来て、入組んだ事柄になると五日も十日も掛かって、ヤット胸に落ちるというような訳けで、ソレが今度洋行の利益でした。

アメリカの議会では、本当の意味での論争が成立していたので、対立政党の議員と真剣に議論し、議会修了後はお互いの健闘を讃えてご苦労さん会を開いたのであろう。今の安倍政権の国会討論を聞いていていて、後で健闘を讃える晩餐会が開かれるだろうと想像できる人は一人もいないだろう。民主主義の本質からこの問題を考えるのが本書の最大のテーマである。

さらに本書では、スポーツの国際化というテーマの分析を加えることによって、国際社会のルール作りに新たな視点を提示したつもりである。スポーツの世界選手権においてルール無視はあり得ない。ところが、他の分野の国際競争においては、ウクライナ危機、トランプ現象、北朝鮮問題といった、国際ルール無視の事態が頻発している。国際社会におけるスポーツ競争にそのようなルール無視が発生していないのは、国際競技連盟が強い強制力を持っているためである。そして、両者の中間に位置づけられる現象が、ロシアの組織的ドーピング問題である。なぜなら、ロシアオリンピック委員会の活動ルールはスポーツの競技ルールではないからである。この問題の本質を理解することが、国際的スポーツ競技と国際的貿易競争の違いの理解につながり、国際平和に寄与するものと確信している。

『スポーツは民主主義のバロメーター　スポーツで読み解く競争社会の本質』

目次

第一部

スポーツの本質とその日本的展開

ここでは、競争を本質とするスポーツが民主主義国家であるイギリス（形式上は王国であるが、実態は国民の総意で運営されている）で成立したことの意味と、そのスポーツが非民主主義国であった日本でどのように受容されていったかを考察する。

第一章
競争とは何か

第一節 「争う」と「競う」の違い

競争は諭吉の創作

競争とは何だろうか。どうも、この言葉は、福沢諭吉がコンペティション（competition）の訳として作り出した言葉のようである。経済論の本に興味を持った徳川幕府の役人に目次（目録）を訳して見せた時に、「コンペチション」に「競争という訳字を造り出して当てはめ」たところ以下の問答があったようだ（『新訂福翁自伝』p184-85. 段落分けは引用者）。

「イヤここに争《あらそい》という字がある、ドウもこれが穏やかでない、ドンナことであるか」

「ドンナことッて、これは何も珍しいことはない、日本の商人のしている通り、隣で物を安く売ると言えば此方《こっち》の店ではソレよりも安くしよう、また甲の商人が品物を宜《よ》くすると言えば、乙はソレよりも一層宜《よ》くして客を呼ぼうとこういうので、またある金貸が利息を下げれば、隣の金貸も割合を安くして店の繁盛を謀るというようなことで、互に競い争うて、ソレでもってちゃんと物価も決まれば金利も決まる、これを名付けて競争というのでござる」

「なるほど、それか、西洋の流儀はキツイものだね」

「何もキツイことはない、ソレで商売世界の大本《おおもと》が決まるのである」

「なるほど、そう言えばわからないことはないが、何分ドウモ争いという文字が穏やかならぬ。これではドウモ御老中の方へ御覧に入れることが出来ない」

諭吉は、この問答を以下のように考察している。

妙なことを言うその様子を見るに、経済書中に人間互いに譲るとかいうような文字が見たいのであろう。例えば商売をしながらも忠君愛国、国家のためには無代価でも売る、とかいうような意味が記してあったらば気に入るであろうが、それは出来ないから「ドウモ争いという字がお差支《さしつかえ》ならば、外に翻訳しようがないから、丸《まる》でこれを削りましょう」と言って、競争の字を真黒にして消して目録書を渡したことがある。この一事でも幕府全体の気風が推察できましょう（p185）。

コンペティションという語を「競争」と訳したところ、役人が「争う」という語が気に入らなかったということは、「争い」という言葉が日本人にとってタブーに近い語であることを示している。「例えば商売をしながらも忠君愛国、国家のためには無代価でも売る、とかいうような意味が記してあったらば気に入るであろう」という推察は、筆者が前著で指摘した日本型社会主義の真骨頂に対する皮肉とも言えるであろう。コンペティションには、「察する」という日本文化の伝統が欠如しているのを福澤は本能的に知っていたのであろうか。

辞書によると

ただし、右の文面から、「競う」は許されるようである。そこで、「競う」と「争う」の違いを辞書で検討してみた。用いたのはウェブ辞書(小学館の大辞泉)である。「競う」は、「互いに負けないように張り合う。競争する。」と淡泊であった。そこで、「争う」を引いてみると、以下に示した5つもの意味があることになっていた。

1 相手にまさろうとして、また、何かを得ようとして張り合う。競争する。
2 敵対する。戦う。けんかする。いさかいをする。
3 少しの時間をも得ようとして忙しくする。急を要する意にいう。
4 自分の言い分を、正しいとして押し通す。
5 抵抗する。こばむ。

そして、下の方に、用法についての注意が以下のよう書かれていた。これを見ると、争うと競うは意味範囲が違い、役人の指摘もまんざら理由がないわけではないことが分かるだろう。

【用法】あらそう・きそう――「争う」には、「敵と争う」「労使が争う」「兄弟が遺産をめぐって争う」のように、互いに戦う、対立する、いさかいをする意味がある。この場合は「競う」は使えない。◇また、互いに張り合い、勝とうとする意味では両語とも使われるが、「首席を争う」「優勝を争う」など、ある目的のために張り合う場合は、ふつう「争う」が用いられる。◇「競う」は、「腕を競う」「技を競う」「カラオケ大会でのどを競う」「美しさを競う」のように、能力の優劣、物事の程度などを対象とする場合に多く使われる。◇「品質の優劣を争う（競う）」「勝敗を争う（競う）」「争って（競って）新製品を開発する」などの場合は相通じて用いられる。

また、日本国語大辞典の「争う」の【語誌】の欄を見ると以下の記述がある。

類義語として「あらがう（抗）」「きおう（競）」「きそう（競）」「きしろう（軋）」「いさかう（諍）」「たたかう（戦）」などがある。このうち、同源と思われる「あらがう」「あらそう」は、自身を強く押し出して他者に対抗する意が共通するが、「あらがう」が他者の言動に直接向かう否定や拒否をいうのに対し、「あらそう」は自己の目的の実現のために他者と張り合うことをいう。したがって、「あらがう」は「北の方の御思ひやりを、あながちにもあらがひきこえ給はず」（源氏－夕霧）のように「拒否の対象＋を」の形をとる。一方、「あらそう」は「しげき蓬は、軒をあらそひて生ひのぼる」（源氏－蓬生）のように「目的とするもの＋を」の形をとり、また、「高きまじらひにつけても心乱れ、人にあらそふ思ひの絶えぬも」（源氏－若菜下）のように「張り合う相手＋に」の形をとることになる。

「きおう」「きそう」「きしろう」は、他者と張り合うことを表わす点で「あらそう」と似ているが、「きおう」は他にあおられ、負けまいと勢い込む意、「きそう」「きしろう」は他に勝ろうとする意で、いずれも他者と張り合うこと自体を問題にするのに対し、「あらそう」は目的が別にあってその実現に向かうにあたっての他者との張り合いをいう。

「いさかう」は言葉によって、「たたかう」は実力によって他者と対抗することを表わすが、「あらそう」は手段を問題にしない。

つまり、他者と張り合うことに意識がある活動が「競う」であり、勝つこと自体に意識がある活動が「争う」であると理解してよいであろう。したがって、勝つことが目的で結果オーライの戦いである戦争や喧嘩をする時には「競う」という言葉は使えないということである。逆に言うと、競う行為は、血がのぼって単に相手を倒すという意識だけで行う単なる喧嘩ではないということである。

競う活動の典型であるスポーツは、戦いではあるが、スポーツの語源が気晴らしであることからわかるように、もともと、気張らし目的で開始されたものである。十九世紀に発展した「現在の意味でのスポーツ」の目的は、単に勝つことだけではなく、スポーツすること自体が活動の目的の一つであるので、競うという言葉が使えるのである。

英語では

次に、和英辞典を引いてみるとこの事情を再確認できる。左の表は、英辞郎という辞書サイトで「争う」と「競う」についての用例を集め、同じサイトでその英単語の意味を確認して示したものである。上の5つが両者に共通して現れた動詞であり、その下は各々の動詞のみに割り当てられていた英語の動詞である。これを見ると、「争う」に特有の意味が一目瞭然であろう。すべてが、相手の存在を尊重しない戦いを意味する動詞である。

競う		争う	
compete	競争する、匹敵する	compete	
contend	競争する、強く主張する	contend	
contest	競争する、意見を戦わせる	contest	
vie	優劣を競う	vie	
jostle	押しやる、押しのけて進む	jostle	
emulate	模倣してしのごうとする、張り合う	bandy with	投げ合う、ぞんざいに扱う
race	（スポーツで）競争する	battle	戦う
strive	努力する、競う、戦う	bicker	つまらないことで口論する
try out	試してみる→出場を目指して競う	duel	決闘する
		encounter	出会い→敵と遭遇する
fight in a tournament		fight	戦う
		quarrel	喧嘩する、争う
		squabble	つまらない口喧嘩をする..
		square off	攻撃の構えをする
		tangle	縺れる→もめる
		tug	強く引く→戦う
		war	戦う
		deraign《法律》	権利を主張する、法律的に争う

次に、competition を英語辞書で見てみると、compete の名詞形と出ている。この動詞の語源はラテン語の competere であり、ラテン語では come together「一緒に来る」の意味になる。しかし、後期ラテン語では strive together「一緒に戦う（努力する）」という意味に変化し、これが現代英語につながっているようである。そこで strive の意味を確認すると、英語の strive には、「競う、戦う」の前に「真剣に努力する」という意味があり、strive together とは、「皆で一緒に真剣に努力して戦う」というニュアンスになると思われる。そうすると、この言葉は、日本語の「競う」と同じように喧嘩や戦争の遂行に対しては使えない言葉であることが明らかになる。「私は、あいつと真剣に一緒に努力して喧嘩（戦争）をしました」という表現がおかしいことは、誰でも直感的にわかるだろう。

これは、日本語で「競い合う」とは言えても「争い合う」という言葉がおかしく聞こえるのと相同なのかも知れない。

第二節　競争の成立条件

競争とは相手を尊重する闘い

ここまで書いてきて、最近刊行されたドゥールの『スポーツ哲学の入門』読んだところ、同様の指摘がされていることが分かった（p5）。彼は、スポーツの定義に、ロイの「身体的卓越の明示」という要素を入れるとともに、卓越という概念から、競争という要素を導き出してる。彼は、competition の語源を「共同の努力」として、共同して努力する他者の存在をもう一つの要素とした。ただし、この「他者」は人間である必要はないという指摘（例えば、未踏峰に登ろうとしている登山家は、山を相手に競争している）に対して、以下のように反論している。

ともに競い合う者には、競争において共同に努力するという意図がある。他人の過去の成績や得点や記録であれば、誰かがある時点でそういう意図をもっていたとも考えられるが、山や川はそういう意図をもたない。したがって人間と山や川は、卓越性の追求において共同で努力することはない。登山家やいかだ乗りは卓越性を達成するかも知れない。しかし、それは山や川との比較によってではなく、他の登山家やいかだ乗りの成績との比較によって決定される（p7）。

つまり、「一緒に努力する」相手には、敵の選手も味方の選手も含まれるわけである。こう考えると、「私は真剣に一緒に努力して喧嘩（戦争）をしました」がおかしい理由の一つには、「一緒に」と表現する時の「仲間」には、チームメイトだけではなく対戦相手をも含まれていることが関係するからだと理解できるだろう。対戦相手にとってもメリットがあることを一緒に努力することが競争だとすると、相手を虫けらのように扱う喧嘩や戦争が競争ではないことが明らかとなる。逆に言うと、競争とは、自分にとって価値ある活動であり、もし対戦相手が人間であれば、その人にとっても価値がある活動でなければならないのである。

これらの事実から、英語の competition 自体が、真剣に努力することを意識した活動に使われていた言葉であり、真剣に努力することに意味がある活動にのみ使いうる言葉と考えてよい。真剣に努力する意味のある活動は、当然、一緒に努力する味方だけではなく、競争相手をも尊重した戦いである。したがって、戦争は相手を尊重する争いではないから競争とは言えないが、オリンピックの金メダル戦争は相手を尊重した争いであるので競争と言えるのである。

平等な他者の存在

しかし、相手を尊重するだけでは競争が成立しない。たとえば、殿様将棋は相手を尊重はしているが、競争とは言えない。なぜなら、殿様と相手で適用されるルールが異なっていて、何回やっても殿様が勝ってしまうからである。筆者はこの殿様将棋を殿様は何回待ったしてもいい将棋と思っていたが、出典の落語では「この歩は取ってはいけない」というように、殿様が権威を傘に相手の差し手を指示するような行動に出る事態のようである。いずれにしても、戦う前に勝つか負けるか分からない争いではないので、競争とは言わない。対戦相手と平等条件で行う活動でないので、これを競争とは言わない。つまり、「相手を尊重する争い」が成立するためには、共通なルールが存在する必要がある。これは、相手を「平等な他者」として認知する、あるいは、受け入れることにつながる。

しかし、日本では、相手を平等な他者として認知する社会が江戸時代まではなかった。なぜなら、相手を平等な他者として認知する社会は民主主義社会だからである。右の殿様将棋を考えてみると、江戸時代的には、殿様のご無理ごもっともを聞き流して、お互いに身分をわきまえて相手を尊重してはいる。しかし、平等な他者として相手を尊重していたかと問いただしてみると、疑問符がつくだろう。「身分相応」という発想が、「競争による決定」ではなく「思いやりによる決定」の源なのかも知れない。

三木三之助は、『明治精神の構造』の中で、この民主主義社会に接した時の福沢の驚きを示すエピソード(『新訂福翁自伝』の原文ではp117)を紹介している。

最初の洋行でアメリカに渡った時のことである。福沢がアメリカ人に、いまワシントンの子孫はどうなっているかと聞くとワシントンの子孫には女がいるはずだが、今どうなっているか知らない、何でも誰かの夫人になっている様子だと、いかにも冷淡な答えが返ってきたので驚いたということである。福沢によれば、ワシントンと言えば日本ではさしずめ、源頼朝・徳川家康という考えが頭にあったから、その子孫と言えば大変な者に違いないと思って聞いたところが、案に相違してこのような返事だったので「是は不思議」と戸まどったわけである。徳川身分社会にあっては、生まれや人柄が人間の値打ちを測る尺度であったが、近代市民社会においては、人間の価値は生まれによってではなく、その人自身の行為や業績によって測られる。このギャップは、まさに社会生活の根底に横たわる価値観の相違によるものであるから、福沢も理解に苦しんだものと見える（『明治精神の構造』p30）。

つまり、競争（コンペティション）が成立するためには、単に相手を尊重するだけではなく、平等な他者として尊重しなければならないのだ。そうすると、競争が成立する条件は、①平等な競争相手が存在すること、②両者に平等に適用されるルールがあること、そして、③最終的に勝者が決定されることである。

競争にはルールがある

これは、筆者が前著で指摘した、スポーツ競争が成立する必要条件、「①平等（試合開始時に勝敗が決まっていないこと）、②ルール遵守（フェアプレイの精神で戦うこと）、③必ず勝負がつくこと（ノーサイドの精神）」と同じである。しかし、この条件だけでは、現代のスポーツだけではなく、ギリシャ時代の血なまぐさい競技も範疇に入ってしまう。後述するように、ギリシャ時代のレスリングに似たパングラシオンという競技は、相手が反則すれば自分もやってよいという平等ルールで行っていたのであるから、スポーツとみなせることになる。

また、戦争も、厳密に考えると、①相手も同じ競争相手だと思い、②何をやってもいいというルールを守って戦い、③最終的に勝ち負けが決まる活動だから、競争と言えるかも知れない。遊びに関する名著『ホモ・ルーデンス』の中で、ホイジンガは、「遊技と戦争」の章を「秩序を守った闘争は遊技である」という節から始めて、戦争さえも遊技であるという論を展開しているが、その戦争に関する部分を引用してみよう。

戦争のある種の古代的形式の中にこそ、戦争に自然につき纏うものである遊戯性が、もっとも直接的な形で表現されている、といえよう。すでに前の章で定義を試みたことだが、古代文化の中では、裁判、運命、吉凶占い、賭博、挑戦、闘い、聖事としての神の裁きなどの観念が、たった一つの概念領域の中で並び合い接し合っていた。それならば、戦争にしてもその本質に従って、この概念領域の中に完全に含まれるものでなければならないはずである。聖なる価値を持った神の採決を得ようとして、勝つか負けるかという試練を受けること、これが戦争なのである。裁判、賭博、籤占いも神々の意思を掲示することができたわけだが、それらのかわりとして今度は武器の力が選ばれたのだ（『ホモ・ルーデンス』p162）。【後略】

このように考えるホイジンガは、「戦闘のかわりに行われる決闘は、決闘裁判と殆ど区別がつかない」と述べて（p165）、「決闘は、その本質において、祭式的な遊技形式の一つであり、抑えきれない憤怒から思わず犯してしまったかも知れない殺人の規制なのだ」と指摘している（p168）。そして、殺人から戦争への移行を以下のように考察している。

未開民族の世界では、掠奪行、暗殺、人間狩りが日常茶飯事の習慣として行われていたのである。ところが、戦争という概念が真の意味で生ずるのは、全面的な敵対関係という、特殊な、深刻な事態が起こって、これが個人的な争いと切り離されるようになった時であり、またある程度までは、それが家族相互の確執から区別されるようになった時である。そうして、こういう区別がもうけられたことから、初めて戦争は祭祀的領域の中におかれるものになるばかりか、さらに闘技的領域にも位置を占めるものになってゆく（p168‐69）。

よく考えてみると平家物語をはじめとする戦記物の記述には、敵将を「敵として尊敬する」態度が見られ、日露戦争の時にロシア人捕虜を大切に扱った記録も見られる。戦争にもルールがあるのである。実は、近代戦も、捕虜や民間人の虐待禁止というジュネーブ条約に則って戦っていたのである。日本を除いて。分かりますね。日本が戦っていたのは平等な他者ではなく、日本人という人間が英米人という鬼畜と戦っていたのである。それ故に、捕虜への人権的配慮もなく、また、捕虜となった時の教育をせず、彼らがべらべらと秘密をしゃべってしまい、米軍をびっくりさせたのである。戦後処理がうまくいかないのは、アジアの人々をも「鬼畜」と同等としてしか扱っていなかったことへの反省がどこかへ押しやられていることが最大の原因なのではないだろうか。そして、その事実をこじ開けられることへの恐怖が無意識に作用して、「臭いものには蓋を」という理性を欠いた対応しかできないでいるのではないだろうか。

第三節　近代における競争の在り方の変容

競争は太古の昔から

右の最後の問題は後で考えるとして、血なまぐさいギリシャ時代の競争とスポーツの関係を少しだけ議論しておこう。オリンポスの祭典の時代にはスポーツという言葉自体は存在していない。スポーツという言葉は一五世紀のイギリスで誕生し、「気晴らし」の意味で使われていた言葉であり、現在のスポーツイベントのような、血を流さない激しい競争活動を意味することになるのは、産業革命以降である。それは、民衆が血を流す活動を忌み嫌う風潮が自然発生的に広まった時代である。

この血を流す活動を忌み嫌う風潮の広まりは、政治闘争（王朝交代）で王朝派とそれを倒そうとする一派の戦争による決着から、選挙による決着（政権交代）に変わり、福澤諭吉がなかなか理解し得なかった「政治家の間の討論」という競争が生まれてくる経緯と対応している。前書きの言葉を使えば、政策提案競争が、戦争による王朝交代制度から選挙による多数決政権党交代制度に変わったわけである。社会の根本にある政治活動において、身体を害さない競争のみを受け入れる社会の出現によって、スポーツに類する浪費的（娯楽的）活動における競争も現代のスポーツと同じような身体の毀損を忌み嫌うという性質を持つようになったのである。ただし、この後すぐに指摘するように、この娯楽的活動である「遊び」は、人間にとって価値のある活動であることを理解してほしい。

かの碩学、マックス・ウェーバーも、『社会学の根本概念』の中に「闘争の概念」という章を用意し、「行為が、単数或いは複数の相手の抵抗を廃して自分の意志を貫徹しようという意図へ向けられているような社会関係は、『闘争』と呼ばれる。現実の物理的暴力行為を内容とせぬ闘争手段は『平和的』

闘争手段と呼ばれる。平和的闘争が、他の人々も同様に得ようとする利益に対して自己の支配権を確立しようとする平和的形式の努力であれば、これは『競争』と呼ばれる」と述べている。そして、次に、その闘争について、スポーツも含めて、以下のように述べている。

相手の生命を狙って、何一つ闘争のルールを守らぬ残虐な闘争があるかと思えば、慣例というルールに従った騎士達の戦闘やルールに則った闘争的遊技（スポーツ）があるし、女性に取り入ろうとする求婚者たちの滅茶苦茶な競争や、交換における利益をめぐって市場の秩序に従って行われる競争的闘争があるかと思えば、ルールに従った芸術上のコンクールや選挙戦があり、それらの間には無数の段階が存在する。暴力的闘争特有の手段の性質を考え、その使用から生ずる社会学的結果の特殊性を考えれば、暴力的闘争を概念的に区別するのは当然のことである（p62-63）。

ホイジンガが「遊び」でくくった人間が原始時代から持っている「生きている実感」の内容と、ウェーバーが「平和的闘争」でくくった「暴力行為を伴わない闘争」が合体したものが、全世界の人々が愛するスポーツなのであろう。

政治もスポーツも競争

ところが、江戸の精神にどっぷりつかっていた福沢は、洋行当初には、このような競争活動が普及している社会が理解できなかった。この「競争」の概念を日本人が理解するにはさぞかし大変であったであろう。松木は、『明治精神の構造』で、福沢諭吉の、西欧人が政治上の喧嘩をして「あいつは敵だ」と言いながら、同じテーブルで飯を食べるのが不思議でならなかった、という回想（『新訂福翁自伝』の原文ではp133）を紹介して、明治期に日本人が競争の概念に戸惑う様子を活写している（p31）。アメリカの民主主義をつぶさに視察したフランス人のトクヴィルも、「当時も現在と同じように、連邦議会はひとつのクラブであり、もっとも白熱した議論さえ一種のゲームだったのである。フランシス・リーバーは、『ワシントンの上院や下院の議員たちが命懸けの戦いを繰り広げていても、その一時間後には一緒に冗談を交わしながら歩いているのが見られるでしょう』と所感を述べている」と記している（『トクビルの見たアメリカ』p244）。

つまり、身体を害さない競争のみを受け入れる社会（選挙による政権交代をメインとする民主主義社会）の出現がスポーツを生み育てたのである。競争が成立するためには、二者、あるいは二団体以上が、①平等な条件で活動を開始し、②ルールを尊重しながら活動を続け、③最終的に明確な基準で勝者が決められなければならない。これはスポーツに限らず民主主義社会の競争の必要条件であり、その条件は、筆者が提唱するスポーツの必要条件と一致する。したがって、スポーツの本質である競争の意味を理解することは、民主主義社会における競争の本質を理解することに繋がるのである。

気晴らし活動として誕生した「スポーツ」とは、非日常的、非生産的競争を①対戦相手との平等（試合開始時に勝敗が決まっていないこと）、②ルールの遵守（フェアプレイの精神で戦うこと）、③ノーサイドの精神（敗者をいたわること）の3つの条件の下で行う活動である。それに、大きな身体活動が伴うことが、現代のスポーツのイメージであるが、スポーツという言葉が「気晴らし」という意味であった時代には、チェスやトランプも含め、競争する気晴らし活動はすべてスポーツと呼ばれていた。また、1999年には、国際チェス連盟がIOCの公認団体となっている。チェスは1924年のパリ大会でオリンピック種目を目指したが拒否された。だが、その理由は、スポーツではないというものではなく、チェスの国際的競技者がプロ選手であり、当時のアマチュア規定に違反していたからのようである。つまり、チェスは、当時のオリンピック関係者にスポーツと認識されていたことになる。

ところで、前に引用したドゥルーは、「第三章　競争はよいことなのか、悪いことなのか」で競争の是非を論じている。そこでは、実際の競争がルール無視の勝利至上主義になることへの批判を紹介しながら、「競争が内在的に肯定的であるか否定的であるかという対立する見解を分析したところ、前者の方が後者よりもかなり説得的である」という研究者にありがちな譲歩した見解を示している(p68)。しかし、はじめの語源の分析で示したように、自己中心的で身勝手な勝利至上主義の戦いは、争いであって競争ではないのである。つまり、スポーツの本質は競争の本質であり、それは、共同の努力による無害な競い合い活動である。勝利至上主義者が行っている競技はスポーツには似ているがスポーツではない。最近大きな話題となった体罰を行って勝利を得る行動は、この競争の定義に外れるので、スポーツ活動ではないことになる。

そこで、次章以降では、このような広い裾野を持つスポーツの本質を理解することにする。それなくして、競争社会の本質は語れないからである。

第四節　戦争・闘争・競争

競争は対等な力関係

ところで、競争の意味を確認するために、相対する二人又は二組以上が争う形態について、最後にもう少し考察しておこう。それは、標題にある三つの争いの違いを明確にすることでもある。

通常、争いは相手との間に、物理的にはともかく、心理的には対等の関係がある。争いも競い合いも相争う二人（二組）の心理状態は同じである。ただし、争いでは、二人とも「あいつが悪い」「あいつはおかしい」と常軌を逸してカッカとなってしまっていて、相手の立場を考える余裕がない。しかし、競い合いでは、ルールを守って勝とうとする心理状態は自分も相手も同じだと冷静に考えて、納得して競い合い（競争）を始めるはずである。

そこで、この二つを「戦争」と「競争」と名づけることにする。国家間の争いに当てはめてみると、国家間のルールのある競い合いが政治であり、ルールのない争いが戦争である。そうすると、政治が形を変えた戦争であり、戦争が形を変えた政治であるという名言の意味がはっきりするであろう。

しかし、第二節で述べたように、戦前の戦争においても、基本的にはジュネーブ条約の精神に則った戦争が行われており、ルールのまったくない戦争は行われていない。これが、ホイジンガが戦争も神聖な遊びの一形態であると指摘した理由ではないかと思われる。現代の国際紛争においては、意識的か無意識的かはひとまずおくとしても、自分たちの方に理があることを政治的に強調することで国家間の争いが進行し、実態はともかくとして、建前としては人権を尊重した戦い方で行われている。これは、この思想が背景にあるからである。

そして、現代社会においてより重大なことは、現代の局地戦が完全な国家間の戦いではなく、対戦国の内の少数民族を巻き込んだ国境のはっきりしない戦いになっていることである。

これは、現在の経済競争が多国籍企業間の競争であり、国家の枠を超えていることと相同である。この経済競争においても国家間の争いが激しくなり、国際ルールの確立が求められている。経済においては、債務不履行というようなルール違反をすると、たちどころに、プレイをしてもらえなくなるという制裁が待っており、国家や会社の意思と関係なく、一定のルールがほぼ自動的に適用されている。詳細は第六章に譲るが、これは、自由主義経済そのものが、ルールを前提とした活動、あるいは、ルールを前提としなければ成り立たない活動だからである。したがって、経済の国際化には、国際商業ルール（貿易ルール）の構築が不可欠であり、この構造はスポーツと同じである。

ルールに基づいたスポーツを学内で行っている間は自分たちで適当に恣意的に決めたルールで行っていて何ら問題がないが、学校間で対抗戦を行おうとすると共通のルールが必要になるのと同じである。

現代では、どこでスポーツをやるにも、ルールの確認と遵守が必要であるように、どこで政治をやるにしても、どこで経済活動をやるにしても、法律の確認と遵守が必要なのである。

留学生時代にアメリカで初めてやったスポーツでも、そこで楽しんだ経験は日本に帰ってからも生きていて、同じスポーツをやっているクラブを探せば、簡単に活動を再開することができる。しかし、経済や政治の分野では、そうはいかない。たとえば、北欧の国で地方議員をやった経験があるからといって、何も考えずに日本に帰って立候補したら、すぐに公職選挙法違反で捕まってしまうかも知れない。国家間で競争ルールを共通にする無言の圧力はスポーツの方が格段に上だからである。

闘争や紛争も競争か

この「競争におけるルールの存在と遵守」の問題は現代競争社会を考えるキーワードであるが、その意味は後ほど本格的に取り上げるとして、ここでは、競争を考えるもう一つの視点として、このどちらにも属さない種類の争いがあることを指摘しておきたい。これが、「闘争」である。闘争も、争いであるが、戦争ではない。安保闘争とは言えても日露闘争とは言えない。受験戦争や受験競争とは言えても、受験闘争とは言えない。

この「闘争」の使い方を見ると「大学闘争」「階級闘争」などであり、ある共通性が見いだされる。

これらの言葉は、相争っている片方の陣営からのみ使用されるという共通点がある。自民党が安保闘争をやっていたわけではなく、やっていたのは野党系の人々のみである。社会党や共産党の関係者は「あの時代に安保闘争をした」と回顧するかも知れないが、自民党の長老は決してそうは言わないであろう。なぜなら、彼らは、安保闘争をしたわけではないからである。せいぜい、「あの、安保紛争の時は苦労した」と発言するのが関の山である。「紛争」は、新聞でもしばしば使われているが、これは、小規模な戦争のニュアンスが強い言葉である。

それでは、闘争とは何であろうか。右の安保闘争の例では、野党活動家が「闘争」と考えて行っていた活動を、もう片方の自民党活動家が「小さな戦争」と見なしていたことになる。このことは、相争う両者の立場が対等ではなかったことを意味している。

この例から分かるように、また、「賃金闘争」あるいは春季闘争を縮めた「春闘」という言葉が成立するように、力の弱い者が強い者に立ち向かう戦いに対して用いられるのが、「闘争」という言葉である。しかし、大人と子供の喧嘩は闘争と呼ばれないことを考えると、平等でない二者間の争いが闘争として成立するためには、もう一つの条件が必要となる。それが、「正当性」の担保である。安保闘争にしても賃金闘争にしても、やっている側からしてみれば、不当に処理されている事態を正当な状態に変更するための戦いである。闘っている者は、現状を本来の正当な状態にするために闘っているのであるから、弱者である。なぜなら、強者であれば、争いなしに不当な現状を正当な状態にもっていけるわけだからである。

つまり、正当な状態でない虐げられた状態にある弱者が強者を相手に戦うのが「闘争」である。自民党は強者なので、安保条約の改定を当然と考えており、争いの相手である弱者の野党のみが「これは闘争だ」とはみなしていたのである。しかし、賃金闘争は、要求の意義が強者である経営側にもある程度理解されているので、「あの年の賃金闘争は参りました」という言葉が、経営者の側からも出てくるのであろう。岸信介が「安保闘争の時は苦労しました」と言うとは信じられないし、言ったとしたら、違和感が残るであろう。改正反対の意義をまったく認めていないが故に、安保紛争と言い換えると思われる。

階級戦争とは言わずに階級闘争と呼ぶのも同じ論理である。また、植民地独立戦争が植民地独立闘争と言い換えうることは、独立運動の正当性が常識となりつつあることの裏返しであろう。

こう考えると、マスコミが、当事者が使っていた「安保闘争」という言葉をそのまま使いながら、「大学闘争」については、当事者が使ったことのない「大学紛争」という言葉が多用される現実は、安保闘争に対する常識的評価と大学闘争に対する常識的評価の落差を物語っているのかも知れない。

現代中国研究者で九〇歳でなくなった京都大学名誉教授の紹介記事で、朝日新聞は、「東京都立大学助教授だった70年、大学紛争に嫌気がさして辞職」「60年の安保闘争下に作家の野間宏氏らと訪中」と使い分けている（2013.8.2. 波線引用者）。この両事件とも、当事者は自らの活動を「闘争」という言葉を用いて表現しているにもかかわらず、使い分ける理由を聞いてみたいものである。

これは、私の学生時代への思い入れであるので、これ以上深入りしないが、そのことはともかく、この節では、争いには平等な争いと不平等な争いがあり、通常、不平等な争いは結果が分かっているので行われず、「闘争」という特殊な形式（ゲリラ戦や要人暗殺等）でのみ争われることを確認しておきたい。

ところで、先ほどは、「紛争」を小さい戦争と定義したが、ここでの議論を踏まえると、強い方に理のある争いを紛争と定義した方がいいかも知れない。紛争も闘争も平等条件でない争いであり、負けるに決まっている戦いをするにはそれなりの理由があるはずである。弱者側は、団結するために、それを「弱者側に理がある○○闘争」と称して闘い、強者側は、同じ戦いを「理のない○○紛争」と称して押さえ込もうとする。この戦いは、どちら側から見ても平等競争ではない。したがって、闘争や紛争は、民主主義的競争の枠内で議論されるべきものではないかも知れないことを指摘しておきたい。

さらに、別の視点から、戦争を、勝ち負けにのみ価値がある活動、競争を戦いの過程にも意味を見出す活動と定義すると、受験戦争と受験競争の違いも見えてくるだろう。自分の受験勉強をどちらの言葉で表現するかで、受験勉強中の心得や活動実態も異なってきて、受かる受からないに関係なく、受験後の人生を規定するであろう。

第二章　競争は必然か、競争は不可避か

第二章
競争は必然か、競争は不可避か

第一節　競争の必然性

多数決と競争

前章で考察したように、民主主義社会とは四民平等の社会であり、社会的決定のすべてが暴力による決定（戦争）ではなく、話し合いによる決定でなされることを理念とする社会である。そうすると、討論の結果全員が一致することは希であるので、話し合いに結論をつけるルールが必要となる。これが、多数決原理であるが、多数決に至る過程自体が、多数の賛同を得ようとする競争なのである。

いくら経済学が発達しても、いくつかの経済政策の効果予測の適否は実験で検証することができない。たとえば、関東では消費税の2パーセントアップ、関西では3パーセントアップで実験し、その後で全国のパーセントを決めるなどということは事実上できない。これが、実社会を扱う社会科学の限界である。そのため、完全な科学的予測ができず、仮予測で経済政策を決めざるを得ない。最近の日銀の金融緩和策に対する議論を見ても分かるように、万人が納得する政策は存在しないのだ。このような状態での政策決定は、多数を囲み込むことを目標とした政治ゲームにならざるを得ないのである。

実は、原発事故が明らかにしたように、自然現象も、本当は、完全な予想が不可能なものである。したがって、原子力政策は仮予想によって決定せざるを得ず、やはり、政治ゲームの範疇に入るものなのだ。その視点を欠いた報道機関の責任は重大であるが、この問題点は原発事故が起きる前に著した前著で詳しく指摘しているので、ここでは省略して、大は国家運営から、小は中小企業まで、組織としての運営方針が民主的手続きで決定される社会が民主主義社会であり、このような広い意味での政策決定はゲームであることだけを確認しておいて次に進もう。

そうは言っても、もちろん、ワンマン経営の会社はたくさんある。でも、そのような会社が、形式的には「社長の命令通り動く」という現実の運営方法に株主の過半数が賛成している会社と考えれば納得がいくだろう。もちろん、それが日本社会の問題だという議論は成り立つが、ここでは、その問題にはとりあえずは触れないでおくことにする。

入学試験も競争

ところで、競争といえば、幼稚園や保育園の運動会を考えれば分かるように、人間は、子どもの時から、競争環境にさらされている。そして、その延長の受験競争は、誰もが一度はくぐり抜ける制度であり、受験戦争といわれるくらいに加熱している。

お受験を右の議論から援護すれば、少なくとも、政治ゲームで国の方向性が決まる民主主義社会では、競争は必然で不可避であるからその準備を幼少期からしていると解釈できないこともない。本当は「そう解釈せざるを得ない」あるいは「そう解釈すべきである」というのが筆者の立場である。人間社会にとって、競争は必然である。これは筆者が前著で繰り返して指摘している点であるが、その意味はこれから徐々に明らかとなるであろう。

その一端として、受験競争を考えてみたい。『学歴・競争・人生』という、おそらく高校生（及びその父兄）向けに著したと思われる著作の中で、中村高康は、ここにある図を用いて競争の必然性を説明している（p19）。そこで、この図を用いて筆者流にアレンジして彼の言わんとしているところを説明してみよう。

左図左のように、近代以前は、リーダーの子どもは必然的にリーダーになる身分社会であるので、リーダーの席を争奪する全面競争は生じない。

では、封建制度の国王による政治を戦争である革命を経て倒して成立した民主主義社会はどうであろうか。民主主義社会でも国王に代わるリーダーは必要なはずである。民主主義社会ができた時のリーダーは自然発生的に生まれたかも知れないが、その後のリーダーはどうやって決められたのであろうか。あるいは、決めるべきなのであろうか。

近代化と能力の原理の台頭

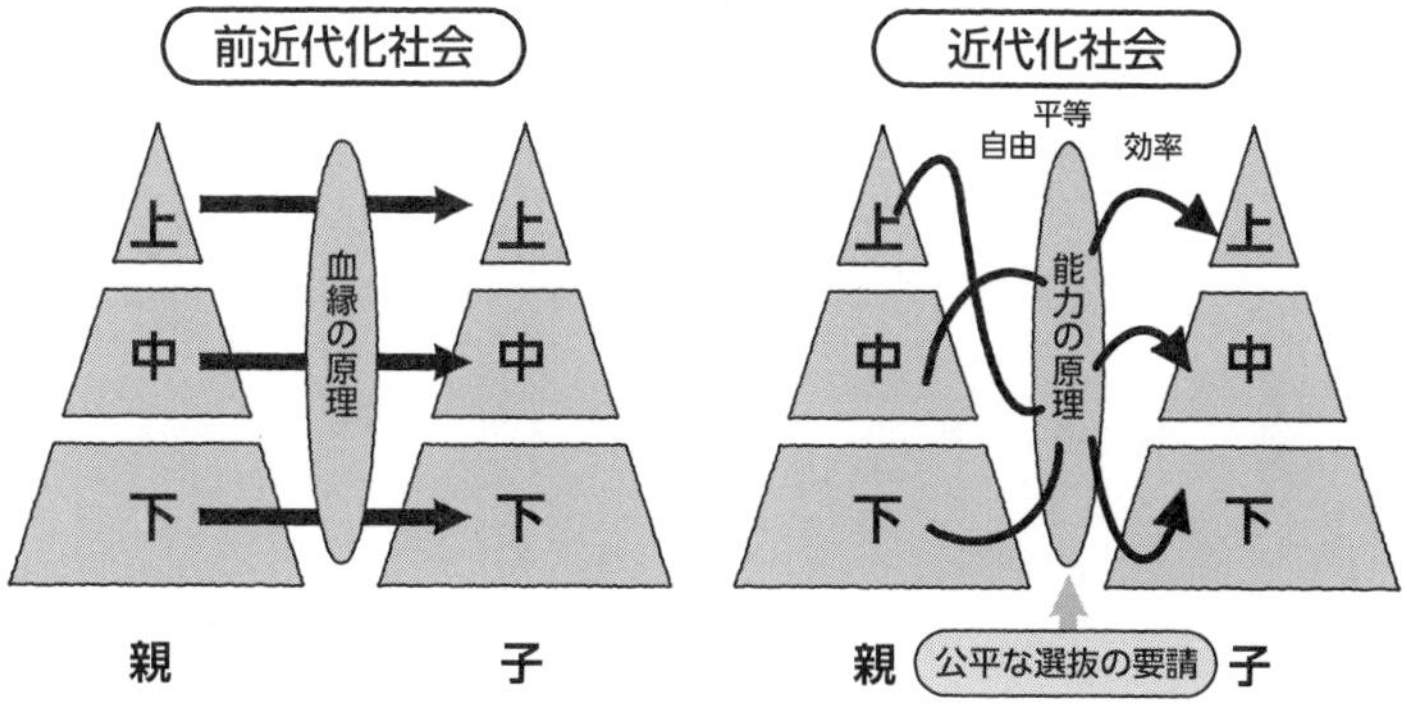

身分で決められないのであれば、この図の右にあるように能力によってリーダーを決めようということになるだろう。そうすると、人々の間での能力の高低を決める必要が生じて、能力の高低を決める方法が模索されるようになるはずだ。個々人の能力を客観的に決める方法は試験しかなく、それが、廃止を唱えても他の方法が見つからないという意味で、受験競争を支える論理となるのである。

民主主義社会では出世も競争

そこで、この図を利用して競争社会の本質を少しだけ筆者なりにアレンジした説明を試みることにする。

民主主義以前の社会ではリーダーが身分で決まっている。しかし、そのような封建社会でも、国王や藩主は決まっていたものの、その下の実務官僚の場合は必ずしも世襲ではなく競争のようなものが行われていた。中国の科挙制度が有名であるが、能力判定における競争制度は必ずしも民主主義制度の専売特許ではない。

ただし、民主主義以前の社会では、実務官僚の登用に競争制度を維持するかどうかは国王が恣意的に決められる体制であり、最上位の階層に問題がある場合は、国内戦争というもう一つの政治活動で上層部が交代することになっていた。そして、その時の戦いのスローガンは、「私こそは完全に社会を知り尽くして政《まつりごと》を行うことができる全能者である」というものである。この政権交代は、第一章の言葉を使えば、「争い」であって、「競い合い」ではない。

しかし、このような戦争を伴う争いで政権交代が頻繁に起きたのでは社会が停滞してしまう。そこで、人間が発明したものが、平等な国民の多数決で政権交代を行おうという民主主義の制度である。これが、「政治における暴力を伴わない相手を尊重した争い」であり、この制度の成立と平行して、身体競技の制度も、「なるべく暴力的でなく争うスポーツ」として形成されていったのである（第三章参照のこと）。しかし、民主主義制度の場合、決定された政策は、「完全に社会を知り尽くして政を行うことができる全能者」の決定ではない。聖人君主の治世ではないので、ベストではなくベターな政策に過ぎないのである。ただし、後述するように、民主主義の揺籃期にはダムロッシュが「革命後のフランスでは当の「デモクラシー」という言葉が、暴徒《モッブ》支配を連想させるものとして悪評を買っていたうえ、国王と強力な中央政府と巨大な軍隊が存在し、立法府の選挙で投票できる有権者の数も微々たるものだった。」と指摘していることも頭に入れておきたい（『トクビルの見たアメリカ』p17）。

この点は後で学ぶとして、ここでは、右で述べたように、あらゆる分野ですべての平等な権利を持った希望者の中から、ベストではないがベターなリーダーを選挙で決めるのを決定原理にしようというのが、近代民主主義社会であり、試験制度は、その末端を担っていることのみ理解して欲しい。その理由を以下に示す。

たとえば、「自分がリーダーになって世の中を良くしよう」と思う人間だけの社会を考えてみよう。すばらしい社会だと思われるが、このような社会でも、大学が進学希望者を全員収容できない場合、何らかの選抜が必要である。仮に、能力の高い順位に入学を許可するという方針を決めれば、今度は能力の評価を行わなければならない。能力の完全な評価は神様でないとできないので、何らかの方法で仮決定して評価するしかない。これが入試制度であり、受験戦争なのだ。つまり受験競争は避けられないのである。

この受験戦争の弊害を避ける方法が、抽選によってリーダーを決めようとしたアテネの制度であるが、複雑化した現代社会にはなじまない制度だと考えられるので、その是非の議論は割愛することにする。ただし、それが可能だったのは、ギリシャのポリスにおける平民自体が、バルバロイ（古代ギリシャ人が異民族一般に対して用いた蔑称）や奴隷を支配下に置くエリート階級であったからだと思われることと、裁判員制度はそれに近い制度であることだけは指摘しておきたい。

この点はさておき、受験競争さえ避けられないことだとすると、様々な場面での人材の登用に競争が避けられないことになる。組織のリーダーの登用も同じであり、登用基準は「他の同じような組織との競争に勝てる人材」である。これは、「組織同士の競争（ルールに基づく争い）に勝つために行動すること」が民主主義社会における組織の人間の宿命だからである。

たとえば、政府のトップは、投票という競争で選ばれるし、企業のトップも取締役会の投票で選ばれる。しかし、政界や経済界のトップは、何の前触れもなく選ばれるわけではない。それぞれの世界において、いくつかの段階を経た後で初めて候補者となれる。政界であれば、平議員から常設委員会の委員長や政党の役員を経て議長になったり、様々な業界団体の長を経験したりしている。経済界であれば、会社の係長や課長を経て幹部となり、それらの経歴を周りに認められて初めて社長候補となり得るのである。そうすると、係長や課長への出世に際しても、何らかの形で競争があるはずである。

民主主義社会の競争は平等が前提

民主主義社会では、その競争には、すべての関係者が平等に参加できなければならない。ところが、中村らの本で、あるいは、有名な教育学者の刈谷剛彦の『階層化日本と教育危機―不平等再生産から意欲格差社会（インセンティブ・ディバイド）へ』で指摘されているように、親の高学歴と子どもの高学歴が連動していると指摘されている日本の現状は、受験競争が平等条件で開始されておらず、日本が真の民主主義社会ではないことを証明している。

もっとも、真の平等が達成された社会は存在しないのも事実であり、「真の民主主義社会」自体が理念でしかないのであるが、そこに近づく努力をすることが民主主義社会を肯定して生きている人間の義務だと私は考えている。

受験・入学の次に来るのが卒業であるが、卒業式の誕生と変遷の歴史を研究した有本真紀は、卒業式の誕生を以下のように考察している（『卒業式の歴史学』）。

　しかし、学制期（引用者注：学制発布以降の時期）となって以降の「卒業」がそれ以前の〈卒業〉（引用者注：江戸時代の塾・藩校の卒業にあたる「大帰」等を指す）と決定的に異なるのは、近代学校が「身を立ってるの財本」としての教育をめざしたことによる。新しい社会は、有為の人材を育成し、発見し、登用することによって作られねばならなかった。それは、個人にとって、従前の身分にかかわらず立身出世を望み得る社会であり、その思惑は等級を踏んで試験状を得、さらに大試験を受けて合格し、その証明を得るというシステムによって達成されることになっていた。そのため、試験による進級の認定は、学校のみならず四民平等となった社会制度の基底となるべきものであって、一学校の裁量では実施できず、官吏立合いの下に行われる極めて厳格なものであった（p57．波線引用者）。

この段落は、当時の「卒業」が受験した各級（今日の1学年よりもやや小さい学習単位であり、大試験が現在の小学校卒業にあたる）の試験に合格したことを意味する言葉で、「試験状」という合格通知をもらうことが「卒業」であり、その式典が厳格に行われていたことを考察したものである。彼女はここで、奇しくも、この「卒業」が四民平等の社会になって初めて重要性を持つことを指摘している。フーコーが「監視装置」とネガティブに表現している試験（『監獄の誕生』p188）とセットとなった卒業、つまり、学歴の獲得に象徴される「競争」が民主主義の原動力なのである。

政界や経済界での競争も、男女間、人種間等に不平等が存在しているのは周知の事実であるが、教育における受験競争のように、建前としては、すべての関係者に開かれており、それを否定しない文化が民主主義社会と言えるだろう。すべての社会活動において競争は必然であり、それが競争相手をも尊重した「競い合い」としてなされるのが民主主義社会である。一方、第一章で定義したように、それらが相手を敵とみなす「争い」としてなされていたのが、非民主的社会なのである。

第二節　競争の判定基準

能力評価としての試験の妥当性

ところで、受験競争もスポーツの競争も、順番をつける目的で行われるのであるが、競争した結果としてつけられた順番はどの程度妥当なものであろうか。中村が、試験が公平であるという前提があって初めて競争への参加が意味を持つものであると指摘しているように（p62-64）、評価の公平性がまず問題になる。

しかし、もっと問題なのは、試験は能力を測るものであるが、本当にそのテストで測るべき能力を測っているかどうかという視点も、競争を肯定的に考える場合に大切である。中村は、この点についても採点実験で問題を提起しているので、まずは、その内容を紹介しておこう。彼は、小学校の算数計算の小テストについて、二つの異なる傾向の答案（単純な計算問題がよくできているものと文章題がよくできているもの）を用意して、学生に周りと相談せずに採点させる課題を課すと常に四〇点から八〇点程までばらつくことを事例として挙げている。このテストは「小学校における算数能力」を測っているわけなので、学生たちはそれを念頭に配点を決め採点しているわけだが、この事実は、その「算数能力」とは何かについての共通理解を得ることがまず難しいことを示している。このようなばらつきは、学生だけでなく教師にやらせても同じだということである。つまり、小学校の算数能力として計算問題を①ミスなく解く丁寧さを高く評価するのか、それとも、②文章題の解決能力を高く評価するのか、が教師間でもばらついていることを示している。もっとも、これは、周りと相談せずに回答させた場合であり、実際のテストでは採点前に基準が作られるので、採点者間のばらつきはそれほど大きくないだろう。彼は、そのことを指摘した後で、「それでも問題は残る」として、問題点を以下のように表現している（p70-71）。

しかし、○×式の算数のテストであっても、単純な計算問題の点数を高くするか文章題の配点を高くするのかということは、科学的・客観的に決められるものでしょうか。実は、そんなことはまったくないのです。実際には、テストを作成したり使ったりする人のうちの誰かが主観的に重要と思えるほうの配点を多くしたり、少なくしたりしているのが現実なのです。ですから、配点を決める人が別の人だったら、不合格になっていた可能性も十分にあるのです。
【中略】それにもかかわらず私たちの社会がテストの結果を使うのは、第1章でも述べましたように、私たちが生きている社会では、これ以上に信頼できる能力測定装置がないからです。だから、厳密に言えば差があるといえるほどの差でないものも、「差がある」ととりあえず目をつぶって信用することで、私たちはそうした微少な差（＝一点刻みの偏差値や順位や得点など）をめぐる競争に参加していく、というのが現実なのではないでしょうか。

競争には厳格なルールが必要であり、そのルールは、競争中の誰に対しても公平に適用されなければならない。しかし、その成績の上下が、行われた競争と類似する活動能力の上下を正しく反映する保証はないということである。

この考えはスポーツにもあてはまる。サッカーでは、強いチームと当たると防御的にプレイして失点を防ぐので、シュート数一〇〇対一でも引き分けとなる場合がある。成績上はイーブンである。また、ウサイン・ボルトは世界最速といわれるが、それは、たまたま一〇〇メートル走で世界記録を持っているだけであり、五〇メートル走では一番ではないかも知れない。そうすると、世界記録保持者のボルトが「世界最速」と言ってよいかは疑問が残る。また、「世界最速」の称号を能力評価の結果として与えるのであれば、シーズンの平均記録一位に与えられるべきではないか、という意見も傾聴に値する。能力評価と実際のテスト得点の関係は、スポーツについても同じようにあてはまる。これは、スポーツ競争と受験競争が「競争」という共通性質を持つ活動だからである。そこで、同じ発想で試験を考えると、学歴社会の正当性も浮かび上がってくる。

能力評価の判断材料は試験だけか

いくら良い問題を作っても、一回の試験で個々人の能力をうまく評価できるとは限らない。そのために、会社が重要視したのが学歴である。学歴は、一回の試験では得られない継続した学びの記録であり、より信頼できる指標と考えられる。そのため、学歴というものが試験に代わる能力評価の指標として登場し、人々は自らの能力の証明としての高学歴を得るために受験競争に取り組むようになった。しかし、大学で教わる知識や技能も、実際に会社員や公務員になってから直接役立つものではないので、能力評価にも限界がある。

先の政界や経済界の例を再度考えてみると、選挙の立候補者は有権者に対してリーダーとしての見解を披露するが、投票は受験に相当する短期決定システムである。しかし、これらの投票に際しては、候補者の選挙時における見解だけではなく候補者のそれまでの業績が考慮される。これは、就職試験に際して、学歴や学生時代の成績表が参考にされるのと同じで、それまでの実績が最大限に考慮されているのである。

これは、年俸制で給与を決めるスポーツの場合にも当てはまる。たとえば、野球における打率十傑は、多くの試合での平均打率であり客観的な指標としてリーグ表彰にも使われており、契約更改のためのテストとも考えられるが、これが、彼らの能力を完全に表現しているわけではなく、「能力ある選手」として来年度の活躍を完全に保証する数字でもない。しかし、他に適当な評価基準がないので、現に行われた過去の成績（打率順位）をもとに契約交渉をするわけである。次年度の完全な予測はできないので、主観が入り込んでもめるのは致し方ないことだ。その交渉自体が競争の一部でもあるのだから、もめ事を楽しんでいればよいにもかかわらず、競争文化のない日本では、マスコミがもめること自体を否定的に扱う傾向にあるのは残念である。

同じように、模擬試験の得点も同じで翌年の受験成績を保証するものではなく、入学試験の成績も入学後の学業成果を保証するものではない。したがって、採用試験の点数やどの大学卒かというような学歴も、「能力ある人間」として会社での活躍を保証する数字ではなく、おそらく活躍するだろうという蓋然性を予想するものでしかない。しかし、そう決めたからそれで選抜するのであり、民主主義社会を肯定するのであれば、受け入れるしかない基準なのである。よく、受験勉強は実生活で役立たないと批判されることがあるが、本当に全く役立たないのであれば、何十年も継続するはずがない。ある程度役立つから続いているのであり、ある程度役立つものでしかないことを共通前提にして、受験制度は成り立っているのである。

サッカーをやりたければ、ボールが目の前に飛んできても手ではたいてはいけないのであり、その理由は、そういうルールを認めた上でゲームに参加したからである。受験競争に問題があるとすると、受験者が、参加するゲームのルールとゲームの必要性について明確な説明がないままに参加させられている点である。受験制度を批判するのであれば、受験戦争の実態を非難するよりも、この約束事をきちんと説明しようとしない教育現場の欺瞞性を問題にするのが先であろう。

入学試験の競争的側面

『立志・苦学・出世』を著し受験戦争をゲームとして捉えて受験生の社会史をものにした竹内洋は、試験の変遷に触れながら、アカデミズム自体が、真理の探究ではなく独自のルールに基づいた知的ゲームであることを喝破している（p179）。

この指摘は、科学哲学者クーンの展開したパラダイム論にも繋がる見解であるが、あらゆる既成科学はルールに基づいた論文作成競争であり、ルールからはみ出た研究は、その研究分野のルールが確立されるまでは異端研究として低い評価しかなされない。その点、「学問」はルールからはみ出す部分も含めた研究活動と言えるが、それを行っている研究者は現代では少数派である。ギリシャではこの学問競争を行っている者を「フィロソファー（愛智者）」と呼び、その競争の場が学校（スクール）の語源となった「スホーレ」である（前著を参照のこと）。

その学問追求（学問競争）のメッカである大学に入るための受験勉強も競争である。竹内は、受験競争を以下のように記述している。

大学は独創性などを評価するために必要という名目で論文試験を実施した。しかし受験産業はこれも受験戦争ゲームのあらたなルールとして読み変えてしまい、ディコードする。かくて予備校教師の論文対策はつぎのようになる。小論文は共通一次試験以後受験生を「画一化」してしまったことに対する反動として登場したものである。このことを忘れてはいけない。だから小論文でよい答案を書くためにはひねりが必要である。与えられた課題への作文内容は、意図的にひねるという演技性が必要なことが強調される。受験生にも既存の科目で若干得点不足する得点を補う一発逆転として論文試験がねらい目と教えられる。受験が人間形成や努力倫理などの教育的言説とセットになっているときに重い深刻劇となる。受験産業は受験からこの種の教育的言説と道徳的言説を放逐することによって軽やかなゲーム性（受験は要領）に変換したのである（p181）。

政権選択から学校選択まで、「競争で決めるしかない。そうでないと戦争（争い）になるから」という知恵の結晶が民主主義社会である。競争社会と受験戦争がそこから発生しているものだという民主主義の本質を高校までに教えていない日本の教育は、本当の意味での道徳教育不在である。いじめをはじめとする多くの学校現場の問題もこの原理を道徳教育として教え込むことで解決すると筆者は考えている。受験競争が正常に機能すれば（金持ちの方が能力がなくても高い得点が得られるような状況が改善されれば）学歴が正常に機能することになり、学歴が正常に機能するようになれば、能力のある人が組織の上に立ってうまく機能する社会となるはずである。もっとも、ここで用いた「正常に機能する社会」は、ある種のユートピアではあるのだが……。

競争社会を容認している社会学者の橘木俊詔は、『学歴入門』と題する本をものにして、「適切に競争ができる社会をつくるためには、学歴というものをどう機能させたらいいのか（p.166）」という発想から、アメリカにおける学歴主義につい「教育で公平に差別するアメリカ」という節で以下の考察を行っている。

なぜアメリカがこういった学歴社会になったのか。少なくともアメリカは、移民の社会ですから、どういった家庭の出身かというのは、あまり関係がなかったはずです。世界中が、そのアメリカが持つ自由や平等に憧れてきたわけですから。しかし、自由や平等を謳《うた》ってきた国が何によって人を差別するのだろうか、と逆説的に問えば、ここで教育が登場するのです。教育は、「公平に差別できる」でしょう。勉強が出来る、いい学校を出たという結果は、アメリカ社会であっても「実績」として評価してあげようという雰囲気があった。更にいい学校に進学できた「努力」を評価する側面がありますし、いい学校の教育の質は高いので、そこで教育を受けた人の生産性は高い、と判断しているのです。出身階級で差をつけるという感覚がないからこそ、学歴の意味合いが重要になってくるのです。イギリスやフランスのように、身分に学歴を絡《から》めるような評価ではないものの、学歴は存在しています。

（p191-92.　ふりがな原文）

ここでも、平等社会であるが故に競争が肯定されているが、競争は、平等社会でないと出現しない、あるいは、一歩譲って、平等を建前とする社会でないと出現しない現象であることを再度確認しておきたいと思う。そのことはさておき、筆者の主張は、前著で指摘したように、政治経済の分野で疑似競争に明け暮れていた日本型社会主義が終焉を迎えつつある現代日本において、民主主義社会における「競争の必要性・必然性」の理解なしには、日本の未来は語れないというものであるが、この点については後ほど考察する。

能力評価の公平性

ところで、中村は、受験制度が機能する前提として、評価の公平性が担保される必要があると述べている。この視点から考えると、前節でとりあげた野球の打率王（首位打者）の例には「客観的な基準があるからできることであり、受験競争にはそのままでは当てはまらない」という批判があるかも知れない。しかし、ＭＶＰの選出は、打率王を選ぶ時のような客観的基準は存在しない。たとえば、期末テストで上位一〇名を表彰することは、打率十傑を表彰することに相当するが、推薦入学の対象にこの一〇名から誰を選ぶかとなると、必ずしも全員が納得する基準があるわけではなく、誰かを選んだ時に、関係者の中に反対者が一人もいない保証はない。それでも、競争で何かを決める以上は最大限の公平性を担保する必要がある。中村によると、中国の有名な官僚登用試験である科挙という試験の採点では、現在と同じように、名前を伏せた採点方法や、筆跡をも伏せるために、第三者が書き写した答案を採点するというようなことも行われていたらしい（p63-64）。民主主義体制下ではなくとも、「競争」が成立するためには判定の公平性が不可欠なのである。これは、筆者が提唱する「競争の原理」が近代に由来するものではなく、人間が本質的に備えている心理（普遍的な行動原理）であることを証明している。

猪木武徳は「自由で平等な文明社会では、人間の知恵の不完全性への対応をどの程度、制度として組み込んでいるのか」という同じような視点からの考察を『経済学に何ができるか』で行っている。人間の知識が不完全であることを前提にすると、真理を求めて活動する学問の場もで真理探究競争の場を保証する必要がある。この「学問の自由」が「大学の自治」と関連して捉えられるようになった社会的条件として、猪木は国家間の貿易拡大により知識の伝播が活発になったことと思想や知識も競争し、論争し、証明し合うことによってその価値や有効性を確認するという姿勢が強まったことを挙げている（p134）。

彼は、知的財産権という制度と関連させて、知識は公共財かという観点から議論を進めているが、言論の自由は競争であるという観点からみてみると、言論の自由が、西欧社会の宗教的な確執の中から「寛容の精神」として生まれたという指摘（p141）に興味が行く。彼は、言論自由論の古典であるJ・ミルトンの『アレオパジティカ』に書かれた清教徒革命下の検閲条例撤回要求の文書を引き合いに出して、ギリシャ人の用いた弁証法が真理を求める競争であったのに対して、その後のキリスト教社会の「絶対真理の布教」という宗教的真理が跋扈するなかで沈黙していた時代の後、人間の不完全な判断力と神の完全性の信仰の間を埋めるものとして、「論争者は、双方が論争を始めたときに持っていた知識よりもより一層大きな英知を獲得するために、協力しながら議論するのである」と述べている（p143）。また、彼は、マッカーシズムとベトナム戦争に反対の論陣を張ったW・リップマンの「公共の哲学においては、言論の自由は意見の対決のための手段と考えられる ‖ 例えば、ソクラテスの対話におけるごとく、代表議会におけるごとく、法廷におけるごとく、代表議会におけるごとく、世論の広場におけるごとくにである」を引用して、言論の自由の公共的な意味を擁護している。

民主主義社会が競争社会であることの意味

民主主義社会が競争社会であり、それが意味するところは、すべての分野での決定が競争的プロセスを経て行われている社会が民主主義社会だということである。そして、競争が成立するためには、公平な順位評価が不可欠な条件である。彼は、この平等性には触れていないが、「公共的意味がある」という主張の中に当然この平等性は含まれていると解釈することができるだろう。

最近、スポーツの国際試合で公平でない審判の問題が問題となっているが、これは、国連を中心とした国際社会が未だ一つの民主主義体制になっていないことの証明でもある。後述する中東の笛（ハンドボールの国際大会で中東の国の審判が、中東の国と日本の対戦で日本に不利な判定をした）が問題になったが、これらが、民主主義の未熟な国で起きていることは、象徴的である。北朝鮮でも選挙が行われているように、民主主義でない国でも民主主義制度とその申し子であるスポーツは輸入できる。しかし、その運用が民主主義的に行われるかどうかは、その国の民度によるのである。

前述した中村は、日本と韓国の比較の部分で、科挙制度が伝搬した時、韓国では試験制度が根付いたが、日本では根付かなかったことを引き合いにだしてして、文化的要因の考察の必要性を指摘している。

この点、與那覇潤は、科挙制度自体が試験を受けるに足る素養を持った人材が競争するほど存在することを前提としており、日本にはそれだけの人材が確保できなかったという「文化的要因？」を指摘している（『中国化する日本』、p42）。

彼はまた、高等文官任用試験のルーツの一つが科挙であると言われていることを引き合いに出して、福沢諭吉の『学問のすすめ』にある平等主義で強調しているものが「機会の平等」であって「結果の平等」ではないと述べている(p128-29)。

現代社会において競争が不可避であるという筆者の立場からすると、機会の平等が達成されることは最重要課題であり、結果の平等はノーサイドの精神として別個に考えるべき課題ということになる。もっとも、彼は、この明治維新による社会の競争化を「中国化」と捉えて、その後の経緯で社会主義化して高度成長まで突き進んできたという見解を示しているが、このあたりは、最終章で再考することになるだろう。

第三節　競争社会への批判

競争批判論

長谷川俊明は、『競争社会アメリカ』の最終章で日本人の競争観に触れて、日本人の競争が入り口競争になっている実態に触れると共に、第一章で述べた福沢諭吉がコンペティションの訳として「競争」を用いた時に幕府の役人から「争」という字が穏やかでないと横槍がはいったというエピソードをもとに、権力に従う習いだけであった日本人の個の確立が日本のこれからの発展に重要だという福沢の指摘を紹介している。

彼は、メジャーリーグでヤンキースが連覇したことから派生したドラフト制度を例として、大企業による独占を悪とみなし、競争が機能することを大切と考えるアメリカ人気質を考察している。そして、そのキーワードが「フェアプレーに基づく進歩のための競争」であるとして、その本の最終章を「ゆとりと競争というと、たがいに相容れないもののように思いがちであるが、存外、ゆとりのないところに真の競争は生まれないのである」と締めくくっている。

このように、アメリカこそが健全な競争社会だという主張がある一方で、競争社会を批判しているアルフィ・コーンは、『競争社会をこえて』の中で、競争が避けられない人間性に基づくという考えを批判し、「われわれは、競争するように訓練されてきただけでなく、競争がよいものであると信じこまされてきた」と述べている（p12）。つまり、人々が競争を好むようになったのは、競争社会で麻薬的な魅力を学習したためであり、長谷川の主張する競争至上主義社会アメリカは、競争はいいことと教えこまされているだけの社会ということになる。

彼は、競争の負の側面を延々と述べているが、彼の競争の定義は、筆者が第一章で定義した敗者へのいたわりをも含めた「競争」の定義とは異なっている。彼は、「おおくの人びとは競争がなければ、なんの目標もなくなり、無目的にさまようことになるにちがいないと考えている。けれども、競争するということは、他人が目標の到達するのをさまたげるようなやり方で目標にむかって働きかけるということと意味しているにすぎない」として（p75）、成功と競争に勝つことを区別し、競争しなくて協働することによっても成功に導けるとしている。

競争批判論への批判

しかし、実際のスポーツ場面を想像してみれば、彼の競争の概念が間違っていることがすぐに分かるであろう。スポーツでは自分の所属するチームにおいて、身内でレギュラー争いをしながらも協力することで他のチームに勝とうとしているのであり、レギュラー争いをする時に他のメンバーの成功を妨げる形で競っているわけではない。前著で、甲子園出場しか考えていない監督たちのほとんどが「高校野球の第一の目的は人間教育だ」と主張していることが欺瞞ではないと指摘したことを思い出して欲しい。仲間の成功を妨げる形でレギュラーになろうとすることも選手の選択としては可能であるが、そのような選手が多いチームは空中分解してしまいチーム力強化もままならず他のチームに負けてしまうので、監督はそのような雰囲気を排除するはずである。

　また、コーンは、競争するのは人間の必然だとする主張に対して、人間性をめぐる議論には実証的な論拠がまったく存在しない、と批判して（p20）、競争も協力も、ともに学習されるものと考えている。しかし、イギリスにおけるフットボール禁止令や日本における賭け将棋禁止令の多発は、「競争を好む」という人間性の存在証明ではないだろうか。また、子どもによく見られる利他行動は「他者との協力を望む」という人間性の存在証明でもあるので、競争・協力とも人間性の一部であると考えてよいのではないだろうか。そうすると、日本人とアメリカ人の競争に対する受け止め方の違いは、競争する自分に対する感受性、つまり、個性や文化の意識の違いによって生じると考えられる。

　この「競争しながら協同する」という事情は、チームワークで働く企業など、どの組織でも同じはずだ。社員は社長レースでお互いに競争しながらも、ライバル社に負けないように協同して物事を処理しているのである。そして、私が前著で問題提起したことは、そもそもコーン自身、「競争願望は人間性の一部か」という難しい研究課題について、論争し、その学問的競争を楽しんでいるのではないだろうか、ということであった（詳しくは前著参照のこと）。

第四節　競争は連帯を育む

ところで、競争がどういう結果を生むかを少しだけ先取りしておこう。米国国務次官補のカート・キャンベルは、朝日新聞のインタビューで、以下の発言をしている。

経済戦争も競争

ＴＰＰはアジア主要国間の経済連携を強化する巨大な潜在力を持っている。日本にとっても、戦略レベルで考えれば、参加すること以上に意味のある選択肢はないだろう。日本の国内政治の観点から難しい問題であることは理解している。しかし、日米関係を活性化して強化するために最も役立つのは、対話の強化ではなく、安全保障に一層の重点を置くことでもない。両国の経済関係をより開放し、競争と連携にさらすことだ。これが今後数年間。日米関係のもっとも中心的な課題となると思う。そのような大きな意味を持つ経済連携ができなければ、両国関係は衰退していく（2013.2.9）。

つまり、ＴＰＰによる経済競争を強化することが連携につながるということである。スポーツによる競争が激化すればするほど、対戦相手との連帯感が強まることと同じである。映画『戦場に架ける橋』で有名となり、問題ともされた英軍将校の「できあがった橋を守りたい」という心理も、「競争」が闘う両者に与える影響と考えると単純に否定されるべき問題ではないように思われる。

競争は道徳心を育む

前節で紹介した長谷川が指摘しているように、競争に対して否定的な論調は日本中を覆っているが、その好例を道徳教育に見ることができる。『道徳教育はホントに道徳的か？』を著した松下良平は、第一章第一節「誠実な『手品師』の不誠実」で、もっともポピュラーな道徳資料である『手品師』を紹介して、競争の観点のない「思いやり」の問題点を指摘している。

手品師の内容をかいつまんで説明すると、話は、売れない手品師が父親が死んで沈んでいる子どもに手品を見せて勇気づけて、翌日も来る約束をしたことから始まる。ところが、その日の晩に友人から急病で倒れた手品師の代役の話が舞い込んだ。手品師は、千載一遇のチャンスと思ったが、葛藤の末に、子どもとの約束を優先させて代役の話をことわったのである。

自己の利益を後にして、子どもの利益を優先させた美談であるが、松下によると、これを美談として終わらせたい文部科学省の資料解説では「誠実に行動した手品師の行為」は感動を呼ぶであろう、となっているそうである。

しかし、松下は、この行為が子どもに対しては誠実であったろうが、自分の身を案じて仕事を持ってきてくれた友人に対しては不誠実な対応になっていることを指摘し、子どもを仕事場まで連れて行く選択肢もあったと解説している。さらに、その他にも、もし彼が出演しないで穴が空けば大金を払った聴衆にたいして不誠実になることや、その友人が、職がないのに来られない理由を聞き出して説得しなかったのは友人の手品師に対する不誠実が見て取れるといったようないくつかの不誠実さを指摘して紋切り型の指導を戒めている。

このように、松下はより広い視野から「誠実さ」の問題を検討し、実際の授業でも生徒から様々な回答が得られることを指摘して、単純に「手品師のように誠実に生きようね」と呼びかけてはいけない、と締めくくっている。

さらに、彼は、手品師は「手品師として成長していきたい」という自分自身のニーズに誠実に向き合っていない、という重要な指摘をしている(p28)。彼は、文部科学省が推奨する「思いやり」を「反利己主義・利他主義としての思いやり」と表現し、もう一つの思いやりを「自己愛の他者への拡張としての思いやり」と表現している。そして、例として第一に上げられているのがスポーツであるので、それを以下に示しておく(p42-43、傍点は原著者)。

もう一つの思いやりは、人びとが追い求める活動の善さについて当てはまります。その善は、たとえば野球やサッカーという活動であれば、ボールを投げたり、打ったり、蹴ったりするときの「うまさ」「有能さ」のことです。このような善はさまざまな活動それ自身の中に埋め込まれていますが、それぞれ固有の中身を持っています。ピアノを弾くこと、包丁で切ること、教えること、手術すること、論文を書くことの善さ(うまさや優秀性)は、それぞれの活動ごとに異なっています。しかも、何が善いことかは、その活動に参加し、それに一定程度慣れ親しまなければわかりません。時速一五〇キロ代の球速があるがイマイチのピッチャーと一三〇キロ台の球速しかないけれどもすぐれたピッチャーを、投げただけで見きわめられるようになるためには、ピッチングに相当に習熟しなければなりません。このように活動の善さは「目利き」にはわかるものの、客観的に確認することは容易ではありませんし、正しく計測できることもめったにないのです。

活動の内部(正確には活動を共有している共同体)に組み込まれているこの種の善をここでは便宜上「内的善」と呼び、活動の外にあって第一の思いやりが向けている善を「外的善」と呼んで、両者を区別しておきましょう。

この二つの善は一致することもありますが、一致しない場合も少なくありません。どんなによい仕事をしても需要がなければ財産にはつながりませんし、逆にちょっとした遊び心や偶然が巨大な富や名声をもたらすことも現代社会ではめずらしくありません。【後略】

この文の後で、彼は、外的善は他者と共有できないが、自らが内的善を追求するということは他者も同様に彼自身の内的善を追求することを妨げないこと、及び、他者と分かち合えるものであることを指摘してた後で、「すぐれたスポーツマン・芸術家・作家・研究者等が、互いに切磋琢磨することでひとまとまりの集団や層をなして存在することはよくあることです」と述べて、内的善の性質を以下のように説明している（p44）。

さてそうすると、内的善に関しては、外的善をめぐるものとはまったく別の思いやりが成り立ちます。自らが善を追求しようとする姿勢を同様に他者にも認めることが、他者への思いやりになるのです。「自らにとっての内的善を追求すること」（よりすぐれた人になろうとすること）を、「自分が所有する外的善を増やすこと」（より多くの財を手に入れようとすること）である「利己主義」と区別するために、ここでは「自己愛」と名づけることにしましょう。この自己愛を否定するのではなく、逆に積極的に肯定したうえで、それを他者にまで押し広げること、これが第二の思いやりです。そこでここでは、それを「自己愛の他者への拡張としての思いやり」と呼ぶことにします。

利己主義と思いやりの関係とは反対に、自己愛と他者への思いやりは矛盾しないどころか、逆に前者は後者にとっての基礎となるということができます。だからこそ、自分の仕事や人生を大切に思い、自らを愛することができる者ほど他者を思いやることができる一方で、自分の人生に投げやりで自己愛の希薄な者ほど他者を傷つけがちになるのです。

これを読むと、競争の効用と全く同じであることがわかるであろう。これが、スポーツが教育に利用される理由でもあるわけである。この書では、右に示したような分析の後で、文部科学省が推進する単純な反利己主義としての「思いやり」がはらむ問題点を指摘しているが、ここでは、「一生懸命他人と競争すること」が道徳的にも許されることであるという事実のみを指摘してこの章を終えたい。

第二章　競争は必然か、競争は不可避か

第三章　スポーツとは何か

第一節　スポーツ以前

競争の必要条件としての平等

第一章では、競争の必要条件を考察し、そこでは、競争が成立するためには、①平等な競争相手が存在すること、②両者に平等に適用されるルールがあること、そして、③最終的に勝者が決定されること、の三要件が必須であることを示した。

そして、第二章では、競争が現代社会において不可避であるとともに、現代社会に不可欠な現象であることを解説した。したがって、現代社会においては、あらゆる場面で競争のルールを決める必然性があること、及び、我々が、無意識のうちに、そのルールに基づいた競争で社会を発展させてきたことを考察した。それは、現代社会で生きる我々が、平等な競争相手（他者）の数が増してきて全国民になってしまった社会の抱える「必然としての競争」の存在を認識することでもあった。このことは、競争相手の存在を認めること自体の中に、必然的に相手を敬い、この戦いが両者にとって平等に価値のある行為であるという認識を共有する心的作用が存在すること、つまり、相手を平等な他者として認識する契機があることでもあると指摘した。

しかしながら、我々は「人類は一家」という感覚・感情を持つことはできない。たとえば、二〇一一年の大震災を考えてみよう。東日本大震災で一万円以上の寄付をした読者は数多くおられると思うが、同じく大地震であった、スマトラ沖地震の時に同じように寄付をされた方が何人おられるだろうか。このことは、我々日本人は、東北人とスマトラ人を、理念的にはともかく、少なくとも、感情的には平等には捉えていないということを意味する。これは、後ほど触れるであろう、民主主義の理念の問題でもあるのだが、「平等な他者として相手の存在を認める」という行動はとても難しい問題をはらんでいるのである。

この問題は、後ほど民主主義との関連で再度議論するが、実は、「あいつと競争したい ＝ 相手を平等な競争相手として認める」という心理的プロセス自体が他者を平等な人格として認めるための必要条件なのである。つまり、いま行おうとしている活動が「自分にも相手にも平等に価値のある行為であるという認識」が生じることで、活動をすること自体の価値が担保されるのである。そのため、この種の競争的行為には、勝利による実利的報酬が必ずしも必要でなくなる。古代オリンピックから続く競技の伝統の裏には、このような「競争の魅力」が関与しているのである。現代スポーツの魅力も、本質的には、この競争の魅力と同じである。

古代のスポーツ（に類する）競技

しかしながら、「両者に平等に適用されるルール」の内容は、古代オリンピックと近代オリンピックでは、様相をまったく異にしている。ギリシャ時代のパングラシオンというレスリングに似た競技では、身体が傷つけられ血が流された。この試合のルールは、「相手が反則すれば自分もやってよい」というものだったようである。しかしながら、②の「両者に平等に適用されるルールがあること」の条件は満たしており、日常生活上の実利を目指す活動ではなく勝敗が決まることから、スポーツと呼んでも差し支えない要件を備えている。

それでは、このギリシャ時代の競技と現代スポーツは何が違うのであろうか。そこで、スポーツという言葉の発祥から現代語としてスポーツが定着するまでの過程を勉強しておこう（より詳しい説明は前著を参照のこと）。

競技者が競争し観客がそれを見て楽しむという構造は、ギリシャ時代の競技も近代スポーツも同じである。違うのは争いの荒々しさの程度のみである。ギリシャ時代は、演劇もできばえを競う活動であり、支持者の応援や他の団体の演技への批判も激しいものだったようである。ホイジンガは演劇に関して、以下の記述を残している。

さて、悲劇も喜劇も、初めから、すでに論じたように、いかなる意味においても遊戯と呼ばれなければならない競技の領域に立っている。ギリシャの劇詩人はその作品を、ディオニューシア祭のために競争しながら作った。国家はこの競争を組織こそしなかったが、その管理は引き受けていた。そこには常に、栄冠を求めて競い合う多数の二流三流の詩人たちがいた。比較は絶えず行なわれていたために、批評は極端に先鋭化していた。全大衆があらゆる諷刺を理解し、作品の質や文体のどんな精妙さに対しても反応し、競技の緊張にいっしょに捲き込まれることは、あたかも現代のフットボール試合の観衆のごときものがあった。緊張して、人々は新しい合唱隊を待ちうける。その役を演ずる市民たちは、一年中絶えずそのために稽古を積んできたのである。戯曲の内容そのものも、特に喜劇の場合は闘技的な種類のものだった。例えば、劇の中で闘争をしたり、特定の人物や立場が攻撃されたりする（『ホモ・ルーデンス』p301）。

そうすると、競争を楽しんで行い、また、それを見て楽しむということは、人間の基本的な欲求であると考えざるを得ない。先取りしておくと、少し前の、アメリカとソ連が宇宙開発競争をしていて、全世界の人々がその報道を楽しんでいたのも、実は、同じ種類の基本的な欲求からくるものなのである。競技者本人は自らの力を誇示し、観客はそれを見て楽しむ。その構造は時代を経ても変わらないが、力があるかないかの判断基準は、時代によって異なる。古代オリンピックのボクシングでは左右に身をかわしたり後ずさりしたりすることは臆病とみなされたので、パンチをかわさずに打ち合ったようである（『スポーツと文明化』p201）。また、前に述べたように、相手が反則すれば自分もしてよいという法治国家では考えられないルールであった。

ところで、それでは、スポーツによって得られる「興奮」を享受する正当性は、この古代からの続く競争欲求であったのであろうか。それとも、スポーツの誕生とともに発見されたのであろうか。この問題を考えるために、とりあえずは、古代からのスポーツに類する活動の変遷を追ってみよう。

スポーツに類する活動の変遷

オリンピックは、古代オリンピックにヒントを得てクーベルタン伯爵が創造したものである。しかし、彼の古代オリンピックへの思い入れは夢に近いものであり、実際の古代オリンピックが、現代の感覚からすると、ルールもない喧嘩に近い争いごととしか思われないようなものであったことは、周知の事実である。「市民平等」とか「反戦論」などの理念も存在しなかった。

古代オリンピックは長期にわたり盛大に行われたのだから、それが面白かったことは確かであろうが、このような「野蛮な社会」で、彼らはなぜ、近代社会で成立したスポーツに似た（実用に供しない非生産的活動であるという意味で）無意味で野蛮な争いごとを大々的に行い、また、それを見て楽しんだのであろうか。

身体的競争は、一般的に考えれば、客観的に見て明らかに不平等な競争である。そのため、レスリングや柔道などでは、体重制を採用して少しでも平等性を担保しようとしている。したがって、競争のための平等条件は、実は「主観的平等」である。たとえば、陸上競技の百メートル走は、客観的に見れば、明らかに不平等な競争である。小学校六年生で十五秒かかっていた選手は決してオリンピックには出られないであろう。マラソン選手の中には小学校のマラソン大会で上位入賞できなかった努力型の選手もいるが、短距離走は才能が大部分を占めるからである。短距離走とは能力ある者の間での平等競争でしかない。したがって、逆に考えると、本人同士が「勝つか負けるかわからない」「あいつは俺の好敵手だ」と思えば競争が成立し、相手を平等な人間と（理知的にではなく感性的に）認識し、競争での興奮も得られるのである。そう考えると、「万民は平等である」という理念がなくとも、ある程度「客観的に平等」な人間がたくさんいる社会では、競争によって「心地よい競争状態」を演出できるはずである。

実はそれが、ギリシャ時代であったと思われる。古代ギリシャには、パルテノン神殿のような大建造物はあるが個人の大邸宅はない、という話がある。かなり資産が似通っている平民が多数いたギリシャでは平等条件による競争が成立したのだろう。

しかし、競争の方法は野蛮きわまりないものであった。人間が本能的に持っている興奮追求の欲求を飼い慣らすことが文明化であると主張しているエリアスらは、ギリシャ時代の乱暴なスポーツらしきもの（一九世紀に完成したスポーツと区別するためにここでは「競技」と呼ぶことにする）のルールは、当時の社会的な暴力許容限度内であり、文明化した近代社会では、社会的に許される一般的な暴力の許容限度が低いので、スポーツでの暴力的行為の許容範囲も狭くなったのだと説明している。エリアスとダニングは、前に紹介した『スポーツと文明化』で、ブリタニカ百科事典の以下のような記述を引用している。

運動競技の最も早い時期の記録はギリシャのオリンピア競技（紀元前八〇〇年頃）に関するものであり…それは皇帝テオドシウスの命令によって西暦三九四年に終結した。五世紀におけるローマの崩壊と十九世紀の間の運動競技の歴史はまったく不完全である。中世の宗教的祝祭にはしばしば対抗する町やギルドの間で行われる未熟な球技がともなっていた。これらの球技は、サッカー、野球、テニス、フットボールなどのような大勢の観客の前で行われる二十世紀のスポーツの先駆であった。十八世紀の中期に産業革命が始まったこと、さらにパブリック・スクールの正規の課外活動としてトマス・アーノルド（一八二〇年頃）がスポーツを導入したことがイギリスのヴィクトリア朝期のスポーツの大発展に拍車をかけることになった。十九世紀のスポーツの復活の総仕上げは一八九六年のアテネにおける国際オリンピック大会であった。二〇世紀の幕開けとともに、すべての競争的スポーツへの興味が頂点に達し、ふたつの世界大戦と数々の小規模の戦争があったにもかかわらず、スポーツへの関心は増大し続けている。

そして、この記述を引用した著者は、次に、以下のように述べている。

この（ブリタニカ百科事典の）要約は、ごらんになってお分かりのように、かなり正しい資料に基づく事実を述べている。それは、時折、アーノルド博士のイニシアチブによってスポーツに与えられたといわれている刺激（引用者注：スポーツの教育的価値）さえも暗に説明しようとしている。ところが、それは説明の滑らかな表面の下に沈んでいる多くの未解決の問題に対してほとんど読者の目を開かせようとはしていない。たとえば、中世の宗教的な祝祭には未熟な球技がともなっており、一方、オリンピアやその他の場所で行われた古代の宗教的祝祭がどうもそれほど未熟ではなく、したがって、むしろ十九世紀や二〇世紀の祝祭に近いということはどのように説明されるのであろうか。さらに、これらが未熟でないということをどのようにして決められるのか。いかにしてゲームが行われている文明化の基準によって、「未熟さ」のなかに存在する変異をかなり正確に決められるのか。また、どのようにしてそれが説明されるのか。「スポーツの大発展」や「十九世紀のスポーツの復興」をどのように説明できるのか（p188－89）。

ローマ帝国の崩壊からスポーツが発展する時期までの空白期である中世をどうとらえるかは難しい問題であるので省略して、近代スポーツがギリシャにおける競技と何らかのつながりがあるものであるということのみを頭に入れておいてスポーツの発生時期に進んで考察を続けよう。

スポーツ成立前のイギリスを例にとると、サッカーの原型であるモブフットボールは、死人を出すような荒っぽいものであり、国王が何回も禁止令を出していることから(『フットボールの文化史』)、このような死もいとわない競技が近代まで存続し、禁止されてもやめられない民衆の娯楽、あるいは、少なくとも民衆が追求してやまない興奮状態を作るものとして、続いてきていたことが分かる。このような禁止令が出される競技が多くの国々に存在していたということから、身体接触を伴う荒々しい消耗活動(生活の糧としての農業・工業製品を作るための活動ではない身体活動)を民衆が好んで行ってきた歴史があることだけは、まず、指摘しておきたい。フランスでも、テニスの原型であるポームの禁止令が出ており(池上俊一『歴史としての身体』)、このような興奮を求めることが、人間の生きる意味と考えることができる。人間はパンのみによってのみ生きる存在ではないのである。

第二節　スポーツの誕生

スポーツを考察する視点

古代オリンピック競技と同じような競争行為であるスポーツという言葉の語源は、フランス語のdisportから接頭語disが取れて定着した言葉で、一五世紀頃から使われていたようであり、本来は「愉快な娯楽、慰め、気晴らし」を表す言葉であった。それが、特別に、愉しみのための狩りを示す言葉となり(一六五三年初出)、それが身体運動・競技等の現代的意味で用いられるようになったのは、十九世紀ごろだという。

この現代的意味での「スポーツ」に関して、エリアスとダニングは、以下のように問題提起している。

ほとんどの種類のスポーツは競争の要素を包含している。それらは肉体的な力、あるいは非軍事的な種類の技術を含む競技である。競技者を束縛する規則は、肉体的傷害の危険を最小限に減らすことをめざしている。したがって、スポーツに関するこれらの研究の背後には常に、より多くの人々がいわゆる「スポーツ」というこのような肉体的技術や力の非暴力的競技に参加したり、あるいはそれを見るために余暇の一部を使っているような社会とはどんな種類のものなのか、という問いがある。もちろん、いくつかのスポーツには暴力が行使される暗い領域がある。しかし、ほとんどのスポーツ競技にはそのような暴力の行使を規制する規則が考案されている。大勢の、そして世界中の人々が競技者として、あるいは観客として、個人間やチーム間で行われる肉体的競技を楽しみ、さらに流血もなく、競技者がお互いにいかなる重大な傷害も加えないという条件の下でこれらの競技によって引き起こされる緊張や興奮を味わうような社会とはどんなものなのか、とだれでも尋ねるかもしれない（p28）。

この本の原題は、訳書では副題となっている『興奮の探求(Pursuit of Excitement)』である。ギリシャ時代のオリンピックでは、血なまぐさい競技に観衆が酔っていたようであるが、そうではない「血を流さない競争」に酔っている現代社会とは何か、という問題提起がここで行われているのだが、それでは「重大な傷害も加えないという条件の競争」に「気晴らし」という言葉を与えた当時のイギリス、あるいはイギリス人とは何であろうか。

気晴らしというのであれば散歩やトランプやチェスで十分であるのに、気晴らしとは思えない激しい身体運動を伴う活動に、なぜ、スポーツという同じ言葉を使うようになったのか。本章ではそのことを考えていきたいと思う。

狐狩りにみるスポーツの本質

エリアスらは、スポーツの発祥を狐狩りにみている。少し長くなるが、その部分を引用してみよう。

イギリスでは狐狩りは独自の組織や習慣をもつ極めて特殊化された娯楽になった。狐狩りをしている間は、紳士たちは偶然出くわした狐以外の動物を追いかけたり、殺したりすることを止めた――それは、このような抑制の理由を理解できない外国の観客には不思議なことであった。自分たちの習慣に対する知識やその楽しさに自信をもって狐狩りをするイギリスの紳士たち自身でさえ、狐狩りの習慣をほとんど説明できなかったし、快く説明しようとは思わなかった。狐を追いかけ、偶然でくわす他の動物を、それがたとえ食卓に出されるたいへん美味しいごちそうになる可能性があったとしても、無視するということは、かれらの社会習慣の単なる一部である。紳士は、食卓を飾るごちそうを家にもって帰るために狩りにでかけたのではなかった。紳士はスポーツとして狩りをしたのである。紳士たちは、外国人、特にフランス人の間ではイギリスの狐狩りが理解されていないことを表す話をかなり楽しくお互いに語り合った。イギリスで狐狩りを見たフランスの狩猟家が、まさに捕まえられようとしていた野兎の臭跡を失った数匹の若い猟犬が鞭を当てられているのを見たとき、驚き、嘲笑したという話があった。あるいは、狩猟中にイギリス人が「なんて素晴らしいんだ。一時間十五分にも及ぶこの愉快な競争で狐が見せてくれた楽しみは」と叫ぶのを聞いたフランス人の別の話もあった。そのとき、フランス人は、「確かに、あの狐は、あれほど苦労したなら、捕まえる価値がある。フリカンドー（肉料理の名前）にすればうまかろう」と答えた（p232）。

ここで述べられていることは、イギリス人の狐狩りには確固としたルールがあり確実に実践していることと、しかしそのルールがなぜそうなのかについてイギリス人自体答えられなかったこと、そして、フランス人はこの狐狩りの目的を理解していなかったことである。

それでは、次の部分はどうであろうか。

狐狩りをしていた集団が、われわれが理解する限りでは、自分たちの「スポーツ」の特別な自律性＝模擬戦の喜びが、その他のあらゆる社会的目的や機能から相対的に分離していること＝をすべて知らなかったわけではない。「狐はわれわれにすばらしいスポーツを提供してくれる」とか、「われわれのスポーツはまったく猟犬特有の絶妙な嗅覚に依存している」といった表現は、当時「スポーツ」という言葉がそのような模擬戦や模擬戦から得られる快楽といかに密接に係わっていたかを極めて明確に示してくれる。

さらにまた、狐狩りを追求している人々が、「素晴らしいスポーツ」の本質である楽しい緊張の興奮が狐狩りからのみ期待できたという事実をまったく知らなかったわけでもない。なぜなら、狐狩りの基本的な形態は、適度に不安定な緊張のバランス、競技者間の一時的な力のバランスを保証してくれたからである。スポーツの手引きによると、狐狩りの支持者たちが命名するあの高貴な科学なるものは、共通認識によって狩猟の完璧なかたちとして認められている。捕まえられる動物はその目的に十分合うほど足が早いし、追跡者を欺くためのあらゆる種類の知恵を多くもっている。その動物はかなりの臭いを残し、非常に勇敢である。そのため、それはスポーツにふさわしいチャンスを十二分に与えてくれると思われている（p242）。

この引用部は、「スポーツ」を「興奮を与えてくれる気晴らし」あるいは「模擬戦の興奮を与えてくれるもの」と訳すことによってすべて理解することができる。前段は、狐狩りが模擬戦の興奮と同じような気分を与えてくれることを知っていたこと、後段は、その気分を味わうためには、猟犬に劣らず足が速く、しかも臭跡を残して最後は捕まることになる獲物が必要だと認識していたことを意味している。スポーツとの関連で解釈すると、この狩りには、「①猟犬との平等条件を満たす狐がいて、②『追跡役』と『逃げ役』に割り当てられて、何をやってもいいというルールで闘い、③最後は勝敗が決まる」という構造であり、競争の三条件を満たしている。猟犬が勝つのが普通だが負ける場合もあり、狐以外を狩ると反則として罰せられる。

そして、猟犬の飼い主である貴族同士は、どちらの猟犬の狩りがより美しいかを競っているのである。もし一人で狩りをしていたとしても、その心意気は、第一章第二節で議論した過去の登山家と競っている登山家の心理状態と同じである。何人かで狩りをして、その後で晩餐会を開いてお互いの猟犬を評価したとすれば、それは、何人かでフィギュアスケートを演じてその後でお互いに点数をつけ合って楽しむことと同じ心理構造である。現代まで続いている俳句や和歌の句会は、同じ場所又は同じテーマで句を詠み、相互評価で首席を決めているので、この遊びとまったく同じ構造である。

いみじくも、ホイジンガは「高度に組織化されてしまった社会形態の中では、宗教、科学、法律、戦争、政治が、明らかにそれらの生まれ育った初期の段階では十分に保っていた遊技との接触を失いつつある。しかし、詩は、遊技領域に生まれ、今もその領域にとどまっている」と述べている（p250）。

スポーツを客観視する視点の欠如

つまり、イギリス貴族は自然発生的に狩猟の共通ルールを作り、それによる狩りを楽しんでいたのである。楽しむためのルールの要件も知っていた。そして、それが「もっとも楽しい（興奮を呼び込む）娯楽である」と認識していたが、それを客観的に対象化して説明できなかったのである。これは、野原で三角ベースの野球をしている少年に「どうしてそんなルールでやってるの」と聞いても答えられないのと同じであろう。

もし、狐狩りが発生した時代にスポーツの概念を知っている人物がいれば、「この狩りの遊びは、『鉄砲ではなく、自分の猟犬を使って、しかも狐のみを捕らえさせる』というルールで行い、その追いかけ方の見事さを、お互いに比べ合って優劣を決めるんだ。やっているのは皆お金持ちだから簡単に猟犬は手に入れられる。だから、平等条件で始められる。つまり、平等な人間が、ルールに則って、勝敗を争うんだから、『自らが動く』という条件を除くとスポーツの定義に当てはまるだろう」と説明できるのである。

この定義と発祥から考えると、現在スポーツが負わされている教育的使命は、そのかけらをも見出すことができない。彼らは、このことについて、以下のように述べている。

イギリスの狐狩りはここでは、「スポーツ」と呼ばれているタイプの娯楽に元来あった顕著な特徴のいくつかを示すために、経験的なモデルとして使われている。それは、われわれが、後にしばしば実用主義的な言葉によってのみ説明されるようになった楽しい緊張の興奮の源としてのスポーツのいくつかの構造的特徴をより適切に認識するのに役立つかも知れない。狐狩りをしていた集団は、すでにあらゆるスポーツの特徴のひとつである特殊な「エトス」を発展させていた。しかし、この段階では、「スポーツのエトス」は「道徳的」とか「道徳性」などの言葉が適用される労働に従事している中産階級のエトスのようなものではなかった。それは、うまく調整された模擬戦の緊張や興奮を快楽の重要な部分として評価するようになってきた裕福で、洗練され、比較的控えめな有閑階級のエトスであった。紳士によって考案され、遵守され、違反者に対しては厳しく施行された狐狩りのルールは、狩猟がかれらに素晴らしい「スポーツ」の本質、つまり十分な楽しい緊張と戦いの興奮を与えることを保証した。

今日われわれは、すべてのスポーツに特徴的な両側の勝算の相対的均等性を、そのような取決めの「公正」に言及することによって、主として「道徳的」前提条件という見地から説明しがちである。しかし、他の場合同様、この場合でも「道徳的」側面は社会学的側面、すなわちそのような取決めの構造と機能を包み隠しがちである。対戦相手にとって適度に不安定な勝算のバランスをしばらく維持できる形態がなければ、「素晴らしいスポーツ」を期待することはできないであろう。そのような「公正な」取決めがなければ、スポーツの重要な機能である戦いの緊張がもたらす快楽と興奮は、極めて短くなり、非常に規則的に予期されることはなかろう。かくして、狐狩りは、要点として、あらゆる種類のスポーツにおいて使われる組織化のための特殊な技術を人々は学んでいたということをすでに示してくれたのである――それは参加者の一定の形態の内部にしばらくの間、最終的にカタルシスと緊張からの解放の可能性を大いにもっている緊張した勢力のバランスを維持する技術である。（p242‐43）

スポーツの発生に関する詳しい解説は前著やスポーツ哲学・スポーツ史関係の書籍を見ていただくこととして、ここでは、スポーツが道徳的にやることを本質として発生したものではないことだけを押さえておこう。

第三節　スポーツの発展

スポーツの実存的意義

多木浩二は、『スポーツを考える』の中で、スポーツを近代スポーツに限って論じながらスポーツの記号論を展開している。彼は「スポーツについての記号論的分析は、簡単にいうと規則（ルール）とゲームというふたつの領域に向けられうるのである」（p110）と述べた後で、ヴィトゲンシュタインのゲームに関する考察を引用し、「ヴィトゲンシュタインやチョムスキーは、ルールとそれにもとづくがつねに別の規則（あるいは未知のもの）によって成立するゲームとの遂行についての根本的な問題について語ったのである」（p113）と述べている。では、その未知なる別の規則とは何であろうか。

筆者は、それこそが、競争を真面目に行うことで得られる興奮であり、ギリシャ以来、あるいは、人類が生まれてこのかた、追求してやまない人間の生きる意味、目的ではないかと考えている。その意味でスポーツを考えると、「スポーツとは競争的活動での興奮状態を作り出す目的で人間が行う物質的にみると非生産的活動でありながら、文化を創る、あるいは、文化を担うという意味では、唯一の生産的活動である」と定義できるだろう。

しかし、成立時のスポーツのルールは万人に平等である必要も、道徳的である必要もなかったのである。当事者達だけの間に「うまく調整された模擬戦の緊張と興奮」がもたらされればいいのである。これが、スポーツの発生原因から考えた場合のスポーツが備えるべき必要十分条件である。この時代の模擬戦であるボクシングのルールに、平等を確保する規定の他に、死者が出る可能性のある攻撃を禁止する規定ができたのは、イギリスのこの時代は、ギリシャ時代よりも人間を傷つける恐れに対する大衆の拒否感が大きかったために過ぎない。「相手を傷つけないこと」は時代が要求したスポーツ活動許可の前提条件であり、スポーツの本質（＝競技の本質）に根ざした必然的規定ではなかったと言える。なおかつ、ルールは、競技に参加している敵味方の平等な人間集団で合意されていればいいだけである。そのため、パブリックスクールで発展したサッカーの初期のルールは、学校ごとに異なっていた。

スポーツ発祥の背景

エリアスらは、ギリシャの時代状況とスポーツ発祥時のイギリスの時代状況との違いを次のように述べている。

中世の後期、あるいは近代の初期のボールを使った民衆競技と十九世紀に出現したイギリスのフットボールのふたつの部門であるサッカーとラグビーを比較するならば、われわれは暴力に関する感受性がますます増大したことに気づく。［中略］感受性の成長は、（ボクシングにおける）グローブの導入、さらに、時がたつにつれて、グローブの詰め物、より多くの機会均等を保証するボクサーのさまざまな階級の導入などにおいて示された。もっとはっきりいえば、さらに分化し、いくつかの点でより厳しくなった一定の規則の発展、およびその結果として生じた競技者を重傷から守ってやるためのさらに多くの保護との関連において、戦いの一般的な形態が「スポーツ」の特徴を帯びるようになったにすぎない。スポーツとしてのボクシングのこれらの特徴は、ボクシングのイギリス的形態がなぜ他の多くの国々で基準として採用され、フランスでそうであったように、しばしばボクシングの伝統的な自国の形態に取って代わったかを説明するのに役立つ。［中略］娯楽の「スポーツ化」、もしこの表現を、イギリス社会において娯楽がスポーツへ変形したこと、およびそのいくつかがほとんど世界的な規模で輸出されたことを表す速記術（引用者注：象徴的な表現の意か）として使ってさしつかえなければ、それは文明化の勢いのもうひとつの例である（『スポーツと文明化』p30）。

暴力への感受性については、関連した問題提起をミシェル・フーコーに求めることができる。彼は、十八世紀から十九世紀にかけて、フランス革命を前後して、見せしめのための公開処刑がすたれていく歴史を追っている（『監獄の誕生』）。彼の関心は、「近代精神と裁判権との相関的な歴史」にあったようだが（p27）、「民衆の暴力に関する感受性」が増大したという事実認識ではエリアスらの指摘と一致するようである。この「文明の発展による暴力排除傾向の高まり」については、日本の江戸時代の裁判を扱った石井良助著『江戸の刑罰』においても、同様の指摘がなされている。彼は、江戸時代の後期になって、刑罰の残酷さが軽減し、刑罰の決定にあたって犯人の犯意が重視されるようになり、出牢後の更正を考え労役を科すようになったと指摘しており、フーコーの分析したフランスにおける変化に近い変化が日本でも起きていたと理解できる（p28－29）。そうすると、エリアスらの指摘する「文明化の勢い」の基盤は日本でも整備されつつあったといえる。もしかしたら、これが、日本で明治維新以後に急激な西欧化が実現できた最大理由なのかも知れない。

このことはともかく、右の引用表現の最後は、「人々の最大の娯楽がスポーツとなり、それが世界中に広まったことが文明化の勢いの一つだ」というような意味であろう。そうすると、文明化のもう一つの勢いが「監獄の誕生」だったのかも知れない。この本の原題は『監視すること、および処罰すること』だが、「監督すること、および訓練すること」に読み替えれば、同じ文脈でスポーツを理解できる。しかし、このあたりは筆者の能力を超えるのでこれ以上言及しないことにする。

スポーツ普及の背景

ところで、文明化の勢いは交通交易圏の拡大をも意味する。人的交流が盛んになり、もともと人気のあるサッカー試合をパブリックスクール間で行おうとすると、ルールが問題となる。ルールの改良に関しては、暴力の排除という面とともに、共通化という側面も見落とせない。この問題は後ほど、経済ルールとの比較で論じるであろう。

さて、ヨーロッパ列強がお互いに生きるか死ぬかの闘いをやめ、植民地の争奪戦を展開するようになると、支配階級は、戦争での興奮に匹敵する興奮を模擬的な戦争であるスポーツに求めるようになった。狐狩りのルールが確立した背景には、暴力はイヤだが生きているという実感はいつも体験していたいという、「楽しい緊張と闘いの興奮」を求める人間の本性があると考えられる。そのため、狐狩りで十分に興奮するには、イギリス紳士が発明した狐狩りのルール作りが必要であったように、ボクシングにあっては、昔と違って対戦相手をひどく傷つけないようなルールが必要であった。当時の人々にとって、それまでの血を流す娯楽では、ひどく心が傷つけられてしまうので興ざめしてしまい、生きている実感が味わえなくなってしまっていたからだ。

ただし、民衆を巻き込んだスポーツの興隆過程においては、はじめの方で指摘した「やる人と見る人が一体となって興奮すること」が重要な働きをしていたようである。『ボクシングはなぜ合法化されたか』を著した松井良明は、スポーツに類する野蛮な活動が「不法な遊技」として禁止され続けた背景として、やる人よりも、むしろ、見る人の常軌を逸した行動を取り上げている。競馬や闘鶏における賭の実態やボクシングの観衆マナーの問題である。観衆の限度を超えた興奮で、町が無政府状態になったりすることが禁止令を出した最大の理由のようである。実際、一八世紀から始まる競馬のクラシックレースは、多くの上流階級の観客を集めたが、競馬場で騒ぎを起こすわけではないので禁止されずに続いている。

当時の社会状況から、エリートは馬鹿騒ぎをよしとする大衆を弾劾し、それが禁止令につながったのである。現代におけるフーリガンにつながる問題であろう。ボクシングでも観衆が賭けをしており、八百長があったりすると賭は面白くなく成立しない。ボクシングは決闘禁止の流れに逆らえずにグローブをつけてやるようになっただけでなく、賭が成立するためにきちんとした平等ルールでやらなければならなくなった面においても、スポーツの近代化を象徴する種目と言えるだろう。

つまり、平等な立場での競争を興奮して楽しむのが人間の生きている意味であり、それは、古来、支配者・被支配者を問わず感受したい体験であった。支配者においては、自らの覇権競争がそれであり、身分制社会における民衆においては賭競争（賭博）であったのかも知れない。日本の貴族は闘いを武士に任せたために、覇権競争の興奮を得ることができず、宮中での賭けに熱中していたのかも知れない（増田宏一『日本遊技思想史』）。この本によると、古代において天皇が賭物（かけもの：景品）を提供したという記述が少なからず存在し、自分たちは賭けを楽しんでいながら、民衆の賭け事の禁止令は頻繁に出していたようだ。民衆が賭け事に熱中すると生産活動が滞って社会が混乱するからであろうが、右記したイギリスの支配階級の論理と同じであることが面白い。階級の上下にかかわらず「遊び」を追求せざるを得ない性分と下層階級に対する「遊び禁止の対応」は、人種や民族を越えた普遍的な「人間の真実」なのかも知れない。

スポーツの完成と民主主義

ところで、競争の現代的条件（ルール）の成立が資本主義競争社会の成立と連動しているというエリアスらの指摘と、その競争に民衆あるいは全国民が興奮するのは人間に本質的な遊びの精神によるものだというホイジンガの主張をつなぎ合わせるとスポーツの本質が見えてくる。

エリアスらは、狐狩りの論考の終わりの方に以下の一文を載せている。

文明化の過程において快楽と抑制の新たなバランスの必要性に直面したとき、人々が偶然見つけた装置のひとつは、クライマックスへと徐々に向かう戦いと緊張の長い興奮の喜びに対するより大きな適応力であった。それは、クライマックスの瞬時の喜びとそれにともなう緊張そのものからの解放とは対照的であった。「われわれの楽しみは……大部分は楽しんでいるときよりも期待しているときのほうが大きい」という発言は、分析としては必ずしも正しくないが、狐狩りのような娯楽の発展のなかで示され、かつより一般的には文明化の傾向に特徴的な緊張の喜びと成就の喜びの間に見られる重要性の変化を実に明確に示している。「スポーツ」という言葉は、われわれが理解したように、かつては狩猟やゲームの予備的な部分であり、かつそれから求められる予測の快楽であったものに結びついた専門用語になってしまった。「狐がわれわれに素晴らしいスポーツを与えてくれた」といういい方は、同時に、形態的力学それ自体、およびそれが与えてくれる楽しい興奮の度合いに言及する表現でもあった。つまり、狐と猟犬と、猟犬に付き添う狩猟家の間で展開される戦い、加えてその戦いが狩猟家に与える満足感に言及している表現なのである（p246）。

つまり、暴力を行使したり暴力行使を見たりして得られる快楽を封じられた民主主義社会の人々が、そのような暴力に対する抑制心を持ちながらも、遺伝的な快楽成就の心情を満たすために偶然見つけた活動が、暴力的ではない競争で、どちらが勝つか分からない緊張状態が長く持続されて、最後には、勝敗が決するクライマックスを演出するスポーツだったのである。たとえば、サッカーのオフサイドのルールは、待ち伏せ禁止という選手の道徳心を満たすために導入されたものではなく、どちらが勝つか分からない緊張状態が長く続くように、つまり、あまり早く勝敗が決まらないようにという目的で導入されたものなのである。また、暴力的結末をもたらさない活動は、文明化された社会で快楽を完全に満たすための必要条件でもあった。

ただし、ルールを作った人々がそのことを自覚していたわけではない。この点は、後で再度問題とするが、スポーツルールの発展と平行する民主主義ルールの発展に共通する問題であることだけはここで指摘しておきた。民主主義のルールもはじめから自覚的に作られたわけではないのである。

第四節　スポーツは最重要文化である

日本におけるスポーツの地位

これまで見たような経緯で誕生したスポーツを「日本における最重要なイベントである」と主張すると多くのインテリがけげんな顔をする。しかしこれは、たとえば、自民党がもっとも重要な政党であると主張するとけげんな顔をして認めたがらなかった風潮と同じ精神構造である。日本では、いわゆる進歩的文化人の「自民党は民意を代表していない」という主張を何のためらいもなく受容してきた人々が多いが、自民党は、結党以来ずっと、少なくとも一九九〇年頃までは、どんなことがあろうとも投票者の四割以上、絶対投票率でも三割以上の支持を得ていた。つまり、自民党的体質を評価するグループが、日本でもっとも大きいグループだったのだ。自民党は、過半数ではないにしても、もっとも大きな支持基盤を持って民意に応え続けてきた重要政党なのである。少なくとも、二〇〇八年の衆議院選挙の前までは。

同じように考えると、国民のもっとも重要な関心事は、新聞でもっとももたくさん報道されている出来事であるはずである。それが、スポーツ報道だ。最近の三大紙をめくると、スポーツは三ページから五ページを使って報道されており、週末の特集記事ではスポーツだけで折り込み一枚の八ページ（広告ページ込み）になることも珍しくない。

前著の前書きで示したように、たとえば、二〇一〇年二月十五日（日本時間の十六日）、冬季オリンピックスピードスケート五百メートルで日本人選手が大会初のメダルを獲得した翌日、それが金メダルでなかったにもかかわらず、朝日新聞は第一面の半分以上を使って大々的に報道した。その他の一面記事は、囲碁がアジア競技大会の正式種目となり日本体育協会に加盟しなくてはならなくなったことを解説した記事のみであり、天声人語もオリンピック関係の内容であった。つまり、この日の朝日新聞一面は、すべての記事がスポーツ関係で占められたことになる！

このようなスポーツ報道の量的増加と質的向上、あるいは、過熱は最近のことであるが、国民全体のスポーツへの関心は底流として昔からあったと考えられる。しばしば語られる戦前の早慶戦の過熱ぶりや一九一一年に東京朝日新聞に連載された「野球害毒論」はその底流の存在を証明している。このキャンペーンからわずか四年後に同じ新聞社が甲子園大会の前身である全国中等学校野球大会を主催してスポーツ事業として最大級の成功を収めたことを、橋本一夫は「何とも皮肉なこと」と述べているが（『スポーツをとりまく環境：中村敏雄編』p77）、ここで論じているスポーツの本質から考えると、当然の結果であったのかも知れない。

スポーツ報道の変遷

ちなみに、戦後の朝日新聞縮刷版をめくって記事の面積比を探ってみると、戦後の混乱期にも一ページをさいて報道されており、当時からスポーツ記事はそれなりの面積を占めていたことがわかる。当時の新聞は八ページから十二ページであるので、ほぼ一割の面積ということになる。

その後、昭和の末までは、記事の少ないときは一ページ、多いときは二ページの報道が続いたが、新聞の総ページ数は増加しているので、スポーツ報道の停滞期と言える。昭和三〇年という年は、栃錦がすでに横綱に昇進し、若乃花が横綱を目指していた時期である。その後、東京オリンピック、王・長嶋の時代、柏鵬時代を経てもスポーツの紙面は増えなかった。

ところが、昭和の末になると劇的変化が起きはじめ、平成一〇年の春場所千秋楽の翌日に三ページであったスポーツ欄が、夏場所千秋楽の翌日には四ページになり、さらに平成一二年四月からは夕刊のスポーツ欄が「連日大型」になり、平成一三年四月からは、朝日新聞が二〇〇二年日韓W杯の公式スポンサーになったのを受けて、火曜日にサッカー特集欄を設けるまでに至っている。

ライバルの読売新聞も、昭和六二年三月二六日から朝日新聞と同様に月曜日のスポーツ欄を三ページにしているので、スポーツの取り扱われ方の変化は、新聞界に共通のものと思われる。

つまり、昭和三〇年頃から昭和六〇年頃までは新聞のスポーツ報道は停滞期であり、新聞の全ページ数は増加しているにもかかわらず、常設スポーツ欄のページ数は延びていない。この間に、爆発的なボウリングブームやテニスブームもありスポーツ人口は着実にのびているので、スポーツ報道の姿勢は停滞ではなく下降していたという方が正しいかも知れない。この下降期を経ていつのまにか再上昇に転じ、昭和六〇年頃からスポーツとマスコミの関係が加速度的に密接になったことを、新聞の紙面構成の変化から読みとることができる。

しかし、この報道量の上昇を、「スポーツの価値」への認識が民衆の間に急激に高まったために生じた、と単純に考えることはできない。スポーツの価値への大衆の認識は、スポーツ人口の拡大や競技団体の組織拡充でそれなりに少しずつ高まっていたはずである。王貞治選手が国民栄誉賞を受けたのは昭和五二年であり、これが国民全体にスポーツが単なるお遊びではないと認知されはじめた結果であることには疑問の余地はないだろう。おそらく、この時点では、「スポーツ」の地位が低く、スポーツ選手に文化勲章を与えることなどは思いもつかない想像外のために、それでも、彼の社会的評価の大きさは客観的に認識できていて、それ見合った処遇を考えて発明された賞ではないかと思われる。「社会的評価が高い」イコール「社会で価値ある出来事である」という等式が考えられないほど、スポーツに対する偏見があったと言ってよいかも知れない。

このことはともかく、王貞治選手が国民栄誉賞を受けた時期に、スポーツに対する認識が高まったにもかかわらず、スポーツの報道量が飛躍的に増えたわけではなかった。したがって、昭和六〇年以降のスポーツ報道量の爆発的増加は、スポーツの本質が変化したからとか、スポーツの地位が格段に向上したからではない。日本におけるモータリゼーションの急展開が自動車技術の画期的な進歩や自動車の価値の見直しによって生じたのではなく、社会状況の変化が人々に車購入への関心を促したためであるように、ここ十数年の社会状況の変化がマスコミにスポーツ報道への関心を促した結果と考えるべきである。大衆が大量のスポーツ情報を欲しはじめ、新聞社がそのことを敏感に感じとった結果であろう。

スポーツ活動の意義と表彰制度の矛盾

たとえば、朝日新聞のbeランキングの記事で国民栄誉賞が取り上げられたが、この賞を新設した理由として、『広く国民に敬愛され、社会に明るい希望を当てることに顕著な業績があった者』という緩い規定で、総理大臣顕彰では対象にしにくいプロ野球選手にも授与できるようにした」のだろうという伝聞が紹介されている（朝日新聞、2011.9.17）。

しかし、総理大臣表彰の規定は以下の通りである。

内閣総理大臣表彰規程（昭和41年2月11日　閣議決定）

1　目　的

本表彰は、国家、社会に貢献し顕著な功績のあったものについてこれを顕彰することを目的とする

3　表彰の対象

次の各号の一に該当して特に顕著な功績があり、全国民の模範と認められるものその他内閣総理大臣が表彰することを適当と認めるものに対して行なう。

（1）国の重要施策の遂行に貢献したもの
（2）災害の防止及び災害救助に貢献したもの
（3）道義の高揚に貢献したもの
（4）学術及び文化の振興に貢献したもの
（5）社会の福祉増進に貢献したもの
（6）公共的な事業の完成に貢献したもの

王選手は、この規定のに該当するはずであるが、当時の関係者がそう判断しなかったのは、「文化」の中にスポーツ活動を入れる発想がなかったためであろう。「文化」をインターネット上の小学館大百科全書で引くと以下のような記述が出てくる。

漢語としての「文化」は「文治教化」（刑罰や威力を用いないで導き教える）という意味で古くから使われ、文化・文政（ぶんせい）という年号にも使われた。しかし、今日広く使われている「文化」は、ラテン語 cultura（耕作・育成を意味する）に由来する英語 culture、フランス語 culture、ドイツ語 Kultur の訳語である。中国でもこの訳語が逆輸入して用いられている。この訳語は通俗的には、たとえば文化住宅、文化的な暮らしという表現のように、近代的、欧米風、便利さを示すことばとして広範に使われてきた。また、これとは別に、学問的な装いを凝らした用法が二つある。第一は、学問、芸術、宗教、道徳のように、主として精神的活動から直接的に生み出されたものを文化という。そこには、少なくとも理念としては、人間の営みを充実向上させるうえで新しい価値を創造するという意味が含まれている。ひと口にいえば、知性や教養ともいえる。この用法は、多くの場合文明と対比して使われ、物的な所産を文明とよぶドイツの思想を受け継いでいる。この用法は、次に述べる第二の用法よりも普及しているし、第二の用法においても、第一の用法の意味が暗黙裏に下敷きとされている場合が多い。第一の用法は普通、個別文化の間に高低・優劣という評価を伴いがちであるが、第二の用法はこうした評価を下さない。すなわち、第二の用法は、あらゆる人間集団がそれぞれもっている生活様式を広く総称して文化とよび、個別文化はそれぞれ独自の価値をもっているから、個別文化の間には高低・優劣の差がつけられないとする。採集狩猟、定住食糧生産、都市居住者の商工業を営む人々の生活様式にはそれぞれ独自な価値があり、その間に甲乙はないとされる。この第二の用法はイギリス、アメリカなどの文化人類学の主張であり、日本にも第二次世界大戦後に急速に普及した（波線、引用者）。

筆者が波線で示したところに注意を向けると、王選手のホームラン記録は、人間の営みを充実向上させるうえでの新しい価値を創造するものではなかった、と考えられていたことになる。あるいは、その少し前の「主として精神的活動から直接的に生み出されたもの」の規程には反しているのかも知れない。しかし、何の役のも立たない単に「ボールを打つ」という運動を繰り返す活動は、精神的活動そのものではないのだろうか。このようなスポーツに対する偏見のため、スポーツ界からの文化勲章受章者は、「フジヤマのトビウオ」古橋広之進（二〇〇八年受賞）まで待たなければならなかった。彼の言葉は、「日本では海外に比べてスポーツへの評価が低いが、人間を鍛えるのに大きな役割があると証明したいと活動してきた。これまでやってきたことが認められた」というものである（朝日新聞、2008.10.28）。

一方、国民栄誉賞については、同大百科全書に以下の記述がある。執筆者は、「内閣総理大臣官房人事課」である。

内閣総理大臣表彰の一つ。1977年（昭和52）8月30日内閣総理大臣の決裁により設けられた。この表彰は、広く国民に敬愛され、社会に明るい希望を与えることに顕著な業績があった者について、その栄誉をたたえることを目的として設立された。

この規定を総理大臣表彰規程と合わせて読むと、敬愛され、希望を与えれば、模範とならなくてもいいことになる。見習ってもできそうもない立派なことをやると受賞するのであれば、王選手にはぴったりの賞である。二〇一二年に吉田沙保里が受賞した際にも実績は「文句なし」だが、「広く国民に敬愛され、社会に明るい希望を与えたもの」に贈る栄誉賞であるので、世論の盛り上がりが必要という解説が新聞に載った。（朝日新聞、2012.10.21）。世論の盛り上がりで社会に希望を与えた人物であれば、iPS細胞でノーベル賞を受賞した山中伸弥京大教授も同じであり、この賞から学者を外すのも論理矛盾である。むしろ、内閣総理大臣表彰は「全国民の模範」とならなければいけないので、皆がまねて努力する価値がある活動にスポーツが入っていなかったと解釈する方が正しいかも知れない。確かに、山中教授のやっている「勉強」は、皆がまねて努力する価値がある活動に違いないのではあるが……。

ランキングで紹介されている国民栄誉賞の新設理由から考えると、昭和五二年の時点では、未だにスポーツへの偏見が大きかったことを垣間見ることができる。その偏見がなくなり、スポーツを素直に受け入れた楽しめるようになったのが、昭和六十年代なのかも知れない。そして、その偏見は今ではほとんどなくなっているのではないかと思われる。

この記事には、王選手の業績のような継続性がない高橋尚子やなでしこジャパンの一回限りの活躍での受賞には異議もでていると書かれている。今であれば、「なでしこジャパンは団体だし、一回の優勝なので、国民栄誉賞ではなく総理大臣表彰にしよう」という意見が出てもあまり奇異に感じる人はいないのではないだろうか。いずれにしても、スポーツの扱われ方に問題があったことは確かであるが、その理由は次章に譲り、本書の問題意識を提示してこの節を終えたい。

ただし、一つ付け加えたいことは、大衆が車を欲しはじめたころに、公害をまき散らすという負の機能も含めた「車の社会的機能全体」を理解できなかったように、スポーツ情報を欲し始めた大衆は、スポーツの功罪のすべてを認識できているわけではない、ということである。そうすると、急激な車の増加が事故の増加や排気ガスによる大気汚染という深刻な社会問題を引き起こしたように、スポーツ報道の急激な増加も深刻な社会問題を引き起こしかねない。前述した野球害毒論が登場した状況がより大規模に再現されないという保証はない。実際、いくつかの問題が生じてきており、『スポーツは「良い子」を育てるか』や『スポーツはからだに悪い』という題名の本は、そのようなスポーツの弊害に警告を発した著作と言える。しかし、このスポーツの負の部分は今回は取り扱わないこととする。なぜなら、これは資本主義経済における負の部分と同じであり、否定はしないし重要な問題であるが、本書の目的と外れるからである。

第三章　スポーツとは何か

第四章
スポーツの日本的受容の問題点

第一節　完成されたスポーツとその輸入

スポーツの発生から完成までの歴史

イリアスとダニングは「より多くの人々がいわゆる『スポーツ』というこのような肉体的技術や力の非暴力的競技に参加したり、あるいはそれを見るために余暇の一部を使っているような社会とはどんな種類のものなのか」と問題提起し、その社会が、政権略奪闘争を含む社会のあらゆる分野での「争い」が広い意味での身体を損傷することなく遂行されることを望ましいと感じるようなシステムとして形成されてきたことを示した。この過程で、スポーツは、ギリシャ時代の葬送競技や中世のモブフットボールの流れの上にある人間にとってなくてならない活動として、身体を用いた荒々しい遊びの延長線上に形成された。その「なくてはならない活動」とは、「興奮の探求」であり、それゆえに、この活動（スポーツ）が全世界的な熱狂を生む源なのであり、税金を投入して維持発展させても構わない事項なのである。

ところで、あらゆる活動で身体を損傷させない戦いをするためには、それぞれの分野での戦いと戦い終わった後の処遇に関するルールが明確でなければならず、また、そのルール遵守の精神を戦う両者が共有している必要がある。このシステムは、ある時、誰かが急に発明した制度ではなく、社会の発展とともに制度的に整えられていったものであり、ルール遵守やフェアプレイの概念も徐々に発達したものである。たとえば、池田恵子が「『フェアーに闘うこと』や『それ自体を目的として無報酬で行うこと』のような今日的意味を呈したいわば『新アマチュア』の語が定着定着するのは一八八〇年代である」と述べているように（『近代ヨーロッパの探求⑧スポーツ』、p11）、また、一九一一年になっても「両チームの合意さえあれば、陰でやる反則はフェアーである」という発言があったように（同、p16）、ルールに基づいたフェアーな戦いという形式は徐々に形成されてくるのである。

イギリスで最初の統括団体である英国サッカー協会の設立が一八六三年であるから、「皆で統一されたルールで遊びましょう」という動きが「フェアーに遊びましょう」という動きよりも先であったことは、スポーツ活動が興奮の探求を求めて始まり、その活動を社会により適応させるためにさまざまな作法が追加されて現代に到っていることを示している。このことは、スポーツに「本質」があるのではなく、「興奮したいという人間の本性」が「激しい遊び」をスポーツとして再形成したことを意味している。そうすると、多くの学者がしたり顔に述べているように「スポーツの本質は何か」と問うことは無意味であり、「人間の本性は如何に遊びをスポーツに変えてきたか」を問うべきなのである。「スポーツは勝負事である」と言う節で私の研究者としての本を引用した川谷茂樹は、スポーツの本質を「本質的に勝負事であるスポーツとはもともとかなり『えげつない』もの」であると表現している（『スポーツ倫理学講義』p175）。フェアに戦うことは、社会全体のあり方が「戦争＋あそび」から、徐々に「選挙競争＋スポーツ」へと変質する過程で生じた新たな倫理観だということを理解しておいて、スポーツの変化を考察していきたい。

この視点から社会全体を見直すと、遊びを競技スポーツ（全力競争）制度に変える力と、政治や経済の分野での競争制度の変化を促す力の共通性を認識することができるだろう。一九世紀のイギリスでは、おそらく、意識はされていなかったものの、政治競争や経済競争のやり方の変更とスポーツ競技のやり方の変更がパラレルに進んでいたものと思われる。

英国発祥のスポーツの輸出

日本をはじめ多くの国々は、イギリスで誕生したスポーツを輸入した。輸出したのは他国に乗り込んできたイギリス人である。アレン・グットマンは、『帝国とスポーツ』を著し、多くの国でクリケットやサッカーといったスポーツが伝搬されていった事情を紹介しているが、どの国でも、スポーツの伝道者はイギリス人である。大英帝国の商人や宣教師、そして、日本で顕著である外国人のお抱え教師といった人々が、スポーツとその精神を伝えた。グットマンは右記の著作において、「スポーツは帝国主義の手先としてイギリスが輸出したものである」という考えを否定した。スポーツが皆で楽しめる活動であったことが、普及の力だったのである。

それでは、その輸出力の源は何であったのであろうか。それは、興奮を探求せざるを得ない人間にとって、民主主義の時代（スポーツが誕生した時代）に、その発祥の地であるイギリスで生まれた時代に最も適合した興奮追求活動の形態がスポーツだったからである。議会制民主主義の輸出とスポーツの輸出は車の両輪であり、どちらも、他国にない文化であった。それが、どの国でもこの種の活動をスポーツと呼ぶ所以である。日本においても、試訳された「遊戯」や「運動」「競技運動」のような言葉に置き換わることなく「スポーツ」と呼ばれる活動（初期はスポルト）として市民権を得た。

逆に表現すると、「興奮を探求せざるを得ない人間の本質」を、産業革命前後に生まれた剝き出しの暴力を嫌う民主主義時代の国民感情にマッチした形で満たすために自然発生的に発明（発見）されたものが、スポーツだったのである。前に指摘したように、日本においても、江戸時代にすでに、むき出しの暴力は控えるべきものという国民感情が育っていたので、スポーツが歓迎されたのであろう。しかし、明治時代の日本は真の民主主義国ではなかった。筆者の観点で見れば、現在でもそうであるが、それ故に、スポーツの原理の一つである血を流さない闘争という条件は満たしているが、国民体育大会の採点方式や大相撲の部屋別対抗戦方式等、「平等条件での戦い」には問題が残っている。それでも、スポーツが興隆しているのは、「興奮の探求」が人類にとって共通の本能だからなのであろう。

木下秀明が、明治四二年の「帝国柔道家と外国拳闘家」との試合が点数制による八百長試合であったのに対して、見物人が「勝負を明らかにせよ」と興奮したという事実を伝えているように（『スポーツの近代日本史』p142）、スポーツのエイトスを知らなかった当時の日本人も、競争への関心は高かったと言えるだろう。

しかし、完成されたスポーツの本質のみを理解した日本人は、その誕生に出会わなかった分、純粋にルール遵守のプレイを追求し、しばしば、フェアプレイ賞を受賞するが、「両チームの合意さえあれば、陰でやる反則はフェアーである」という発想は考えつくことさえできない。その延長上にある日本人の典型的なスポーツ受容形態を、卓球の水谷選手にみることができる。

五年ほど前、日本卓球界のエース水谷隼選手が国際大会をボイコットしていることが報じられたが、その理由は、「アンフェアな状態を変えたい」ということであった。現在のルールでは木製のラケット本体にゴムとスポンジのラバーを貼る時に油分を含む補助剤を塗ることを禁止しているが、禁止前と同様に補助剤を塗って戦う選手がたくさんいて、海外の有力選手から「なぜ補助剤を使わないのか」と不思議がられたこともあるという（朝日新聞、2013.1.11）。

このような考え方は、政治や経済の分野でのルールでも、性善説に基づく諸制度が優勢な日本文化に反映されている。例えば、独禁法において懲罰的賠償金の支払いがない日本では、談合がなくならない。違反で十億円儲けて罰則が一億円であれば、誰だって違反の誘惑を断ち切れない。

スポーツの教育的側面

この政治経済分野での日本的競争が抱えている問題は後の章で論じることとして、スポーツの発展についてもう少し勉強しておこう。西欧におけるゲームの伝統はスポーツ発祥の地といわれるイギリスのパブリック・スクールに引き継がれており、校長の禁止令にもかかわらずクリケットやボートの学校対抗が行われて、死者も出る結果となっていたという（『近代イギリス体育史』）。我々の常識では、学校側がイギリス紳士を養成するためにスポーツを奨励したように考えられているが、「禁止令を出してもやめさせられないので、公認して秩序だってやらせようとした」というのが真実に近いようである。パブリック・スクールのスポーツ問題は前著で詳しく触れているので、ここでは、当時のスポーツに類する荒々しい野蛮行為による興奮追求が校長の権限をもってしても制止できなかった事実のみを頭に入れておこう。
その野蛮な身体を動かす競争をルールに基づいて行うことで、学生は落着を取り戻し、学内の秩序が回復した。ラグビー校のトーマス・アーノルド校長は、田舎でよく行われていた無茶をはたらく遊びを鎮めることで間接的にゲームを奨励したが、道徳教育のためという明確な目標は持ってなかったようである。マッキントッシュは、著書『フェアプレイ』の中で、道徳目的を明確に示した人物として校長補佐であったコットンを紹介している。コットンの学校の教会での演説は「一つのものだけは何の疑いもないものだ。知的なまたは身体的な卓越性はともにそれらが道徳的卓越性の反映である場合ならば、またそれがわれわれに無私、正しい原理、正義を教える場合ならば、実際に祝福されるべきであろう」というものである（p38）。

つまり、知育であっても体育であってもそこで一番になる活動を道徳的に（フェアプレイの精神で）行えば、その結果を讃えようというのが主旨と考えられる。これはまさに、私が前段までに主張してきたスポーツの本質とそれが道徳と結びついて考えられるようになった近代の本質的構造を表現したものである。スポーツの本質の一つがフェアプレイの精神なのではなく、「スポーツ（身体的卓越性）がフェアプレイ（道徳的卓越性）を反映していれば、価値があるものとして認めよう」という発想である。身体的卓越性とは、身体活動を通して競争して勝つことによる名誉であり、道徳的卓越性とは、道徳的に正しいことをすることによる名誉である。

要するに、正義を直接教えることはできないので、何かをやらせ、その活動自体を観察して善導することで正義の何たるかを教えることになるが、そのための格好の題材がスポーツだったということである。この議論は、第二章第四節で紹介した道徳教材「手品師」の議論とともに現在問題となっている道徳の教科化と結びつけて考えることが可能である。この点は本書の守備範囲ではないが、関係者諸兄には、是非この観点から道徳教育の在り方を議論して欲しいと願う次第である。

知的な競争をさせようとすれば、字を覚えさせたり計算方法を教えたりという準備が必要である。スポーツは走れて手でボールを持つことさえできれば、準備教育なしにできる自主的主体的競争活動である。競争にのめり込む過程で他者の存在や他者の遇し方を学ぶことができる。そのことがまた、より高度な興奮を可能にする。

逆に考えれば、学会発表で新発見一番乗りをめざし、ノーベル賞に代表される賞を得ようと努力する知的競争もまた、スポーツである。学者は「私たちはノーベル賞をめざして研究しているわけではない」と言うかも知れないが、それは、「金メダルだけをめざして苦しい練習に打ち込めるはずがない」と発言するオリンピック選手と何らかわりない発言ととらえるべきではなかろうか。

それでは、競争がなぜ道徳教育になるのかと言えば、フェアにやらないと競争そのものが面白くないからである。民主主義の時代は、どの分野でもルールに基づいた競争で物事を決める時代である。「卓越しよう」とすることは、一生懸命競争することである。ルールを守らないで一生懸命になるということは、相手もルールを守らないことが前提になるので、野蛮社会の争いと同じになり、やっていて面白くないだろうし、その前に、一生懸命になれないはずである。

西山哲朗は、アレン・グットマンを引用して、「政治や宗教における信条で対立する者同士でも、ひとたびスポーツの平等で公正なフィールドで競い合うことができれば、愛するとまではいかなくても、互いをひとかどの者と認め合えることは十分に考えられる」と書いている（『近代スポーツとは何か』p22）。

スポーツ享受の前提条件

世の中の最高に面白い興奮を呼ぶ競争形態であるスポーツの受容については、身体の損傷に対する考え方の変遷も関与している。つまり、スポーツを含む競争活動の社会での受容度（競争行為の正当性）は、競争で相手が死んでも罪に問われない法体系の整備とも密接に関連するのである。競争による死の扱われ方の変遷からスポーツの歴史を研究していた松井良明は『ボクシングはなぜ合法化されたか』の中で、一二世紀のヘンリー二世の時代に制定された法に、競争による殺人に関して、剣術等で相手を殺害しても「有効なマナー」をもって自らの力強さを試す行為であり、それによって国王への奉仕が可能となるので重罪に課すべきではない、とあることを紹介している。競争行為が正当であれば罰せられないということである。この場合の「正当性」は「国王のためになるから」という理由であって、それは絶対王政時代の専制君主の権限によって守られていた。

松井は、絶対王政が崩壊して君主の権利が「イギリス人の自由」と呼ばれる諸権利（p235）にとって代わられたため、正当性の根拠が、「国王のため」から市民の「スポーツに類する活動で自由に興奮する権利」に置き換えられたと指摘するとともに、その権利の市民への付与され方がイギリスでどう変化したかを考察している。

松井によると、競争の正当性の根拠が、絶対王政における「国王への奉仕が可能」という基準による国王のお墨付きから（p227）、競争することが「市民の権利の一つである」というお墨付きに変化したことを指摘しているが、その市民の権利とは「生命、自由、財産に関する諸権利」であるという（p234）。

その自由に競争する権利を行使しただけの遊びとしての荒々しいモブフットボールや闘鶏が禁止されたのは、遊びそのものが持つ本質故に禁止対象なのではなく、遊びに集まる民衆の行動が社会生活をぶちこわすほどのエネルギーを持っていたからのようである。また、闘鶏が禁止されたのに競馬が禁止されなかった理由も、競馬が上流階級の遊びであり、そこに集まる人々が社会的混乱を引き起こすような存在ではなかったことによるらしい。

様々な禁止令が出たことから、賭けをも含む平等条件で誰が勝つか分からない争いに興奮して血を見ることもいとわない活動に参加することが中世までの民衆の生き甲斐だったこと、及び、社会が成熟すると暴力行為を含む活動が禁止令を契機に徐々に衰退していったことが分かる。初期の禁止令には、ボクシング・闘鶏など、民衆の争乱を引き起こすものだけを禁止するものであった。競馬にあっては、騎手本人がかけるようなインチキ(不平等)を包含しているような地方競馬は、争乱を引き起こすとした禁止令の対象であったが、上流階級の競馬のようなものは除外されていた。競馬の全面禁止などを要求する立場と貴族の慣習を維持したい勢力が抗争していた時代背景の分析は原書にあたって欲しいが、ボクシングで流血を避けるルールの発達と試合を見ても過度の興奮で観衆が大騒ぎをしなくなることが平行して生じることで、現在のスポーツの形態が整ったことを、松井が法学の観点から分析していることだけを付け加えておきたい。

つまり、平等条件での競争を楽しむことが権利として定着し、そのもっとも典型的な活動であるスポーツが道徳教育として価値を持つ活動として認知されることで、スポーツが完成したのである。民主主義を通した政治競争、資本主義を通した自由主義経済競争、そして余暇のスポーツ競争と、社会のすべてがルールに基づいた競争で動いているのが近代社会である。ところが、その完成品であるスポーツを輸入した日本では、スポーツを楽しむ権利が捨象され、スポーツが教育のもっとも有効な活動の一つとして定着した。

そのために、楽しむスポーツが理解されず、野球はベースボールと違い精神修養の活動であるという言説が市民権を得て、あらぬ方向に発展するわけである。千葉すずが「オリンピックは楽しむつもりでやった」と発言して物議を醸し出し、次のシドニーに出られなかった有名な事件からは、まだ20年ほどである。当時、筆者も新聞社からコメントを求められたが（読売新聞、2000.6.27）、日本でもスポーツ界全体のプロ化が進行して、ここ一〇年ほどでスポーツへの理解が急速に進んだことは嬉しい限りである。ただし、スポーツの本質理解はまだまだ浅薄である。それが、本書を上梓した理由の一つでもある。

第二節 「体育」の概念の変化

「体育」概念の成立

スポーツを語ろうとする本書で「体育」という言葉を取り上げなければいけないのはなぜであろうか。この解明の難しい問いにこそ、日本におけるスポーツの特殊な発展の経路が隠されている。そこで、この経過を少し調べてみよう。

まず、「体育とは何か」という問いを発してみよう。あなたならどう答えるだろうか。あなたがスポーツ好きの大学生で、代々木の国立体育館でバスケットボールやバレーボールをよく見る人だったとすれば、「スポーツのことだよ」と答えるかも知れない。原宿駅から体育館入り口に向かって広い道を行くと、左手に見えてくる白い建物が「岸記念体育会館」であり、そこに居を構えているのが日本スポーツ界の総本山、日本体育協会（つい最近、やっと。日本スポーツ協会と改称した）だからである。

しかし、体育という言葉は、元々身体教育（Physical Education）の訳であったはずだ。そこで、木下秀明の『日本体育史研究序説』を読むと、まず、以下の表現に面食らうことになる。

明治初年代は、健康と気晴らしのための運動と、健康のための衛生の必要性が、研究上の問題として注目された最初の時期である。

しかし、この時期には、簡単な表現によってこれを概念化した言葉は、日本語に欠けていた。

このため、体育問題についての関心のたかまりは、体育の概念化を必要とし、必然的に、体育の概念に適した簡単な日本語を出現させる方向へ向かう。そして、わずか数年のうちに、physical education の直訳である「身体（の）教育」を語源とし、これを簡略化した熟語である「体育」が創造されることになる（p46)。


本書では、スポーツ（気晴らしに行う激しい身体的競争活動）という概念がイギリスで誕生し、他のどの国にもそのような概念でくくれるような活動がなかったので、その輸入国はどこでも「スポーツ」と呼んでいることを指摘したが、「知育・徳育・体育」が重要ですよ、と説く教育基本法第二条に示されているように、日本では今日の常識である「体育」という概念も明治以前にはなかったのである！

このことについて、木下は、ここで紹介した記述以前の、序文で、『今日誰でも使用している「体育」の定義は「身体活動を通して行われる教育」が妥当である』という考え方について、この定義は以前あった「身体についての教育」あるいは「身体のための教育」を否定して「身体活動による教育」あるいは「身体活動を手段とした教育」として再定義したものであるが、これは必ずしも「体育の定義」として満足できるものではないと述べている（p13. 波線引用者）。というのも、現在の「体育」という言葉の使われ方をみると、身体の教育という意味も失われていないからである。

体育史研究家の木下は、「体育」が欧米の三育主義の体育を指す言葉として導入されてから以降の

「体育」に関する歴史を丹念に追って、本来の体育は体育実技（当時の言葉で言うと体操）と衛生科目（当時の言葉で養生法）で構成されるように提言されていたが、この教科が下等小学の一部にのみ置かれただけであり、さらに、養生法の教科書は当時の衛生学の書物であったため難しすぎて使えなかったようである。そのため、しつけの一部として衛生的習慣形成をめざすものになっていた（p41）。

木下は、このような事情のために「体育＝体を動かすこと」という観念が定着したとしている。そして、この「体育＝体を動かすこと」の成立が、後に「体育＝体を動かすこと（運動）を通した教育」に変化していく原動力になったと指摘している。彼は、そこに至る過程で、ヘルバルト主義、兵式体操の普及等、いくつかの要因が関係していることを指摘しているが、詳しい記述はこの書に譲ることとして、ここでは、運動を一生懸命やるには精神力が必要で、一生懸命やる課題を与えれば精神力が鍛えられるのは明らかであるから、欧米の植民地になりかけていた当時の日本国首脳が富国強兵への手段の一つとして体育を利用したことは正当な選択であったと考えるだけにしておこう。これを、木下は運動教育と呼んで、以前からの体育である身体教育との区別を明確にしている。

「体育」という言葉の意味の多重性

一方、大学においては、学生の仕事が正課である「学問」を学ぶことであり、そのための息抜き、気晴らしとして「運動」が奨励されていた。右の木下の指摘に従えば、大学での運動活動は、その目的から考えると明らかに「スポーツ活動」としての体育であるが、これは、スポーツではなく「運動」と表記されていたようである。夏目漱石の『三四郎』に出てくる帝国大学運動会は、まさしくこの種の活動である。この運動活動には気晴らしというスポーツ本来の意味が含まれていたが、自発的にやる活動ではなく、教育目的で大学から与えられたもの（あるいは、奨励されていたもの）であるので、目的のある教育的活動ということになる。大学で行われていた運動教育の教材としての「運動」は大学以外の学校で行われていた運動教育としての「体育」と全く同じ内容であり、明治初期には混同されて使われていた。

木下は、この過程について以下の考察を行っている。

> したがって（引用者注：小学校での「よく学びよく遊べ」という格言には勉強も運動も推進せよという意味があるので）、学校でも運動教育の概念が「運動」と呼ばれるようになる可能性がなかったわけではない。しかし、学校では、三育主義の身体教育の概念から出発した「体育」が、運動教育の概念に転じたため、運動教育という表現は、「運動」ではなく、「体育」として把握されたのである。
>
> このように、大学で形成された運動教育を意味する「運動」の概念は、質的には、運動教育を意味する「体育」の概念と全く同一の概念であり、「体育」と表現しても何ら支障のないものであった。このため、「運動」という表現は、「体育」という表現の間に、少しも摩擦を生じることなしに、大学から諸学校へと進出することができた。
>
> しかし、「運動」という表現が、運動教育の概念を意味するものであることを前提としてのみ、「体育」と同一視できることを看過するようになると、「体育」は「運動」と同一であるという文字上の関係だけが残り、「体育」の概念には、単に現象としての運動を意味する概念が加えられたこととなる。これは、〝physical education〟という外国語の世界では成立困難な日本独特の概念である（p201－02）。

その後、大学の運動会は勝ち負けにこだわる競争主義に陥り、応援者同士の乱闘や学業を放棄しての練習等が問題化していくが、この点についても木下は以下のように纏めている

> このような（引用者注：運動会にみられる娯楽主義化や競技主義化等）「体育」の具体的な普及過程でみられた体育の手段である運動からの教育性の後退は、もはや、運動教育の意味する「体育」では把握しきれぬ現実が展開したことを意味する。したがって、この現実は、当然「体育」とは区別され、別の概念で把握されねばならぬ問題である。しかし、この段階においても、なお依然としてこの現実を、運動教育を意味する「体育」の延長線上の問題としてしか把握していない。このため、教育性を欠いた運動に関する現象は、本質的には、運動教育を意味する「体育」とは呼べないにもかかわらず、そのまま「体育」と呼びつづけられる。ここに、運動教育を意味する「体育」の概念から教育性の後退した異質の概念、すなわち、現象としての運動そのものを意味する「体育」の概念が形成する基盤が認められる。
>
> 【中略】「体育」と呼ばれる概念は、運動教育の概念から変質し、新しく、教育的価値の有無にかかわらず、現象としての運動そのものを意味する「体育」の概念を形成することとなった。
>
> 要するに、現象としての運動そのものを意味する「体育」の概念の出現は、運動教育を意味する「体育」という目的のための手段であった運動を奨励する過程で手段である運動が目的化した結果である（p239–40）。

この「体育＝運動」が「体育」という言葉にスポーツの意味を持たせるようになる伏線となっていると思われる。スポーツは気晴らしが語源であり、これまで述べてきたように出自に教育的意味を持たない活動である。日本においてそのことが理解されていない理由が、この後の「体育」の展開にあると思われる。その伏線は、競技種目全体を表す表現として、スポーツではなく、outdoor games を訳した戸外遊技や戸外運動が用いられていたことである。これらの名称は、もともとは、運動教育を意味する「体育」の手段としての運動に与えられた名称であったが、明治時代には最後までこの言葉がスポーツ種目の総称であり続けた。

木下は、「大正年間になっても〝sport〟をかな書きで日本語化するこころみは例外的にしか認められず、特殊な用法の域を出ていない（p258）」とした上で、この指摘をした章を以下のように結んでいる。

わが国では、運動教育を意味する体育の必要性から、その手段でとして競技スポーツを育ててきた。独自に発展したスポーツが、その後においても体育的手段として利用されるようになったわけではない。このため、わが国の競技スポーツは、体育の範囲から脱却することができなかった。このことが、日本において〝sport〟を「体育」としてしまうような、両者の特異な関係を構成したのである（p263）。

「体育」が意味する三種類の活動

ここに述べられているように、「体育」には、身体の教育、身体運動を通した心の教育（運動教育）の他に、スポーツという第三の意味が負荷されたわけである。そのため、「体育を振興しましょう」と言えば誰も反対できない状況であるにもかかわらず、実質的に「体育」が振興されない理由があると筆者は考えている。「学校や社会における健康増進をも含む身体の教育を振興しましょう」「運動やスポーツを通した心の教育を振興しましょう」「スポーツをやったり見たりする場を充実させる政策を振興しましょう」と分けて言われれば、それなりに考えて回答するであろうし、このように区別された質問に対して賛成が多い提案であれば、予算もつけられ、振興政策もそれなりに実行されてきているはずである。

「スポーツは教育のためのものであり、やるのも見るのも無料であるべきである」などという発言が、スポーツの普及を妨げてきたのではないだろうか。右の定義のように多義的な「体育」という言葉を用いて、「体育を盛んにさせましょう」という宣伝が教育界でよくなされるが、聞く方は「はいはい」と言いながら面従腹背しているので、日本の「体育施設」はいつまで経ってもよくならないのである。いやいや、「スポーツ施設」と言うべきであったか。

第三節　スポーツの日本的展開

スポーツにおけるフェアプレイ

木下は、江戸時代を考察して、農民の運動娯楽は力石や相撲といった年中行事の一つであって日常的なものではなく、町人の楽しみも、観賞的遊芸にとどまっていて、武士も喜怒哀楽の情を表面に出さないことを強調されていたので、「すべての階級を通して、運動娯楽の価値に注目し、これを体育的に発展させる余地はなかった」と指摘している（p25）。このような身体活動を軽視していた日本に輸入されたスポーツはどのように受容されていったのであろうか。これは、完成されたスポーツを輸入したことによって生じる後進国ならではの問題であるが、このことが関連する社会問題については、後ほど紹介することにして、ここでは、選手の内面に与えた影響について考察したい。

前にも述べたように、日本卓球界のエース水谷隼選手が国際大会をボイコットした理由は、「アンフェアな状態を変えたい」ということであった。

違反が野放しな理由は摘発が難しいからのようである。国際卓球連盟副会長でもある木村興治日本協会副会長も「補助剤が使用され、公平、平等が損なわれている状況は認識している」として連盟の会議で訴えているそうだが、検査方法が確立されていないため、解決に至っていない。水谷選手は、大会の上位選手は試合後にラバーを外す検査を受けるように提案するとともに、自らの立場について「今から補助剤を使ったら、これまでの悔しさが無駄になる」として、「抗議は続けるし、最終的にはスポーツ仲裁裁判所に訴えることも考える」考えである。

この反応ひとつをとってみても、日本人のスポーツに対する「スポーツはルールを守ることが絶対である」という姿勢を見ることができる。

同じような例は野球にも見ることができる。ロッテでの監督経験もあるボビー・バレンタインは、インタビューで、元ロッテの西岡剛選手が大リーグで成功しなかった理由を以下のように語っている。

彼は二塁上の併殺プレーで苦労しました。大リーグでは走者が野手目がけてスライディングをします。走者を避けながら送球するプレーは反復練習ですぐにできるようになる。能力や技術で劣っていたということではない。日米のスポーツマンシップのあり方の違いというだけです。彼が1年目の春、一緒に食事をしました。併殺プレーで苦労するから練習しておくように言いました。しかし、……彼はlistning（聞くこと）があまり得意ではないようです（朝日新聞、2013.1.16）。

この二つの例は、日本人のスポーツに対する典型的な考え、取り組み姿勢を示している。スポーツは、筆者が定義しているように、身体を損傷しないようなルールのもとに、そのルールを守って全力を尽くして行うものであり、日本人の多くが持っている考えである。

しかし、スポーツの発生から考えると、現在スポーツ選手が行っている競争は、何でもありの競争から右で述べた理想的なスポーツ競争への発展途上にある活動であり、筆者の定義も現段階ではそうであるべきという信仰に過ぎない。したがって、その発展を体験してきたヨーロッパ選手やその移民であるアメリカ大陸の選手、あるいは、ルールを守る習慣が社会全体にない民主主義が未発展なアジアの大部分やアフリカの国々出身の選手にとっては、理解できない発想なのかも知れない。

スポーツにおけるズル

西岡の例は、怪我を誘発するかもしれないがルール上許された行為であり（最近の報道によると怪我が多いので禁止されるようだが）、大リーグ選手には許される行為として共有されている認識への無理解への指摘であるが、これを、バレンタインは「日米のスポーツマンシップのあり方の違い」と表現したのである。また、水谷選手の例は、「ルール違反でも分からなければいい」という競争以前の心性についての警戒心が薄い日本人の特性を反映しているとも言える。

たとえば、サッカーの二〇〇二年日韓ワールドカップの日本代表チームを率いたトルシエ監督が、「手を使え」とか「審判の見ていないところで反則をせよ」とかいった指示を出していることが話題となったことも、その辺りの事情を物語っていると思われる。日刊スポーツは「トルシエ流裏技伝授」の表題で詳しく報道している（1999.9.2）。

しかし、大人である水谷選手は、実社会ではそうはいかないことをも理解しているはずである。日本人のこのお人好し的発想は、スポーツだからこそ生じる心構えである。「スポーツの場面ではこうあるべきである、こうでなければいけない」という理想論が多くの日本選手を引っ張っているのではなかろうか。

この卓球の問題は、スポーツグラフィックスナンバーのウェブサイトで取り上げられているがが……」という意見もある(http://number.bunshun.jp/articles/-/293736)、「日本選手も使えば、フェアになるという意見もあるが……」という前述した国外の反応も紹介されている。

しかしそもそも、学生スポーツの起源を考えると、イギリスの商人や宣教師などが、多くの国で自らが楽しむためにスポーツを広めたように、明治期の大学に派遣された欧米のお抱え教師が、自らも楽しむためにスポーツを学生に教え一緒に楽しんだのが、学生スポーツ(=日本におけるスポーツ)の始まりであったはずだ。

スポーツの起源は、「自分たちが興奮を楽しむための何でもありの競争は、近代社会にマッチしないからルールを決めてやろう」という心情である。右の問題は、起源からの変化の体験のない日本人が「スポーツは過度に興奮してルール破りをしては絶対にいけないもの」と考えているために生じる先進国選手との意識の齟齬の問題であるが、スポーツに対する態度のもう一つの問題は、スポーツが遊びの延長として成立したと認識されていない問題である。

日本古来の遊びとスポーツの関係

しかし、日本人の遊び感覚を辿ってみると、江戸時代までの日本人は遊び好きだったという研究もあり(『「遊び」の経済学』)、自ら主体的に発展させる余地はなかったものの、競争的娯楽を楽しむ気持ちは決して欧米に劣っていなかったはずである。ヨーロッパでモブフットボールが何回も禁止令が出るように、日本でも何回も禁止令が出る娯楽は存在した。それは、賭け将棋とサイコロ賭博である。このように、日本人の関心は非身体的競争にあったようである。江戸時代には辻相撲が例外的に盛んであったが、賭の対象となっていたことが盛んになった理由のようだ。増田宏一の『日本遊技史』には、古代から様々な賭け事が行われていたことが紹介されており、日本人は競争自体よりも勝ち負けへの賭けへの関心が優先されていたらしい。

また、辻相撲禁止の理由は、本来相撲取りを抱えるのは大名であるはずなのに町人がやっているから、というものであった(p204)。人気の高い身体競技である相撲が文明社会の江戸でスポーツに変化しなかったのは、平等な二者の争いを見るという根源的なスポーツの醍醐味が、身分制社会である江戸の支配原理と相容れなかったからかも知れない。しかし、賭博が好きということは、スポーツを楽しむ素養がなかったわけではなく、これが、明治後期における爆発的なスポーツ観客騒動事件を引き越す遠因だったのではないかと考えられる。

いずれにしても、全人類に共通な「無条件に興奮を楽しみたい」という心情は日本人にもあり、それが爆発したのが早慶戦での乱闘であり、「スポーツでそんなことをしてはいけない。スポーツは教育のためのものだ。真面目にやりなさい」というのが、取り締まる側の論理であったのであろう。しかし、この時、選手と観客は一体化して興奮していたはずである。

この関係は、辻相撲の力士と観客の関係と同じであり、辻相撲観客が自分もやってみたいと思わないように、早慶戦の観客も自分たちも野球をやってみようとは思わなかったものと考えられる。ましてや、「今度は練習試合も見に行こう」などという発想はなかったと考えられる。

非民主主義国とスポーツ

また、日本特有のもう一つの問題は、「ルールに基づく競争」という完成されたスポーツ形態を支える民主主義社会が育っていなかったところに、スポーツが輸入されたことである。そもそも、「社会」という言葉自体が輸入品である。当時の言葉で表現すれば、「競争文化を支える、個人間の契約を基調とした『社会』ではなく、『世間』という集団に、喧嘩御輿のような面白い活動を定期的に行う活動が紹介された」のである。年に一度のお祭りであればルールもひったくりもないが、定期的に行うためには制度が整備され、闘う姿勢も闘う双方で統一されていなければならない。

万人が、お互いにルールを尊重して行動することの価値を共有していない非民主主義国にスポーツが輸入された場合の典型例を「中東の笛」にみることができるので、それをまず紹介しておきたい（日刊スポーツ、2007.12.19. 朝日新聞、2008.1.27）。

これは、二〇〇七年九月に豊田市で開かれたハンドボールの北京五輪男子アジア予選で中東の審判がアジアハンドボール連盟会長を出しているクェートに有利なジャッジを行い、最終的にクェートが優勝したため、日本と韓国が提訴し国際ハンドボール連盟が予選のやり直しを命じたものである。この事件は「中東の笛」と名付けられて話題となったが、民主主義と関連づけたコメントは見つけることができなかった。現在の日本でこのような事件が起きれば、非難されるのはまずは審判であろう。報道にはなかったが、クェートではそのような非難はなかったのではないかと思われる。民主主義発祥の国イギリスでは、アヘン戦争当時、英国内で禁止されているアヘンを清国に売るために起こしたアヘン戦争に対して、国内からおかしいという反応があったことを考えると、「ルール遵守があらゆる活動の原則である」という民主主義の定着度の違いを感じさせる出来事であった。

その他にも、国内大会で優勝しても年長者が優先され、代表選手として国際大会に出るのもままならないのでイランからベルギーに国籍を変更したテコンドーの選手がいる（朝日新聞、2016.8.21）

しかしこれらは、他山の石とするには、日本もまだまだである。その例として三浦雄一郎氏の経験を挙げてみよう。

冒険家の三浦雄一郎は、はじめはスキーでオリンピックを目指していた。生まれ故郷の青森県選手権で優勝し、全日本選手権出場を確実にしたが、この時、閉会式で「代表枠が4人なのに2人しか派遺しないのはおかしい」と役員に意見したところ、反抗的だということで、全日本出場どころかアマチュア資格を剥奪されたそうである（朝日新聞、2013.8.10）。

意見対立という視点でこの事件を考えてみると、スポーツの競技場面ではルールに基づいた競争が行われていても、スポーツ競技の進行に関しては、民主主義の運営指針である「ルールに基づいた競争による決定」ではなく「権威に基づいた上意下達的決定」が行われていたことが分かる。競技の進行にあたって意見が対立した場合は、二つの意見の平等に俎上にのせてその優劣を民主的に議論して採択するのではなく、権威のある人の意見を無条件に採用したのである。

こんなことが今の時代にあったら役員が更迭されそうであるが、戦後すぐの時代にはこんな非常識がまかり通っていたのである。その痕跡は現在でも多々ある。日本の競技団体の運営を考えてみれば、数々の不祥事が新聞で取り上げられているのに気づくだろう。

三浦氏の例に示された五〇年前と比べると、むしろ、最近の方が不祥事は多い気がする。しかしそれは、現在の方が非民主的社会になったのではなく、むしろ、組織の在り方が民主的運営に近づいてきたからこそ生じている現象ではないだろうか。三浦氏のような例は昔の方がたくさんあったが誰もがそれを普通だと感じていたので新聞種にならなかっただけであり、最近は、数は少なくなったがおかしいと思う人が増えて新聞種になることも頻繁になったと理解すべきであろう。後の章で取り上げるが、最近発覚したロシアの組織的ドーピングも問題も、この文脈で理解すべきである。

それでも日本では、最近も、日大アメフト部の違法タックル問題やボクシング連盟の助成金の不適切処理問題等、スポーツ選手ではなくスポーツ運営側の不正が話題となっている。だが、マスコミの議論では、監督の不正タックル指示に従うしかなかった選手や会長の指示で日本スポーツ振興センター（ＪＳＣ）からの助成金を不正に処理せざるを得なかった選手の事例から、スポーツ組織のボス支配の問題としてしか批判されていない。

しかし、ボス支配の最たる実例は、安倍首相の答弁を守るために忖度した官僚の行動のはずだ。朝日新聞は「MONDAY解説」で「そのプレー（違法タックル）を異様とみる一般社会との感覚のずれがはっきりした」としているが（2018.7.30）、安倍内閣のプレー（説明拒否）も、それを「異様とみる一般社会との感覚のずれがはっきりした」はずだ。ボス支配に関してスポーツ団体の実例と政治団体の実例をパラレルに議論できないのは、マスコミ全体、あるいは日本国民全体が、スポーツの本質に関して十分に理解していないために起きている現象だ。

また、朝日新聞は同日の社説で、カヌー選手のドーピング問題も取り上げ、旧態依然の上意下達がまかり通る体質は三つの組織だけかと問題提起して、「スポーツ界は自らの足元を確認し直すべきだ」としてる。しかし、上意下達はスポーツ界だけの問題だろうか。政界でも、風通しのよい運営は行われていない。

現代社会とは、得体の知れないさまざまな人種の個人が社会契約的に結びついたものであり、社会契約以前から存在する「世間」とは異なる組織であり、そこには、異なる運営原則がある。世間が十全に機能していた蹴鞠の世界では、高貴な人に鞠を蹴る場合は蹴りやすい位置に蹴らなければならないのであり、誰のどこにでも触れないようなスパイクを決めなければならないバレーボールとは、競技姿勢がまったく異なると思われる。

日展の篆刻部門で、有力八会派に入選数を事前に割り振る不正が行われていた問題から発した日展の改革案について、朝日新聞は「日展などの公募美術団体展はムラ社会的な運営になりやすく、近年は若い才能が集まりにくくなったといわれる。日展は、体質改善を果たして芸術家が競い合う本来の姿になれるのか、改革は形ばかりでさらに退潮してゆくのか。正念場は、むしろこれからだ」としているが（2014.7.30）、ムラ社会的運営とボス支配は同義語であり、様々な分野でいびつな競争がまかり通っている現状は、日本が未だに民主主義国になりきれていないことを示している。

芸術も学問もその優劣を競うのであれば競技である。前著で詳しく分析した学問の競技性について、本書では触れる機会はないが、研究活動も、知識獲得競争であり、競争者である学者には、平等条件での競争が期待される。その成果が、ノーベル賞等の名誉につながるのであるが、日本では、まだまだ、三浦雄一朗のような扱いを受けている事例が、スポーツ以外の様々な世界でもたくさん存在する。詳しくは前著をお読み下さい。

第二部

民主主義国における政治と経済

政権交代は政策提案競争と理解できるが、近代以前の政策提案競争は戦争による王朝の交代であり、敗者の皆殺しが原則であった。ところが、民主主義国における政策提案競争は、選挙法というルールに基づく戦い（選挙戦）であり、敗者が殺されることはない。これは、ルールを尊重して戦う近代スポーツにおける競争と同じ構図である。第二部では、この意味を中心に、政治と経済における競争の本質と現実について考察する。

第五章
スポーツ競争の親民主主義

第一節　民主主義とスポーツの関係

政権交代も無傷で

前章までで、スポーツが、平等な個人あるいは集団間の競争であり、それは、「身体を毀損させないルールのもとで、規則を遵守して勝ち負けを争う活動」という特徴を持っていることを詳しく説明してきた。そして、それが、戦争遂行を本務とする貴族によって、戦争のない時代に模擬戦の興奮を味わう手段として発明されたものであることも指摘した。「貴族が発明した」と表現しなかった理由は以前に説明したが、ここで再度強調しておくと、これは「意図的な発明」ではなく、余暇をもてあました貴族の間で自然発生的に生まれた新たな活動だということである。政権交代が武力行使ではなく議会での投票というルールによってなされる時代に、戦争に従事することによる高揚感を平時にも享受しようとして、貴族の間で自然発生的に発明されたものなのである。

何度も強調しているように、エリアスとダニングは、『スポーツと文明化：興奮の探求』で「大勢の、そして世界中の人々が競技者として、あるいは観客として、個人間やチーム間で行われる肉体的競技を楽しみ、さらに流血もなく、競技者がお互いにいかなる重大な傷害も加えないという条件の下でこれらの競技によって引き起こされる緊張や興奮を味わうような社会とはどんなものなのか」という問いに対する答えを用意しており、筆者も前著で詳しく分析した。そして、本書では、第一部でその内容をまとめて紹介しながら、スポーツの本質を再度論じてきた。

公開処刑の衰退等、スポーツに限らず社会全体において血を流す活動への嫌悪感が広がり、それが、あらゆる分野での競争・争いにおける非流血ルールを自然発生させたと考えることができる。社会情勢が直接的な暴力を嫌悪する方向に変化し、その勢いが、政治的な争いである戦争をも忌避させ、ルールに基づく政治競争である議会システムが考案された。それと平行して、非生産的活動である気晴らしとしてのスポーツは、敗者への賛辞という精神活動をも取り込んだ活動として定式化された。フランス人が彼ら英国貴族の狐狩りを誤解していても、狐狩りを日常としているイギリス紳士が、自分たちの日常活動（狐狩り）の本質をフランス人に説明できなかった事実は、「自分たちが今までにない娯楽であるスポーツを享受している」という意識（メタ認知）がなかったことを示している。

このことは、フランス革命等、初期の議会政治において流血の惨事が多発したにもかかわらず、自分たちの考えたシステムが、流血を回避して敗者をもいたわる「民主主義」システムであることを十全には意識（メタ認知）できなかったことに対応すると思われる。

民主主義政治を分析する視点としてのスポーツ

この時代変化を、人々の生活の下部構造が彼らの上部構造を規定するという発想で考えてみよう。ただし、マルクスは生産様式（経済）のみを下部構造としているようだが、政治と経済は分離できないので、経済活動とそれを支えている政治活動の在り方を下部構造（生産活動）としてとらえ、上部構造を余暇活動ととらえておきたい。

人々の生活を規定している政治・経済活動における無意識の行動様式が、余暇分野での行動様式に決定的な影響を与えるとすると、政治活動における競争が何でもあり（無規則）の戦争からルールを尊重した議会政治における支持者獲得競争に変化したことで、無意識のうちに、娯楽における競争の形態もルールに基づくものに代わってきたと解釈することができる。

そこで、スポーツの成立要件が、平等な他者の存在、ルールの遵守、敗者へのいたわりの三つだとすると、スポーツが成熟しつつあったイギリス社会では、政治における政権獲得競争や商売の経済競争においても、競争相手を尊重して同質のふるまいをするようになっていたはずである。

このことを念頭にして、ここからは、議会政治という民主主義の根幹を考えていきたい。ただし、「平等な他者の存在」とは、近代以降に常識となってきた「人間は皆平等である」という近代イデオロギーに基づく「平等な人権」を持つ他者としての理念的認知である必要はなく「寝首をかくようなことをしなければ双方に勝つチャンスがあることの認識」で十分である。スポーツ成立期において「アマチュアのみに参加権がある」という決定がなされたのは、アマチュア以外が参加すると「双方に勝つチャンスがある」という前提が崩れるからであり、このアマチュア規定を疑う者がいなかったことを考えれば、「平等な他者の存在」とは、「競争に同意した時にどちらが勝つか分からないことをお互いが承認した人間関係」と理解してよいだろう。

第二節　民主主義の「民」とは

民主主義とデモクラシー

前節の考察を前提として、まずは、民主主義について考えてみたい。民主主義の語源は「デモクラシー」であるが、これは、ギリシャ語で、「人民・民衆による統治」という意味だそうである。対語となっている「アリストクラシー」は「優れた人による統治」である。そのため、デモクラシーを「民主制」と表現する場合は、「貴族制」や「寡頭制（王政）」との対概念で理解されている。したがって、本来の訳は「民主政治制度」であって、民主制度の思想を意味する「民主主義」ではないことを頭に入れてほしい。このことを強調する理由は、「民主主義」について議論する場合には、通常、人間は皆平等であるという理念（前提）を疑うことなく議論が展開されてしまうからである。

それでは困る理由を以下に説明する。

よく知られるように、ギリシャのデモクラシーは「人間の平等」ではなく「市民の平等」によって展開されていたのであって、「人間」の中でも奴隷は政治的決定に関与できなかった。また、「デモクラシー」の対語が「アリストクラシー」であり、どちらが正しい制度かを議論していたということは、「優秀な人々による政治」と「人民全員による政治」のどちらがよりよい政治形態であるかを議論していたことになる。そうすると、その議論の前提には「人間には優秀な人とそうでない人がいる」という共通認識があったはずである。

このように、ギリシャは、人間に貴賤があるという人間観とともに、奴隷さえ存在する社会であったので、今の感覚で言う民主主義ではなかった。したがって、人間全体を平等と考える現代の民主主義とは異なることを理解しておきたい。そうすると、このことから、ギリシャの社会は、平等な参政権を持っている一部の人間全体が政治決定に参加する社会と考えることが出来る。こう考えると、女子に参政権がなかった戦前の日本はもとより、英米を含む多くの国々でも、本当の民主主義が実行されたのは、たかだか百年程度ということになる。そこで、デモクラシーを「多数の参加による政策決定制度」と定義して、その「多数」が国民全体になった場合を民主主義制度と定義することにしておこう。

人間間の平等とは

そこで次に問題としたいのが、平等とは何かということである。私たち現代人は、「人間は皆平等である」という固定観念を持っているが、競争活動を好むのが人間の本質と考えると、身体障害者は平等な競争相手とは言えないので、ちょっとでも厳密に考えようとすると、「人間は皆平等である」という固定観念には問題がたくさんあることに気づくだろう。

そこで、スポーツの誕生を別の立場からもう一度とらえ直してみたい。それは、前にも述べたアマチュア規定である。スポーツは、誰が勝つか分からない平等条件で始められなければならない活動であることを指摘したが、当時の長距離競走に飛脚が参加する次の例を考えてみれば、私が言わんとすることを一瞬に理解してもらえるであろう。ただし、「平等」という考え方はスポーツ概念が定着した後の発想であり、スポーツの本来の醍醐味は、試合開始時にどちらが勝つか分からないということだけである。

たとえば、ある紳士が、一〇キロ先の湖畔までのマラソンを企画し、不特定多数の仲間に呼びかけたところ、出発点に、その噂を聞いて駆けつけた飛脚が紳士の身なりで現れたとしてみよう。はじめは参加させたかも知れないが、圧倒的に早いことがすぐ分かるので、どう考えても次回は遠慮願おうということになるはずである。もちろん、「身分の低い人だからダメ」という意識もあるとは思われるが、「彼が勝つに決まっているから、やっても面白くない」というのが、より根源的な理由になっていたのではないだろうか。

そして、その試合に参加している個人にとっては、誰が勝つか分からない試合に参加できる人だけが、自分たちの仲間、つまり、平等に処すべき人間ということになるのだ。「スポーツの試合を行う場合、参加できる人間を仕事としてその運動をやっている人を除いて余暇にやっているアマチュアだけでやらなければ平等競争にならない」という考えは、スポーツ競争を楽しくやるためには当然のことと思われる。しかし、当時、アマチュアとしてスポーツ競技に参加できる人は、余暇を持て余していた紳士階級のみであった。そこで、必然的に、スポーツ参加者は「紳士たるもの」という規定になったのである。これは、現代の感覚からすれば明らかに差別規定であるが、スポーツを「紳士仲間だけの内輪でやる遊び」と解釈すれば、当時は、特に問題にしなくてもよかったのかも知れない。

その意味では、黒人が参加できなかった野球のメジャーリーグも「野球は白人仲間の内輪でやるスポーツである」と解釈すれば、ある意味では、正しい活動ということになる。黒人解放以前の白人は、ヨーロッパにおける貴族の立場のように黒人を同じ人間と認知していなかったので、野球成立時に白人のみがプレイしていたことは特に問題にはならなかったのだろう。奴隷解放後にも「白人仲間のスポーツ」と「黒人仲間のスポーツ」を分けたままでいたことが問題なのである。

同じように考えると、日本がオリンピックに参加するために嘉納治五郎が作った大日本体育協会の参加規定「紳士たるもの学生たるもの」も、ある意味では必然性があった。当時、スポーツのできる人は、余暇時間が使える金持ちとその子弟の学生のみであった。日本では、少数エリートである旧制高校及び大学の学生しかスポーツを行えなかったので、この規定も特に問題とならなかったようだ。

平等な仲間とは

その後、国民の多くが余暇時間を持ちスポーツを楽しむようになると、右のような参加規定は問題となって削除されたが、余暇時間を使った練習しかしてはいけないというアマチュア規定だけが一人歩きして、スポーツで金を得ているプロを排除し続けることになった。当初のオリンピック規定では、仕事を離れての練習が一年に二週間しか許されていなかった。スポーツ自体を仕事にする者が現れると平等条件が崩れて試合が面白くなくなるのは確かだが、お金持ちの道楽者は仕事をしないで練習に打ち込めるので、仕事の余暇に練習している労働者が不利になる事態は解消できていない。また、同じく職業として行っている者でも体育教師はアマチュアとして認められていたので、近代オリンピックのアマチュア規定は当初から問題をはらんでいたと言える。ただし、この点に関しては、前著で議論しているのでこれ以上立ち入らないことにする。

このことはさておき、スポーツにおけるこのようなアマチュア制度の変化から、政治制度の発展を考察してみると、問題を感じて議会に集まって議論に参加している人だけが、論争（政治競争）の相手、つまり、平等な仲間（市民）と認識されていたはずである。スポーツに熱中する貴族が労働者を平等な人間とはみなさず、彼らの気持ちを考えずにアマチュア規定を作ったように、「人間の平等」という抽象概念は持ち合わせていないヨーロッパの人々は、「自分たち」の利益のためだけに「デモクラシー制度」を作ったのではないだろうか。スポーツとしての狐狩りの制度的意味をフランス人紳士に説明できなかったイギリス人紳士のように、「自分たちの国」で面白く暮らすための制度として、無自覚に政権交代ルールを嵌め込んだ「デモクラシー制度」を作ったのではないだろうか。無自覚に成立した「猟犬は狐のみを追う」というルールを守って生活を楽しむように、その意味を自覚的に反省することなしに、イギリス人は「議会で議論した上で、議会参加者の多数決で政権交代する」というルールを守って生活を楽しむ社会を作り上げたわけである。デモクラシー（多数支配）制度の「多数」が何を意味するかは、彼らにとって意識にも上らない自明のことだったのではないだろうか。そして、「自分にも参政権をよこせ」という要求が外から出ることによって、はじめて、「多数」が何を指すかの議論が成立したのであろう。

ちょっと先走ってしまったが、議会政治前後の政治闘争方式の変化を考えてみよう。

近代政治における政争形式の変化

近代以前の政治は、何事も国王の一存で決められていたので、皆で議論する意味がなかった。部下の議論は、国王の諮問機関としての意味しかなく、諮問を採用するかどうかは国王の専決事項であった。このような環境では、政策決定競争のルールがなく、競争は戦国時代の大名と大名の間にのみに存在していた。それが、ルールのない競争、つまり、戦争であった。そのため、ルールに基づいた論争（競争）は生じない。

ここで、第一部のはじめで考察した「競う」と「争う」の意味の違いを思い出してほしい。競争でないということは、対立しながらもお互いを認めあう平等な人間関係がないということである。

福澤諭吉は福翁自伝で、政治におけるノーサイドの精神について面白い指摘をしている（第一章第三節で指摘）。

ソレカラまた政治上の選挙法というようなことが皆無わからない。わからないから選挙法とは如何な法律で議院とは如何な役所かと尋ねると、彼方の人はただ笑っている、何を聞くのかわかり切ったことだというような訳け。ソレが此方ではわからなくてどうにも始末が付かない。また、党派には保守党と自由党と徒党のようなものがあって、双方負けず劣らず鎬《しのぎ》を削って争うているという。何のことだ、太平無事の天下に政治上の喧嘩をしているという。サアわからない。コリヤ大変なことだ、何をしているのか知らん。少しも考えの付こう筈がない。あの人とこの人とは敵だなんというて、同じテーブルで酒を飲んで飯を食っている。少しもわからない。ソレがわかるようになろうというまでには骨の折れた話で、その謂れ因縁が少しずつわかるようになって来て、入組んだ事柄になると五日も十日も掛かって、ヤット胸に落ちるというような訳けで、ソレが今度洋行の利益でした。

これは、会議が終わると議会で議論した政敵と一緒に夕食をとる事態を指しているものと考えられるが、福澤に「選挙による政権交代制度」を説明できなかったことは、前述のイギリス紳士が「狐狩り制度」を他者に説明できなかったことと同様、アメリカ人の政治指導者自身が、「デモクラシー制度」の本質をメタ認知できていなかったことを示している。また、論争に関する政治家の行動に対する福澤の驚きは、右で指摘した民主主義政治の精神である「論争を尽くす」ことの意味を理解していなかった渡米時の彼の立場を考えると、十分納得できるだろう。

一方、最近の国会議事録を見ると、予算委員会（平成27年11月11日）で小川敏夫議員が「なぜ勤労者の実質賃金が二十年近くの間下がり続けているのか」と尋ねたのに対して、安倍首相は「実質賃金指数が安倍政権になって下がっているではないかと、こういう御指摘がございました。確かにそれはそのとおりでございます。では、なぜ下がるのかということであります。……」と、とんちんかんな回答をしている。再度質問されても直接の答えがなく、討論になっていない。しびれを切らした小川議員は「このことについてその原因がどうかと聞いているんだけれども、総理から全くお答えがありませんでした。原因が分からなければ、それに対する解決方法もできないわけですよ。私は、そこで述べさせていただきます。……」と引き取って質問を続けている。

以上は、国会議事録の抜粋だが、選挙演説も同じである。今回の参議院選挙で感じた高橋源一郎の指摘を以下に示す（朝日新聞、2016.7.13）。若干長いが、日本における議論回避の実態を理解するには最適と考えてあえて引用した。

演説のことばには、二つの種類があるように思えた。一つは、支持者へ向かって話されることばだ。あるいは「身内」に向かって話されることばだ。

「日本を世界の真ん中で輝く国にするために、どうかこの2人の候補者を当選させてください。この選挙で問われているのは、子どもたちの未来、日本の平和と安全を、無責任な共産党や民進党に託すのか、日本人の命を守り抜く……自由民主党に託すのか……そして、この道をしっかり前に進んで日本の経済を成長させ、みんなを豊かにしていくのか……あの暗く低迷した時代に逆戻りするのか、それを決める選挙であります。みなさん、一緒に前進を勝ち取ろうではありませんか……」

わたしは、秋葉原駅頭で、安倍首相の選挙戦最後の演説を聴いた。そこで、首相は、テレビや新聞で、繰り返している同じことばを、また繰り返していた。

20代のわたしは、この演説を横目にしながら、黙って、通りすぎただろう。それは、彼の考えを支持しないからではなく、そこに、いつも聞かされている「政治のことば」しかないからだ。彼が、自分の支持者に向かってしかしゃべろうとしていないからだ。彼の演説では、最初から、通りすがりのわたしは除外されている。

＊

もちろん、これは、首相である彼の演説だけではなかった。反対する立場の人たちの多くもまた、同じように、支持者にだけではなく、支持者に向かってだけ話しているように思えた。

その一方で、語りかけようとすることばもあった。

「私はテレビ越しに政治家を見ていて、全く別の世界にいる人のように見えて、自分の言葉は伝わらないし、政治家の言葉もよくわかんない。自分には関係ないと思っていました。政治家を信用できない。正直に言えば、今だってそんなに信用しきっているわけではないです。だけど、誰かを信じ切ってしまうこと自体、それは少し危ないように感じます。なぜなら、政治家は私たち国民の代弁者だからです。政治家は、政治は、私たちのような普通の人のためにあるものです。私たち市民がやるべきことは、政治家に声を届けることです。それが選挙です」

これは、野党の候補のひとりを応援する、ひとりの学生のことばだった。わたしは、このことばを好ましく思う。ここには、明らかな支持者を超えて、声を届けたいという思いがあった。だが、20代のわたしが、この声を聴いたらどう感じただろう。自分に向けられているかもしれない声に、応答したいと思っただろうか。

つまり、与党も野党も、本気で論争する意図がないのである。これは、どちらが勝つか分からない議論を通してよりよい結論を得たいという気持ちがないことを示している。普通の言葉で言うと、日本をよくしたいという気持ちがないということである。安倍の好きな言葉で言えば、安倍首相も野党指導者も愛国心がないのである。

政治論争の心構え

かつて、英首相アトリーは民主主義の基礎を、「他の人が自分より賢いかも知れないと考える心の用意です」と述べたという。右記した日本の現状をみると、議論を重ねて問題点を明らかにして選挙戦で支配者を決めるという民主主義制度の根幹が機能していないことが分かる。これでは、論戦の後に仲良く酒を飲むことなど不可能である。このような日本の現状を反省することが、日本が真の民主主義国になるためには必要だと思われる。その他にも、日本の政治は、未だに審議会や公聴会を隠れ蓑にした議会運営をしていて、その多くで、安倍首相の答弁のように論争が成立していないが、ここではその問題に触れないで民主主義の核心に迫っていくことにする。

民主主義の出発点に、最初に国王の権限を規制したマグナ・カルタをあげられる場合が多い。たとえば、そこで決められていることに「国王が軍役金を賦課する場合は、諸侯の会議に承認を得る必要がある」というものがあるが、「諸侯の会議」で議決するためには、諸侯が平等条件で参加して議論し、何らかの「議決ルール」で議決する必要がある。したがって、そこにはルールに基づいた平等競争があり、参加者は平等な仲間と認知されたはずである。あるいは、そこでの議論を深める中で、「あいつはいい奴だ」というような認識が成立したのかも知れない。しかし、「ルールに基づいた競争をしている」という認識が狐狩りを楽しむ貴族になかったように、諸侯会議の参加者も、「ルールに基づいて政策論争をしている」という自覚なしに白熱した議論を繰り広げていたかも知れない。マグナ・カルタが一時忘れ去られて、国王と議会が対立するようになった一七世紀になって再度注目されるようになったのは、そのためだと推察される。

つまり、民主主義イデオロギーの中の「民」とは、国民全体というような意識ではじめから成立した概念ではなく、政治に参加できる民衆という意味で成立し、参加者が増えるにしたがって徐々に拡大した概念と考えるべきなのである。その証拠に、デモクラシーの当事者たちが、民主制が衆愚政治に堕落する危機をはらんでいると感じていた事実は、ギリシャのプラトンみならず、後に指摘するように、一七八九年の革命に導いたフランスでも、民主主義を先進的に発展させたと考えられているアメリカでも、その時代の指導者が危惧を表明していることで証明されていると言えよう。

第三節　ルールに基づく政治とは

初期議会の運営ルール

近代国家における政治は、ルールに基づく選挙で政権担当者が決まり敗者にもそれなりの名誉が与えられるシステムで行われている。政権争奪競争の武器は、兵器ではなく政策である。また、政策を戦わせるためには、政権奪取希望者間の政策の比較討論が重要なはずであるが、討論（ディベート）の伝統がない日本における議会審議の形骸化は大きな問題となる。しかし、この問題は後ほど議論することとして、議会政治の歴史を少し勉強しておきたい。

近代以前の政治も、ルールに基づいて基本的には運営されていたが、これまでも指摘してきたように、ルールそのものの改変は「朕は国家なり」という言葉で代表されるように、国王の専決事項であり、国家の屋台骨を支える基本ルールの変更は政変（力＝戦争による政権奪取）によってのみもたらされていた。

ところが、中世に入ると中間層が力を持ってきて、「議会」が作られるようになった。前節でマグナ・カルタの例を取り上げたが、フランスでも、フィリップ四世が教皇ボニファティウス八世との紛争に際し、国内の支持を取り付けるべく三身分合同会議を開催している。聖職者・貴族・都市の商人代表を召集し、新税の課税を承認させるのが目的で、これが三部会の始まりであった。この全国三部会はかなり続いたようだが、絶対王政緒時代には開催されず、ルイ一六世時代に、財政難の解消のために貴族にも課税しようとして、一七〇数年ぶりに招集された三部会がフランス革命の勃発引き金となった。この会議においては、採決の方法で対立し審議に入れなかった。第一身分の聖職者と、第二身分の貴族は、身分ごとの投票（身分別議決法）を主張したが、それでは二対一で不利になるので、第三身分の議員は、議員一人一票を主張し、約四〇日にわたって議決方法について議論したがまとまらなかったらしい。

また、「第三身分」は、特権を持たない人々のことであり、国民の圧倒的多数であったが、議席数の配分には反映されていなかった。もっとも、情報伝達手段としての新聞が民衆に行き渡っていたとは考えられず、「圧倒的多数」とは言っても、国民全体の何割なのかは見極める必要があろう。ただし、「政策論争に参加してディベートできる人」全体が何らかの形で政策決定に関われるルールができていたと解釈することは可能であろう。

これらのことから見えてくることは、この頃の議会は、今日の議会政治とは異なって、議会運営が明確なルール（たとえば議決方法の明文化）に基づいたものではなく、運営ルールの改廃についても、もちろん明確なものはなく、国王の一言で決まっていたということである。

立憲政治以前のルール管理

それでは、近代以前には、ルールに基づく政治はまったく行われていなかったのだろうか。日本においても、悪代官が悪徳商人と組んでボロ儲けする時代劇はよくあるが、それが常態であったとすると、普通の庶民は、商売などやっていられなかったはずだ。

そもそも、良代官が良商人と組んでボロ儲けすれば、これは、藩がある分野の商売を独占して他藩との競争に勝つことになり藩の財政を潤すので、良いことだったはずである。悪徳商人の話は、正常の商売ルールを破って儲ける話なので、時代劇では、最終的に悪徳業者は駆逐されることになっている。悪徳商人がいたということは逆に、明文化されているかはともかく、商売における一般ルールが存在し、多くの人々が暗黙裏に承認していたことを示している。

つまり、近代以前でも、基本的に、日常生活はルールに基づいて行われており、ルール破りを取り締まるルールも存在していた。その例を最近読んだ本を参考にして、江戸時代の人々の生活にみていきたい。ネタ本は、山本英貴の『旗本・御家人の就職事情』と山室恭子の『大江戸あきない白書』である。ただし、最近、朝日新聞（2016.6.14）で、柄谷行人も、戦後憲法の先行形態は明治憲法ではなく「徳川の国制」であり、徳川時代には、成文法ではないけれども、憲法（国制）があったと指摘していることを知ったので、私の専売特許ではないことは指摘しておく。

まずは、経済政策である。もともと、商売は自由な交易から始まったはずだが、為政者にとりいって特権的な地位を得ると、競争原理が働かないので利益幅が大きくなる。そのことが、短期的には為政者の利益にもつながるが、全国制覇が完成すると競争原理が働かないことの弊害が大きくなる。現代中国がその典型例であるが、ルールに基づく競争がない分野は、社会が変わっていく時に有効な対応策を打ち出せなくなってしまう。江戸時代が長く続いたのは、ルールに競争原理を導入した巧妙な仕掛けがあったからである。その問題を少し紹介してみたい。

江戸時代は身分が世襲で競争原理が働かないイメージがあるが、山室が行った江戸の商店の数量分析によって、大多数の商店が一〇年ほどしか継続していないことが分かった。そして、その原因が完全競争にあると推測している。詳しい説明は省略するが、商売を始めるために取得する「株」が頻繁に売買されていることから、世襲ではなくその商売をやりたくなった人が株を買って新たに参入することが比較的容易であったようだ。山室は、「番組編成(引用者注:同業者組合の中のグループ編成のこと)に地割りと、いっけん同業者組合の強い統制下に置かれているように見える江戸の商人たちであるが、子細に検討すると、参入・退出の自由や価格の決定権など商いの基本のところで自由が確保されていることがわかる」と述べている(p149)。

このような制度的な規制は、時代とともに変化していたようだ。江戸時代初期には、自由な商売を奨励されていたものが、業種ごとの仲間組合を結成させて規制をかけようという方向に変化し、冥加金を上納させる制度になった。しかし、その弊害が問題視され、天保の改革では規制がなくなった。ところが、その弊害が出てくるとまた規制強化に舵を取るという運営を行っていたことが分かる(p178–79)。さらに、風呂屋の規制緩和策など、現代にも通じる行政政策に関する役人と経営者のやりとりも紹介されており、幕府が制定した商売ルールに基づいた競争が行われていたことが分かる。

第三章で引用した石井の著書でも「江戸時代は武士の支配した封建時代であるから、刑罰なども、奉行が勝手に言い渡したかというと、そういうわけではない。やはり一定の規則があった」と述べて(p30)、刑罰について、奉行が自分一人で言い渡せる限度が決まっていたことを指摘している。つまり、刑事事件の処理にもルールがあったのである。

ルール変更のルールは前例主義

問題は、ルール改変のルールである。封建時代は、法律改正のためのルールはなく、朕は国家なりよろしく、老中の権限に基づく判断のみでルールが改変されるというのが常であったようだ。しかし、老中が勝手気ままにルールを変更していたのではない。そもそも、江戸のような大都市では、権力者といえども市中の商売実態のすべてを把握しているわけではなく、ルールの変更に関しても、問題の取り上げ方についてのルールが存在していた。

ルール改変自体は、改変すべきと考えた当事者から問題提起されるのであるが、それを誰が取り上げて誰に伝えるかもルールがあったようだ。山本の調べた旗本・御家人の出世ルールの研究を読むと、老中が「これまでのルールはどうなっているのか」と調べさせて人事案件の是非を決めていたことが分かる。つまり、現代のような成文化されたルールではなく、「前例踏襲」というルールのようである。これは、憲法のないイギリスの制度と同じかも知れない。

『旗本・御家人の就職事情』によると、問題提起を受理した役人の上司は、まず、前例を調べさせ、前例に準拠した処理を心がけていた。たとえば、役人の出世ルールを調べた時、「そもそも、小十人組に入れば『永々　御目見以上』と決めるのは実用的でなく、そのような規定などどこにも存在しない」という報告があり、その自動昇格ルールが否定されたが（p86）、これは、前の時代に役人が自分勝手に昇進ルールを決めて実行していたもので、かつての役人天国を彷彿させるとともに、徳川政権は永続していたが、将軍が替わると浄化作用が働くことをも示している。これらの本を読んで、役人が前例をもとにして問題をいかに処理していたかを理解していくと、「この伝統が現代の役人まで続くDNAか」と感じさせられることが多かった。

たとえば、「詫び状証文を反故にして違法行為を繰り返しているので取り締まってほしい」という文面が削除された三回目の訴えで訴状がはじめて受理されたことについて、山室は、「公儀が有罪と判定してわび証文まで出させているのにそれが履行されない、というのでは、公儀の裁定が無力と述べていることになる。それを受理すれば、町奉行書の指示が現場でないがしろにされていることを認めることになる。よって受理しがたい。そんな理屈ではなかったろうか」と考察している（p195）。これは、同じ内容の訴えでも、役人に不利な部分を削除したものでないと認めなかったという意味であるが、「公務員は間違いをしない」ということを前提として物事に対処していくという役人文化につながる事例であろう。

このように見てくると、江戸時代も「前例踏襲」というルールで統治がなされており、近代と変わらない安定した日常生活が保障されていたことが分かる。問題は、ルール変更のルールがないことである。最終的には、将軍の裁断と将軍に任された上級武士の裁断によってルールが変更されるが、これは独断以外のなにものではない。当事者の与り知らぬところで決まることが問題なのである。

第一節で私が定義したように、デモクラシーを「多数の参加による政策決定制度」と考えると、少なくともこの点において、江戸時代をデモクラシーの時代とは言えない。考えてみれば、古代であろうが中世であろうが、国内政治はルールに基づいて運営されていたはずである。ただし、戦国時代は、「国内」が「戦国大名の領地内」を意味している。問題は、ルール改変の手続きである。改正内容が庶民の生活を無視しているかどうかではない。専制君主であろうとも、人民の生活を無視すれば政権は長持ちしないし、実際の政治は何らかのルールの下で人民のために行われていた。

山室は、株制度の改廃に関する文書を解析して、「そうやって町方と勘定方の応酬が文書のかたちで蓄積されてゆく。あたかも現代におけるメール審議にも似て、過去の経緯を残しつつ、原案を叩き、曲げ、伸ばして実施に耐え得る成案へとじっくり精錬してゆく。【中略】このようなすぐれた意見交換のシステムが生成されるに至ったのは、江戸の町政をになう担当者たちが、清廉で公平なまつりごとをおこなおうという高いモラルを維持していたことともに、つねに強い緊張感のなかに置かれていた事情が影響しているのではないか」と述べている(p178)。

一方、銭湯の制度変更に関した章では、「政策決定にあたって、公儀が何よりも懸念していたのは世論のありようであったことが読み取れる。【中略】三村(引用者注:北町奉行所与力)が貧困者の家計を思いやったのは、別に彼が温情家だからではない。政治を司る為政者として、どうやったら不平不満が沸き起こらないよう穏やかに統治してゆけるか、日々心を砕いていたからこそ、このような町人側の視点を獲得できたのである」とも述べている(p221)。「人民のためを考える」ということは、いかなる体制の国においても、支配者が意識し続けるべき徳目であった(こう言いたくなければ、「人民支配の鉄則」と表現してもよい)。

ルールは国民のため

江戸時代は封建主義の時代であったが、優秀な為政者はそれなりの統治を行った。そして、山本によると、商人もルールの下で比較的自由に活動していたようだ。実際、最近出版されたコングルトンの『議会の進化:立憲的民主統治の完成へ』の「日本版の読者の序文のための補遺」でも、「日本の中世(将軍時代)においても、交渉されていた立憲的取引に自由主義的傾向はないものの、立憲的交渉や立憲的取引はありふれたものであった」と指摘されている。同様に、『中国化する日本』を著した與那覇も、業界規制の実態について、「江戸時代の商習慣には社会主義的なところがある」という同僚学者の見解を紹介しているので(p88)、山室の指摘する「町人側の視点」による政治運営は確かに行われていたのであろう。

與那覇は、「国民国家は近代西洋からの輸入品」という考えに対して、戦国史研究の大家勝俣静夫が戦国時代にすでに日本は国民国家であったと指摘していることを紹介しているが（p79）、江戸時代のこのような治政もその延長であったと考えられる。

独裁政治下の経済の問題は後ほどもう一度議論することにして、ここでは、ルールに基づく国内運営は民主主義社会の専売特許ではなく、いかなる専制国家もルールに基づいて民衆を支配していたこと、しかし、ルール改正の権利が国王や将軍という最高権力者に集中していたことが近代デモクラシーと異なるところあり、ルールに基づく政策変更が民主主義政治の本質であることのみを理解して次に進もう。

第四節　民主主義と民本主義

人民のための政治

民主主義における平等の問題を考える前に、「人民のための政治」とは何かを考えておこう。前節で考察したように、近代以前の社会においても、権力者は、建前として、あるいは、本気で「人民のために政治《まつりごと》」を行っていた。中国において、君主はいかなる態度でいなければならないかという議論が盛んであったことは、世界史を選択しなかった方々も、漢文の授業で聞いているはずである。前節で紹介した江戸時代の政治もそのことを証明している。

この問題は、最近出版された松本健一の『「孟子」の革命思想と日本』でも議論されている。この本では、「君子はどうあるべきか」の議論のみならず、権力者が「人民のための政治」を行わなくなった時にどうすべきかの議論もなされているので、それを参考に少し考えていこう。

周という国は、孔子が理想としていた国です。武王以降七百年ぐらい続いた国で、革命が起きないで、つまり姫姓の王がずっと倒されないで続いているのです。そうすると、今後の問題から絡《から》んでくるのですけれども、中国は王朝の変革について革命という言葉と、維新という言葉を使う。それは、王朝の歴史を書いた『書経』に対して、『詩経』という、その当時の言い伝えとか、歌とか、風俗がどういうふうに行なわれているかのべられており、その中にこういう文章がある。「周は旧邦なりといえども、その命、維《こ》れ新《あらた》なり」。つまり、周という国はもう六百年も七百年も続く非常に古い国であるけれども、なぜ「易姓革命」によって倒れなかったのかというと、常にその命をこれ新たにしていく。つまり、支配者が常に国の法制度やシステムを変えて、みずから改革していくという形で、命を新たにし続けてきたから、六百年も七百年も続いたのだと歌われているのです。

ところが、その国でさえも倒れるのです。先にふれたように殷の最後の王になったのが紂《ちゅう》ですね。紂王が出てきて、それが暴君なのです。だから、中国の暴虐な皇帝とすると桀紂《けっちゅう》という、決まり言葉になってくるわけです。

その、殷の最後の王、紂王を紀元前一〇二七年に殺して、武王が周という国を建てたのです。武王が、暴君の紂王を倒したわけです。しかし、その周という国も結局、倒れていきます。徳を持たない君主が出てくることもあるという歴史の真実を言わなければいけないから、孔子の『論語』の中には桀紂の話が出てこないのです。

ところが、桀の話はほとんど神話的だけれども、紂王を倒して、殷に代えて周という国を建てた武王の話が、『孟子』の中に出てきます。これは、もしも王や君主が徳を持たない暴君であったら、それは倒して、革命を起こしてよろしいと。支配者が、国の中の制度を改めていく形での改革を行なう「維新」ではなく、王朝自体を変えてよろしい、ということです（p67-68）。

これは、孔子と孟子の考え方の違いを示した部分であるが、松本は、天皇制国家が成立する時期に、君子のあり方を説いた孔孟の教えが日本に伝えられたが、「君子は徳（仁の教え）で政《まつりごと》を行うべき」という論語を中心とした孔子の教えが広められたが、君子が無能な暴君の場合は革命を起こしてもよいという孟子の教えは日本では普及しなかったと述べている。

前節に示した江戸幕府の例のように、民主主義時代以前においても、支配者は、原則として民衆のために政治を行っており、株制度の改廃は、老中の交代のような、右の引用にある「維新」によってなされていた（詳しくは山室の著書を参照のこと）。江戸時代は、右に記されている「周」の国のようなありようで三百年近く続いたと解釈できるであろう。

その後の大政奉還は「明治革命」と呼ばれるべき大変革である。それを「明治維新」と称するところに、日本の特殊性があると思われるが、そのことは脇に置いておいて、政権が安定している時期は、どの国においても、支配者が「人民のための政治」を心がけていたと考えてよいであろう。

立憲主義　ルール改正のためのルールの成立

このことを前提として「特殊」日本の政治のあるべき姿を「民本主義」として示したのが、吉野作造である。中央公論に掲載された「憲政の本義を説いて其有終の美を済《な》すの途《みち》を論ず」は、百周年ということで二〇一六年一月号で復刻されたが、これを読むと、民主主義と民本主義の違い、そして、筆者が議論しようとしている民主主義と人民・民衆による統治(デモクラシー)の違いが理解できると思われる。

そこで、この評論を参考にデモクラシーについてもう少し考えていこう。左はその評論の序言の一部である。ただし、ページ表記は岩波文庫の『吉野作造評論集』によっている。

憲政のよく行わるると否とは、一つには制度並びにその運用の問題であるが、一つにはまた実に国民一般の智徳の問題である。けだし憲政は国民の知徳が相当に成育したという基礎の上に建設せらるべき政治組織である。もし国民の発達の程度がなお未だ低ければ、「少数の賢者」即ち「英雄」に政治上の世話を頼むというわゆる専制政治もしくは貴族政治に甘んずるの外はない。故に立憲政治を可とするや、貴族政治を可とするやの問題の如きも、もと国民の智識道徳の程度如何によりて定まる問題で、国民の程度が相当に高いのに貴族政治を維持せんとするの不当なるが如く、国民の程度甚だ低きに拘らず強いて立憲政治を行わんとするの希望もまた適当ではない(p13)。

彼はここで、民主主義ではなく、立憲主義の成立基盤について問題提起し、議会を持った立憲主義が成立するには、選挙民がそれ相応の教養を持つことが必要であるという論をまず展開している。このような議論は、『アメリカのデモクラシー』でトクヴィルも指摘しているが、その問題は後でふれることとして、ここでは、前節で紹介したような江戸時代のルールよりも明確なルールに基づく政治が立憲政治として捉えられていることを理解しておいて次に進もう。

総ての政治を予め定めた法律に遵拠して行うというわゆる「法治国」の思想は、比較的新しいものであるが、この法治国思想の起こらない前といえども、国家統治の根本原理というものは、大抵の国において存在するを常としておった。故に憲法の意味を単純に文字通り解釈しては近代における特別の現象たる立憲政治の意味をば明確にすることはできない（p20－21）。

前述したように、江戸時代の日本も「前例主義」という法治国家ではあった。吉野はこの記述の後で、立憲国や立憲政治の要件として、最高法規の憲法を持つだけではなく、人民権利の保障、三権分立主義、民選議員制度、の三要素が存在することをあげている。そして、各要素の説明をした後で、「いわゆる立憲政治は憲法の条文に拠って行うところの政治なると共に、またその精神に拠って行うところの政治でなければならぬ」としている（p33－34）。

民主主義と民本主義

吉野は、その後で、「しからば、憲法の精神とは何か」という問題をたて、国によって微妙な差があることを論じた後で、各国特有の色彩を総括することは難しいが共通する精神的根底は推断することができるとして、「しかして予はこの各国憲法に通有する精神的根底を以て、民本主義なりと認むるものである」とまとめている（p35－36）。

そして、彼がこの語を使う理由が次に述べられている。この語はデモクラシーの訳であるが、デモクラシーには「国家の主権は法理上人民に在り」という意味と「国家の主権の活動の基本的目標は政治上人民に在るべし」意味があり、後者の意味で用いられる時に民本主義と訳すとしている。

いわゆる民本主義とは、法律の理論上主権の何人に在りやということは措いてこれを問わず、ただその主権を行用するに当って、主権者は須らく一般民衆の利福並びに意嚮を重んずるを方針とす可しという主義である。即ち国権の運用に関してその指導的標準となるべき政治主義であって、主権の君主に在りや人民に在りやはこれを問うところでない。もちろんこの主義が、ヨリ能く且つヨリ適切に民主国に行われ得るは言うを俟たない。しかしながら君主国に在りてもこの主義が、君主制と毫末も矛盾せずに行われ得ることまた疑いない。何となれば、主権が法律上君主御一人の掌握に帰して居るということと、君主がその王権を行用するに当って専ら人民の利福及び意嚮を重んずるということとは完全に両立し得るからである。しかるに世間には、民本主義と君主制とをいかにも両立せざるものなるかの如く考えて居る人が少なくない。これは大なる誤解といわなければならぬ（p45–46）。

こう述べて民本主義の誤解を解いた後で、彼は、民本主義が革命や民主主義に収束するわけではないことを以下のように述べている。本来、特権階級は「表向きはどこまでも民衆の勢力というものを先に立てながら、内実において彼らは民衆の指導者となるべき天分を有して（p47）」いなければいけないのであるが、特権階級が確固とした地位にあったフランスでは、特権階級に対する民権の抗争の結果として革命的民主思想が発現して民主主義が成立し、特権階級の存在しなかったアメリカでは革命運動はおきず、民主主義が成立した（p49）。そのために民本主義と民主主義（主権在民）を混同する嫌いがあるが、日本は、そのような混乱は起きないとしている。吉野は、たとえば、ベルギーは君主国でありながら「総ての権力は国民より出ず」というような中途半端な条文を持っていることを指摘し、そのような規定のない日本国は「憲法の解釈上毫も民主主義を容れるべき余地がない」と言い切っている（p41）。

一言でまとめると、吉野は、民主主義国家を「平等な人々が作る国家」と定義し、日本は天皇の国であるから民主主義国ではない」との現状認識を示した後で、それでも、立派な国家では、為政者が、法治主義に立ち、そこに住む人々のためになる政治を行っており、民主主義国でなくてそのようなことができる国を民本主義の国というべきであり、日本はそういう国である（べきである）としているのである。

つまり、民が安らかな国家であるためには、為政者が気ままにルール変更できるような政治体制ではなく、欧米先進国のようなルールに基づく政治が行われることが不可欠である、という前提に立って、日本の現状を何とか説明しようとする努力と言っていいであろう。

果たして、吉野は、天皇を本当に現人神として崇敬していたのであろうか、それとも、自分は天皇も人間だと思っているが、そんなことを言うと殺されてしまうので、「天皇」という特別な人間がいる特別な「日本」という国が世界で生きていくために必要な理論武装を考えたのであろうか。この問題は日本人としてのアイデンティティをどう受容するかという重大な問いかけであるが、ここでは触れずに、問題提起にだけにしておく。

「憲法は政権を縛るもの」ではない

最近、安倍内閣になってから特に、改憲議論がマスコミに登場し、「憲法は政権を縛るもの」という本質論が頻繁に述べられるようになったが、それは、フランスにおける特殊例であり、アメリカの憲法はその本質に依拠したものではなく、人間はそもそも権力を濫用しがちであるから三権分立にしようという発想ではなかったのだろうか。また、日本の憲法は、形式上は天皇が自分の権力を臣民に分散させる意図で作られており、実質上の制定動機は、民権運動の突き上げに対処するとともに、ルールによる統治で列強に伍していこうとする当時の権力者の意図によるものではないだろうか。つまり、すべての国の憲法に共通する制定理由は「ルールによる統治を明確にするために作ったもの」であり、「政権を縛るために作ったもの」ではないのである。最近人権侵害が問題となっているハンガリーの憲法改正は、ルールに基づいて行われている。憲法の本質は、「権力を縛ることの宣言」ではなく、ルール改変のルールを整備した「ルールに基づく統治の宣言」なのである。権力の横暴から国民を守るものは、憲法ではなく国民の開かれた討論である。いくら立派な憲法を持っていても、安倍首相の答弁にみられる論争拒否の姿勢がマスコミで論争不在と弾劾されない日本は、いつでも、権力の横暴にさらされる危機状態と言える。

さらに、一言付け加えておくと、憲法を読む限り、日本は天皇を頂点にいただく「特殊な国」なのである。安倍首相は、再軍備（安保法案提出）に際して、「日本が普通にの国になる第一歩である」と強調していたが、論理的に考えれば、「天皇制廃止の第一歩である」という意味になるはずだ。天皇崇拝や靖国参拝を止めないのであれば、この発言は「戦争ごっこに関してだけみんなの仲間になりたい」の意味ととるしかない発言なのである。国会論戦とは、このような論理的な討論を積み重ねて国難に際しての解決案を模索することなのである。

安倍首相は、真珠湾訪問に際してのメッセージで以下の発言をしている。

昨日、私は、カネオヘの海兵隊基地に一人の日本帝国海軍士官の碑（いしぶみ）を訪れました。その人物とは、真珠湾攻撃中に被弾し、母艦に帰るのをあきらめ、引き返し、戦死した戦闘機パイロット、飯田房太中佐です。

彼の墜落地点に碑を建てたのは日本人ではありません。攻撃を受けていた側にいた米軍の人々です。死者の勇気を称（たた）え、石碑を建ててくれた。碑には、祖国のため命を捧げた軍人への敬意を込め、

「日本帝国海軍大尉（だいい）」と当時の階級を刻んであります。
The brave respect the brave.
「勇者は、勇者を敬う」。アンブローズ・ビアスの詩（うた）は言います。戦い合った敵であっても、敬意を表する。憎しみ合った敵であっても理解しようとする。そこにあるのは、アメリカ国民の寛容の心です（朝日新聞、2016.12.29）。

ホイジンガが戦争も遊び領域の活動だと指摘しているように、近代戦争がジュネーブ協定をルールとした競争だとすると、敗者への敬意はアメリカ人の専売特許ではないはずだ。日露戦争後の乃木大将と敵将ステッセルとの会談や第二次世界大戦における戦場に架ける橋に関する故事を思い出せば、「相手に敬意を持って戦う」という競争の精神が「勇者は、勇者を敬う」という故事の原点であり、近代戦においても、両陣営の共通認識となっていたはずである。つまり、日米戦争に限らず、どの戦いにおいても生じる心の動きであったはずだ。むしろ、日本にとっての日米戦争は鬼畜米英を相手にした不条理な戦いであり、この現実への無反省が対米追随の原点である。その反省のない安倍首相が行った「アメリカ国民の寛容」というアメリカべったりの発言は、競争の正しい観念や行動様式が欠如している彼にとっては、必然であったのかも知れない。

第五節　「平等な市民」概念の歴史的現実

人間は平等ではない

現代の感覚では、「デモクラシー」の提唱者は国民すべてが平等であるということを前提に民主的な政治運営を始めたと単純に考えているが、前にも指摘したように、それは、近代民主主義社会の理念的前提でしかなく、デモクラシーの誕生期においては、議会主義とは単に主観的に平等と認識している多数で決める多数決制度に過ぎないものであった。つまり、この「平等認識」は理念的なものではなく、感性的なものでしかなかったのだ。先に述べたように、フランスの三部会には各個人が一票を持つような「個人の平等」概念はなかったし、現代のミャンマー総選挙においても、軍が四分の一の議席を指定できる制度であり、投票権は平等ではない。一票の格差の是正にブレーキをかける自民党も同列であるが、このあたりを歴史的にもう少し見ておこう。

プラトンは、『国家』においては、哲人政治を理想とする論を展開してるのは有名であるが、私が高校世界史の授業でこの話を始めて聞いた時、先生は、「現代からはかけ離れたおかしい議論ですね」という雰囲気で話された。しかし、私は「もし、『哲人がいる』ということが真実であるとすれば、理想的な政治形態ではないか」と反論したくなった記憶がある。もちろん、この命題は、前提が偽であるので、論理学的には偽の命題ではあるのだが。

第二節では、アリストクラシーとデモクラシーの対比で人間には優秀な人とそうでない人がいるということを当然とする考え方の上での「デモクラシー（多数決政治）」を問題にしておいたが、プラトンの考えは、（現代人から見れば）もっと過激なようである。そのことを、デイヴィッド・ジョンストンの『正義はどう論じられてきたか』で見ておこう。彼は、この本の前半で、昔の人々が「平等な人間観」を持っていなかったことを紹介するとともに、それでも、人間の間の「正義」について論じられていたことを考察している。

私が彼の本を引用する理由は、この本における「正義」の考察は、本書における「平等競争」に関する考察と相通じるところがあるからである。なぜなら、筆者の文脈で言うと、「あいつは好敵手だ。競争しよう」という相手に対する心構えが相手への敬意を発生させ、そのような競争のみがなすべきことであり「正義にかなう行動である」と考えるからだ。そのことを少しだけ片隅に置いておいて、まずは、彼が引用しているハムラビ法典を見てみよう（p15）。

一九六：もし人が自由民である人の目を損なったとすれば、彼らは彼の目を損なわなければならない。
一九七：もし彼が〔自由民である〕人の骨を折るとすれば、彼らは彼の骨を折らなければならない。
一九八：もし彼が賤民の目を損なうか賤民の骨を折るとすれば、彼は銀一マナを支払わなければならない。

これが当時の「正義」であるとすれば、少なくとも平等的正義は存在していない。彼は、これを「相互性」という言葉で以下のように表現している。

それゆえ、相互性の観念はこれらすべての古代の正義の構想において中心的な役割を演じているようにみえる。事実、諸々の異文化比較研究が示唆するところでは、知られているすべての社会が相互性に妥当する価値にかなりの重きを置いている。そのため、われわれが期待すべきは、現実の世界における諸々の慣行に密接につなぎ留められているほとんどありとあらゆる正義の構想に組み込まれているこの観念を見出すことである。人々には受けた利益〔恩恵 benefit〕に報いる〔reciprpocate〕という一般的な義務があるという主張を、複数の世紀をまたぐ多くの哲学者たちが裏書きしてきた。ローマの哲学者キケロは「親切に対してお返しするという義務以上に不可欠の義務はなく、〔……〕どんな人も利益を忘れる者を信用しない」ということを示唆している。二十世紀の初め頃に書かれた『道徳思想の起源と展開』のなかで、エドワード・ウェスターマークは「利益をお返しすること、ないし利益を授けてくれる人に感謝することは、少なくともある種の状況下では、おそらくはいたるところで義務とみなされている」と論じた。事実、一貫して正義の役割とみなされ、普遍的な道徳条項として広く尊重されるものとみなされるような考え方としては、相互性の観念以上のものは存在しない（p31-32）。

平等よりも相互性が人間関係の原点

右の文は、いつの時代も、平等な世界であるかどうかに関係なく、お互いの立場を踏まえた「相互性にかなうかどうか」が正義の判断基準になっていることを指摘している。近代世界は、たまたま、法治主義と「人間はすべて平等である」という理念の元に生活空間が作られているので、「平等な人間の相互性」に基づいて遵法行為であるかどうかを考えることが、正義の判断基準になっているのだ。そのため、相互性に基づけば死刑は有効であり、死刑廃止の議論は、この相互性を否定するための議論が必要とされると考えることができる。

どの時代でも相互性は正義のもとであり、上に記したように、身分が違う階級間においても、それに見合う相互性は大切であり、その作法が正義と道徳的行為の源であった。

それでは、平等理念がない時代の生活と政治はどのような理念で行われていたのであろうか。デモクラシー発祥のギリシャを見てみよう。

ジョンストンは、プラトンの『国家』をひもときながら、以下のように記述している。

ソクラテスの最初の一手は、個々人の正義と都市全体の正義とを区別し、まず後者を探求することである。彼が想定するところでは、「より小さな」個人と「より大きな」都市には類似性があり、そのため、後者の正義の探求は結局のところ個人における正義の問いに答えることにつながる。彼の第二の一手は都市の始まりを仮説的に再現することである。ここでは、こうすることによって、(思考実験において「観察」できるように)正義と不正義が生じてくる様子を観察できるだろうと想定されている。

続いてソクラテスは、人間の必要を満たすべく設計された都市の構成要素を記述する。初期段階の都市には、農民と大工、織工と靴職人、貿易商、小売商人、そして労働者がいる。グラウコン(引用者注:プラトンの兄で対話の聞き手)は、この都市は健全ではあるけれども構成員に対して生活に最低限必要なものしか提供していないと指摘する。そこでソクラテスは、探求の幅を押し広げ、彼の都市(これは通常「豚の都市」として言及されるものである)を、猟師、芸術家、詩人、使用人、そして医者といった人々を含むところまで拡大する。拡大した都市は初期段階の都市よりも広大な土地を必要とするだろうから、この贅沢な都市はまた、戦士 ‖「守護者」‖ を必要とするだろう。彼らの役目は、領土を獲得、保持し、そして都市を侵略者から防衛することである。最後に、守護者が受けるべき訓練と教育 ‖ 肉体のための身体的訓練と魂のための音楽と詩(376e) ‖ についての広範な議論の後で、ソクラテスは、完成した都市は、さらにもう一つ別の階級に属する人々が、すなわち支配者として職務を遂行する人々が必要だろうと結論づける。これらの人々は、都市の善に対する献身に基づいて守護者の階級から選抜される（412d–e）。彼らは、数学やその他の科目に関して追加的な教育を受けなければならず、そのような教育は哲学の訓練で頂点に達する。それゆえ、カリポリス ＝ 私たちが生成を目の当たりにしてきたこの理想都市 ＝ は、究極的には三つの主要な階級を含むことになる。第一の階級は支配グループを構成している。このグループに属する人々は、ひときわ優れたかたちで、都市の利益に献身し、さらなる訓練、とりわけ哲学における訓練にも応じる。これらは、少なくともカリポリスの仮説的プロジェクトにおいては、もっとも十全かつ真の意味での支配に要求されるとソクラテスが信じるものである。この階級は、適切な意味での守護神、あるいは哲学者―守護者から構成される。戦士階級である。彼らの役目は都市のために戦うことである。彼らを「守護者」と呼んだ後で、ソクラテスは、彼らを第一の階級の構成員からは別するために「補助者」（414b,434c）という名称を採用する。第三の階級は、農民、職人、商人、賃金労働者からなり、彼らは都市の構成員に生活必需品を提供する。ソクラテスは、このような人々を商業的な、あるいは金儲けに携わる階級と呼んでいる（434c）。

この議論の最初の方でソクラテスは、異なる人間は、都市における正義の探求に関連のある仕方で、異なる適性を持って生まれてくると述べる。（p47–48）

その後、プラトンは、ソクラテスに「そもそも各人はあらゆる点で同類と同じように生まれてくるわけではなく、自然的資質において異なっている」と言わしめているが、ジョンストンは、プラトンの分業観は、アダム・スミスの時代以来、ほとんどの経済学者が市場原理を前提に支持している「自然的自由の仕組み」による分業観ではなく、「人々は劇的に、また、不変的に異なる素質を持って生まれてくる」という人間観による分業の奨励であったと考えている（p49）。そのため、都市における

「正義」は、個々の市民に自分が持って生まれた素質を錬磨するように強制することであるとし、個々の人間の「正義」は与えられた身分の役割を節度を持って遂行することにあるとした。

平等でない人間で構成された国家の統治方法

ソクラテスは、理想的な都市は、知恵と勇気と節度と正義を実現しており、「知恵」は、都市の守護者である「哲学者＝支配者」が実現し、「勇気」は補助者階級である戦士が実現するとした。一方、人はすべて欲求を持っているとして、支配者の欲求は知性と調和した節度ある欲求であるが、「一般大衆の欲求は高貴な少数者の欲求と知恵によって抑制される」としていることから、「節制」の徳が一般大衆によって維持されれば、都市は正常に機能し、これによって第四の徳である「正義」も実行されるようになる。

都市国家をこのように考えると、哲人が支配する国家が理想国家であることがわかる。ジョンストンは、以下のように述べている。

> 理想的に正しい都市は調和的に秩序づけられた全体のなかにある三つの階級から構成され、そこでは、多数者の欲望は少数者（哲学者）の知恵によって抑制される。結局こうした主張は、プラトンの時代のギリシア人たちに馴染み深かった、政治集団の主要形態に対する鋭い批判になる。前五世紀の間に、アテナイはギリシア世界で支配的な商業勢力となり、民主的諸制度を試す一種の実験場となった。第三階級（農民、職工、商人、賃金労働者）に関する『国家』の記述がプラトンの若かりし時代におけるアテナイ人の生の現実に確固とした根を持っていることを見てとるのに、それほどの想像力は要求されない。プラトンは、生産や商取引にも、（おそらくは）賃金労働にさえ反対しなかった。しかし彼

は、このような活動に捧げられた生を営み、さらにそのような職業を促す欲求に魂を導かれている人々が実権を持つ政体には確かに反対していた。同様に、戦士や「補助者」階級に関するプラトンの議論は、『国家』での対話が設定されている時代にアテナイおよびその同盟都市と戦争状態にあった、スパルタの軍事政体へのほのめかしに満ちている。スパルタ的な価値とエートスに対するプラトンの評価はアテナイの民主的価値に対する彼の見解よりも好意的であるけれども、『国家』は、スパルタの政体もまた彼が思い描いた正しい都市にはほど遠いということも明らかにしている（p54–55）。

つまり、国民は平等ではなく、多数を構成する第三階級にも参加を認める民主制政治（デモクラシー）は、欲望の塊の人間が治める制度であるから、好ましくないとプラトンは考えていたことになる。ジョンストンは、アリストテレスも同様であり、「人々は自然的本性的な能力の点で劇的に分かれているため、支配する、あるいは支配に参加する資質を持っている者もいれば、支配されることだけが適している者 ＝ 人類の大部分を構成する者 ＝ もいると信じていた」と書いている（p65）。アリストテレスの配分的正義の考え方では、二人の間が不平等であるならば、その不平等に比例した配分が正義ということになる。実際、もし建築家が靴職人の二倍の価値があるとすると、靴職人に引き渡す家の二倍の値打ちのある靴を靴職人から受け取る権利がある、と例示している（p76）。

すべての人間の平等概念は遅れて現れる

以上の考察は、近代デモクラシーの指導原理である「平等な人々全員が関与する政治」は少なくともギリシャ時代にはなかったことを意味している。さらに、民主主義は、フランス革命における人権宣言に発していると考えられているが、「すべての市民は、法律の前に平等であるから、その能力にしたがって、かつ、その徳行と才能以外の差別なしに、等しく、すべての位階、地位および公職に就くことができる。」という第六条の表現（http://tamutamu2011.kuronowish.com/furannsujinnkennsenngenn.htm）に着目すると、徳行や才能に違いがあれば平等に扱わなくてもよいとも解釈できる。実際、近代初期にデモクラシーを担った政治家の間にも、次節で紹介するように、人種偏見や能力の劣ると考えられる者への敵意を読み取ることができ、「人間は皆平等」という理念が骨肉化するのは、ずっと後のことのように思われる。

　また、ジョンストンは、正義の概念がバビロニア人はバビロニア人同士の関係だけに、ギリシャ人はギリシャ人同士の関係にだけ適用すると考えており（p94）、アリストテレスも、正義の観念が政治的共同体の垣根を越えて呼び起こされうるとはしていたが、正義の考えを非ギリシャ人（異国人）との関係にも適用すべきであると考えていた根拠はない、としている（p97–98）。このことから、ギリシャ時代のデモクラシー支持者も、正義の観念同様に、他国の状況は無視して考えていたと思われる。そうすると、他者を尊重して行うルールに基づく競争も、ルールが通用する一国内でのみで意味がある活動ということになる。この「国内でのみ通用するルール」という問題は国際経済におけるルールと関連させて後ほど再度問題にするが、この指摘は、ギリシャ以後のどこかの時代で「人間は皆平等である」という理念が生まれたことを意味している。

　実際、次節で扱うトクヴィルも、アメリカとフランスを比較して、以下のように述べている。

> 犯罪者を捕らえるのが極端に難しかった中世には、たまたま逮捕者が出ると、裁判官は不運な犯人に苛酷な刑罰を科するのがしばしばであった。しかし、だからといって罪人の数は減らなかった。後になって、裁判をより確実で穏やかにすれば、効果が一層あがることが分かった。

アメリカ人もイギリス人も、恣意《しい》や暴政を窃盗と同じに扱うべきだと考えている。すなわち、告発を容易にして、刑罰は軽くするのである。

フランスの共和暦八年に公布された軍法の第七五条には、次の規定が含まれている。「大臣を除き、政府の吏員は国務院《コンセイユ・デタ》の決定によらない限り、その職務に関して訴追されえない。国務院の決定のあるときは、訴追は通常裁判所に対してなされる。」

共和暦八年の憲法は過去のものとなったが、この条文は別で、その後も残った。いまなお、市民の正当な要求に対してこの条文が盾に取られている。

私はこの第七五条の意味をアメリカ人やイギリス人に理解させようとしたことが何度かあるが、納得させることはいつも難しかった（『アメリカのデモクラシー　第一巻・上』、p168－169）。

つまり、フランスでは役人と市民は平等ではなく役人は相互性において特権を持っていたのである。さらに、前節で紹介したように、吉野作造もまた、民度が低い場合の全員参加民主制への危惧を表明していたので、近代デモクラシーの誕生と深化は、注意深く見ていく必要がある。

第六節　近代デモクラシーとそれを支える平等な市民

「みんなで決めましょう」の『みんな』とは誰か

そのデモクラシーを体現すべくアメリカに渡ったヨーロッパ人が、自由の天地でどのようにふるまっていたかを、つぶさに見ていくことにしよう。なぜなら、最先端の民主主義国であるアメリカで最後まで黒人差別が残っていた理由を探す必要があるからである。

その時参考になるのが、アメリカをつぶさに観察したフランス人トクヴィルの書物『アメリカのデモクラシー』である。ただし、原文を読むのは骨が折れるので、レオ・ダムロッシュが著した『トクヴィルが見たアメリカ』も参照して議論していきたい。

トクヴィルが、アメリカでは召使いも一緒に食事しなければならない習慣について尋ねた時、リヴィングストンは「誰に対しても握手をするという習慣は、定型化したエチケットにすぎない。まさしくほかのどの国とも同じで、われわれは＝自負はもつけど権力はもたない絶えず変転するこの貴族制にもし名前を付けうるとすれば＝、お金の貴族制をもっている」と答えているが、これを受けてトクヴィルは、「生まれつき二人のどちらかが下位にあるわけではない。契約の結果一時的にそうなるにすぎない。……事物の通常の秩序に基礎をおく世論が彼らを共通の水準に近づけ、彼らの境遇が実際にもつ不平等にもかかわらず、一種の想像上の平等を彼らのあいだにつくり出す」と表現している（p52-53）。初期のデモクラシー実践者は、建前としての「理想上の平等」をかざしながら民主国家運営を行っていたのではないだろうか。

しかし、黒人差別の存在は別問題と映ったようだ。その差別待遇は徐々に厳しくなっていったようで、ダムロッシュは、以下のように記述している。

一八二五年の送別旅行のあいだ、ラ・ファイエットは偏見の増大に驚き、独立革命期には黒人と白人の兵士が当然のようにして一緒に食事をしたことを思い出した。トクヴィルはフランスに戻り、人種関係に関する〔『デモクラシー』の〕重要な章に取り組みながら、こう一般化することができた。「奴隷制がなくなるにしたがって白人は人種が混淆するのを恐れ、より軽蔑的になった。法はそれほど厳しくないが、それだけ憎悪は大きい」（p54）。

これだけを見ても、デモクラシーの本質が「我々みんなで決めましょう」というルールに基づく政治ではあるが、その「みんな」が何を意味するかは状況によって異なることがわかるだろう。トクヴィルは以下のように述べている。

移住者、というよりいみじくも自ら巡礼者（ピルグリム）と称するこの人々は、信奉する原理の厳しさによって清教徒の名を得たイングランドの教派に属していた。ピューリタニズムは単なる宗教上の教義にとどまらず、いくつかの点で、もっとも絶対的な民主的共和的思想と混然一体となっていた。彼らにとってこのうえなく危険な敵が生じたのはこのためである。母国の政府に迫害され、信奉する原理の厳格な実践を周囲の社会習慣に妨げられて、清教徒は独自の生き方が許され、自由に神を礼拝することのできる未開、未踏の地を求めたのである（第一巻・上、p55）。

彼らは、このような共和的民主的思想を持っていたにもかかわらず、当初の州憲法において、投票権を全州民に与えた州はなかったようである。このあたりの事情も見ておこう。

私は先に、人民主権原理がアメリカのイギリス系植民地の大部分で当初から起動原理となっていたと述べた。

しかしながらこの原理が、今日と同じように社会の統治に圧倒的な力をふるっていたとはとうてい言えない。

外と内に二つの障害があって、人民主権原理の進出を遅らせていた。

植民地は依然として本国への従属を強いられていたから、この原理が法律に公然と謳《うた》われることはありえなかった。そのためそれは地方の諸集会、とくに自治体《タウン》の中に身を隠すことになった。そしてそこで秘かに拡大した（第一巻・上、p90）。

つまり、独立以前のアメリカは英国植民地であったので、建前上は王国の一部であり、デモクラシー制度は個々の自治体でひそかに実践され、根付いていったということである。しかし、初期には、市民は皆平等という「人民主権原理」の認識は成立していなかったようである。

当時のアメリカ社会には、人民主権原理をそのすべての帰結にわたって採用する準備は備わっていなかった。前章に示したように、ニュー・イングランドでは学識が、ハドソン河以南では富が、長い間ある種の貴族的な影響力をふるっており、そのため社会の諸力の行使は少数の人間の手に限られる傾向があった。公務員をすべて選挙で選び、国民がみな有権者であるというには、なお程遠かった。選挙権はどこでも一定の範囲に限定され、納税資格の条件があった。この条件は北部では非常に軽く、南部ではより重かった。

アメリカ革命が勃発した。人民主権の教義は自治体を出て政府を奪い、あらゆる階級がこの大義のために身を投げ出した。人はその名のために戦い、その名において勝利した。人民主権が法の上の法となったのである。

【中略】

メリーランドは大領主の手で建設されたが、この州が最初に普通選挙制を立言し、政治全体にもっとも民主的な手続きを導入した。

国民が選挙権の納税条件に一度手をつけると、遅速の差はあれ、いずれはこれを完全に撤廃してしまうであろうと予測できる。これは人間社会を支配するもっとも不変の法則の一つである。選挙権の制限を緩《ゆる》めれば緩めるほど、さらにまたこれを緩和する必要が感じられる。なぜなら新たな譲歩を重ねるたびに、デモクラシーの力は増大し、その要求は新たな力とともに拡大するからである。選挙権の水準以下に残された者の渇望は、それ以上にある者の数が多いほど一層激しくなる。ついには例外が通例となり、譲歩が不断に続けられたあげく、普通選挙に至って初めてその歩みは止まる（第一巻・上、p90–92）。

このように、アメリカでは、普通選挙は実施されたが、初期には、納税額等で投票権の制限があり、黒人の差別や女性への参政権付与はなかなか進まなかった。

英国身分文化の影響

トクヴィルは平等社会アメリカの差別の方が、身分制社会フランスよりも厳しいことを観察しているが、彼はその根源にとして、「イギリス系アメリカ人の法と習慣が示す若干の特異性の理由」という節で母国イギリスの文化の影響を指摘している。

読者はこれまでの叙述から、あまりに一般的、絶対的な結論を引き出してはならない。最初の移住者の社会的地位、宗教、習俗はたしかに彼らの新しい祖国の運命に甚大な影響を及ぼしたであろう。しかしながら、彼らが自分自身のほかにいかなる出発点ももたない社会を建設しえたわけではない。

何人《なんびと》といえども完全に過去から自分を断ち切ることはできまい。清教徒の移住者の場合にも、彼らに固有の観念、慣行に加えて、教育や祖国の民族的伝統から受け継いだ別の慣行、別の観念が意識、無意識のうちに混じっていた。

今日のイギリス系アメリカ人を知り、評価しようとするならば、そこで、清教徒的起源とイギリス的起源とを注意深く区別しなければならない。

合衆国ではときに、周囲のすべてと対照をなす法律や慣習に出会うことがある。そのような法律はアメリカの立法の支配的精神に対立する精神で書かれているように見える。そのような習俗は社会状態の全体に反するように思われる。もしも、イギリス植民地が知られざる闇の時代に建設され、その起源がすでに時間の闇の中に消えてしまっていたならば、この問題は解決がつかなかったであろう。私の考えを理解してもらうために、一つだけ例を引こう。

アメリカの民・刑事法は監獄と保証金制度という二つの手段しか知らない。最初の訴訟行為は被告から保証金を得ることであり、被告がこれを拒否すると、投獄するのである。請求権原の妥当性や量刑が議論されるのはその後である。

明らかにこのような制度は貧乏人に対するものであり、金持ちの利益にしかならない。

貧乏人は民事訴訟でさえ保証金をもっているとは限らず、牢獄で裁判を待つ羽目になったら、強制された無為のためにたちまち困窮に陥《おち》る。逆に金持ちは民事訴訟ではつねに投獄を免れることになる。それどころか、軽罪を犯した場合にも彼は受けるべき罰を容易に免れてしまう。保証金を支払って姿を消してしまうからである。したがって、金持ちにとっては法の科す刑罰はすべて罰金に帰すると言うことができる。このような法律ほど貴族的なものがあるだろうか。

アメリカでは、にもかかわらず、法をつくるのは貧しい人々であり、通常は彼らが社会の最大の便益を受けている。

この現象の説明はイギリスに求めなければならない。先に述べた法律はイギリスのものである。アメリカ人は彼らの法制全体、彼らの思想の総体に反するにもかかわらず、この法律を変更しなかったのである。

一国の民が慣習の次に変えないものは民事法制である。民法に親しむのは法律家、つまり自分に知識があるという理由のゆえに、善悪を問わずこれを今あるままに保つことに利益を有する人間だけである。国民の大部分はほとんどそれを知りもしない。彼らにとって民法の効果は個々の訴訟に見るよりなく、その全体的傾向は理解しがたい。そこで特に考えることなくこれに従うのである。

私は一例を挙げたのである。他の多くの例を示すこともできるであろう。

アメリカ社会の姿は、そうした表現が可能ならば、一つの民主的な層に覆われているが、時としてその下に貴族制の古い色が透けて見える（第一巻・上、p72–74）。

広くとると、民主的共和的思想と（現代では）矛盾する（と直感できる）選挙権の制限をいとも簡単に制度化した裏には、アメリカの民主主義もかつての白豪主義に代表されるような「人種偏見」と「議論を対等に交わせる気高い貴族だけが国を治める」という無意識な国家観をその古層に持っていたのかも知れない。トクヴィルも、ヨーロッパ諸王国と民主国家アメリカを比較して以下のように考察している。

外国人にとっては、アメリカ人の内政上の争いはほとんどすべて、一見、理解しがたく、また子供じみて見える。そのような悩みに真剣に取り組む国民を哀れむべきか、それとも、そんなことにかまけていられるのを羨むべきか分からなくなる。

だが、アメリカの諸党派を支配している隠れた本能を注意深く調べてみれば、その大部分は、自由な社会が生まれて以来、人々を二分してきたあの二つの偉大な党派のどちらかに多少とも結びついていることにたやすく気づく。これらの政党の内に秘めた思想に深く通じるにつれて、その一方は公権力の行使の限定に努め、他方はその拡大に務めていることが分かる。

私は、貴族政と民主政の優劣を競うことがアメリカの政党の公然たる目的だとは決して言わない。そうしたことは隠れた目的でさえないと言ってよい。私が言うのは、あらゆる政党の根底に貴族的な情熱か民主的な情熱のどちらかがあることはたやすく分かり、それらの本能はたとえ人の目につかなくとも、政党の神経や魂を成しているということである（第一巻・下、p18）。

優秀な人材（貴族的人間）が政治を司るべきであるという発想を支持する人々は、どの社会にも一定数いるのかも知れない。現在の日本にも。

それでは、日本人の意識はどうであったろうか。日本の明治期には「四民平等」というスローガンが立てられた。なぜかというと、それまでの日本では、貴族と平民の対立は欧州ほど激しくなかったものの、「分相応」という考えが一般的であったからである。この場合、人間は生まれながらに身分の区別（差別）があり、その身分に従った生き方があるという考えである。そのため、身分間の対立は表立なかったものの、身分を越えて個人が「議論し合う」ということ自体想定されていなかった。行動の判断基準が、独立した個人である自分の考えや望みにあるのではなく、その行動が「世間」に容認されるかどうかであった。そのため、Individudal も Society も、明治期に「個人」「社会」と造語されたわけである。五箇条の御誓文に「万機公論に決すべし」とあるが、その実態はどのようなものであろうか。前に紹介した江戸時代の役人と町民のやりとりも公論なのであろうか。少なくとも平等な人間と人間の間の腰の据わった議論でなかったことは確かであろう。政党の対立がなく、強いていえば、流派の対立しかなかった日本で実りある討論が可能であったのか。自由民権運動等の議論が平等な個人間でなされていたのかどうかについての実情を知りたかったが、私の手に余るので問題提起だけにしてこの節を終わりたい。

第七節　人間はどのような時に相手を平等な他者と認識するか

人間の能力差と神の前の平等

前節で日本人における「個人」の問題を指摘したが、そのことを考えるために、「平等な他者」について考えてみよう。

人間の平等観念の形成について、ジョンストンはキリスト教の影響を指摘し、以下のように述べている。

人間についての新しい、平等主義的な前提の種子を育てていく過程で、キリスト教のイデオロギーはまた、平等と不平等について論じあう際の基礎の変化に寄与した。アリストテレスやその他の多くの古代の著作家たちが、人によってさまざま異なる機能的役割や同等でない責任および特性が配分されるべきだという結論をくだした際、その基礎としたのは、人間の多様に異なる素質についての見方、またとりわけ、人間が相互のために果たすにふさわしい、それぞれ異なる機能だった。これとは対照的に、キリスト教は彼岸的な宗教として、ひとりひとりの人間の神との関係にぴったりと焦点を合わせる。古代の哲学者たちが関心を持ったような人間の素質も、これに照らしてみれば、ほとんどとるに足らないことのように思われる。要するに、キリスト教の思想家たちは、人間が持つ多様に異なる素質から、神の前での人間の潜在的に平等な価値へと、論題を変えることを力説したのである（p109－110）。

つまり、能力のある人とない人は平等ではないというギリシャからの人間観が、キリスト教によって「能力の差はとるに足らず、人間は神の前に平等だ」という平等主義に変わったというわけである。しかしそれでも、キリスト教を信じない人々をも含んだ平等観は、これだけでは形成されないであろう。

神のいない国では平等理念が必要

「広く会議を起こし万機公論に決すべし」という五箇条の御誓文は、近代日本の幕開けであったが、それでは、日本は、明治維新以降、ただちに「人間は皆平等」という民主社会になったのであろうか。島崎藤村の『破壊』で有名なように、日本では、近代化以降も身分差別は残っていた。このことは、「万人は平等であるべき」という理念が声高に叫ばれている社会であっても、それだけでは平等な社会が成立しないことを意味している。

アメリカの奴隷制度も同じである。そこで、トクヴィルを参考に民主主義社会における奴隷制度について考えてみたい。トクヴィルはアメリカの奴隷制について以下のように記述している。

奴隷制は、後に見るように、労働の尊厳を汚《けが》す。それは社会に無為を導入し、それとともに、無知と傲慢、貧困と奢侈《しゃし》を導き入れる。知性の力を低下せしめ、人間の活動力を眠らせる。奴隷制の影響はイギリス的特性と相まって南部の習慣と社会状態を説明するものである。

同じイギリス的下地の上に、北部では正反対の色彩が描かれた。この点についてはいくらか詳細にわたることが許されるであろう。

今日合衆国の社会理論の基礎を成す二、三の重要な観念が形成されたのは、北部のイギリス植民地、ニューイングランドの名でより広く知られている諸州においてであった（p53）。

【中略】

ニュー・イングランド沿岸に定住の地を求めてやってきた移住者は、全員が母国で余裕ある階級に属していた。アメリカの地に集《つど》った彼らの集まりは、初めから、異例の現象を示した。すなわち、その社会には大領主も下層民もなく、貧乏人も金持ちもいないと同然であった。この人々の間には、割合からいえば今日のヨーロッパのどの国民と比べてもはるかに多くの知識が普及していた。おそらく一人の例外もなく、誰もが相当に進んだ教育を受けており、なかには才能と学問によってヨーロッパに知られた人もあった。それ以前の植民地は家族をもたない冒険家によって建設されたが、ニューイングランドの移住者は秩序と道徳の感嘆すべき担い手を伴っていた。彼らは妻子とともにこの荒野にやってきたのである。しかし、なによりも彼らを他のすべての植民者から区別したものは植民の企図そのものであった。困窮が国を捨てさせたのではなかった。彼らは惜しむべき社会的地位と確実な生活手段とを捨ててきたのである。暮らし向きをよくし、富を増やすために新世界に渡ったのでもなかった。彼らは純粋に精神の要請に従うために、懐かしい祖国から自らを断ち切ったのである。亡命の避けがたい苦難に身をさらしても、一つの理念の勝利を欲したのである（p54−55）。

つまり、民主主義社会が成立するためには、「人間は平等であるべきである」という深い社会認識（理念）が必要であり、その認識を国民の大多数が持つことではじめて、人々が平等に扱われる社会ができるということである。そのためには、教育を受けた人々の存在、別の言葉で言うと、民度の成熟が必要となる。これは、前述したような吉野の指摘と同じである。

真に相手を平等に感じる契機は競争

しかし、それだけでいいのだろうか。筆者は、東日本大震災を体験して、以下のように考えるようになった。

東日本大震災で1万円以上寄付した人はかなりいると思われる。しかし、新聞でも指摘されていたが、より大規模なスマトラ沖地震やハイチ地震と比較すると、そもそも、寄付をした人数で大きな差がある。新聞では明言されていなかったが、この事実は、日本人にとって、東北人はスマトラ人やハイチ人よりも上の存在であることを示している。理念的・理性的には、この三者は同じ平等な人間のはずだが、情的には東北人が上の存在だったということである。

さらに、本書でこの指摘を聞いて「この三者は平等であるはずだ」という理念を理性的に理解しても、「そうだその通りだ。遅くなったけど、東日本の時と同額の寄付をしよう」と行動に移す人はまずいないと思われる。実際、私も、このことに気づいても外国への寄付はしていない。この事実は、理性的ではない感性的な平等感が人間の行動を規定するということを示している。

人間の心の働きを「知情意」に分けて考えると、この分析からは、「あいつは平等な人間だから○○してやろう」と意志決定する契機が、認知的な知性的な平等認識ではなく、感情的・感性的な平等認識にあると結論づけることができる。そして、この平等感は「あいつと競争してやろう」という感情体験を通してのみ、はじめて生じるのではないかと考え始めた。

筆者は、前著で、カシミール問題で紛争状態のインドとパキスタンが東京オリンピックのホッケー決勝で対戦し、キャプテン同士が握手して正々堂々と戦ったことを取り上げ、「紛争している両国の代表が握手した」という社会的出来事として（悪くないこととして）公認されるのは、スポーツに社会を変える力がある証拠であるという文脈で議論した。

しかし、右の事実を踏まえると、新聞が讃えるような理念に基づく行動としてのみではなく、『勝負をしよう』と考えることが自然に相手を平等な人間として認めることになる」という理解の仕方も重要ではないかと考えるようになった。この平等感の認知は、理性的な認知ではなく「あいつと戦いたい」という感性的な認知であり、それが、私たちを動かしていることに気づいたのである。

政治活動が選挙法に基づく競争であり、経済活動が商法というルールの元での競争であり、これらの競争の敗者もそれなりの名誉が与えられるとすると、そのような活動を通してのみ平等な社会が成立するのではないかということだ。そして、そのためには、これらの分野での競争がフェアプレイの精神に基づく「正しい競争活動」であることが不可欠である。

ところが、第二節で示したように、日本の国会議論は討論になっていない。安倍首相の国会答弁を聞いていると、ほとんどの質問に直接回答していない。特に貧困対策で顕著である。野党議員が「〇〇の低所得者対策はしないのか」と聞かれると、「△△の対策をしています。これで低所得者の生活は向上します」という答弁がほとんどである。たまには、この形式の答弁の後で、「〇〇の効果は疑問である」という野党案への評価を加えることがあるが、このような答弁では議論が成り立たない。

本来であれば、「私は〇〇の効果に疑問があるのでやりません。そこで、△△の対策を立てました」とあるいは、「〇〇よりも△△の対策の方が効率的であると思うので政府はそれを予算化しました」と答えることで、二つの対策の比較の議論が進むはずである。そこでの真摯な討論があれば、最終的に平行線で終わったとしても快く議論を終えることができる。平行線に終わる可能性があるのは、自然科学と異なり、問題に一つの絶対解があるとは限らないからである。このような議論ができなければ、福澤が観察した、討論の後でノーサイドの精神で親睦を深めることなど不可能だ。議論のはぐらかしでは、「お互いによく議論したな。ご苦労様」という乾杯ができないからからである。

原始社会は平等社会ではなかった

これらの心理的心情的問題を頭に入れておいて、人間の平等について再度考えてみたい。

民主主義を語る場合、『人間不平等起源論』という本があり、マルクス主義では人間の歴史進化のはじめに原始共産主義が仮定されているように、人間はもともと平等であったということから議論を始めることが当然のことのように思われているが、これは本当の事実なのだろうか。

たとえば、人間の原始時代に近い猿の社会はボスザルが君臨している。また、原始社会を家族単位と考えると、家族の成員は平等ではなかったはずだ。もちろん、民本主義が理想的に行われている社会のように、個々の原始人は構成員全体のことを考えて行動していたと思われるが、絶対に平等ではなかった。父性社会では父親が、母性社会では母親が権力者であったはずである。

次に家族がいくつか集まって集団を作って生活する場合を考えてみると、やはり猿山のようにボスがいたはずである。集団で狩りをしたり外敵から集団全体を守ったりするためにはその方が好都合だったと思われるからである。

万が一、ボスがいない平等な社会があったとしても、そこでの平等は、家族の長の間の平等であり、配偶者も含めた全構成員の平等はなかったはずだ。もう少し拡大しても、父性社会では成人男子、母性社会では成人女子のみが平等に扱われていたはずである。このような社会では、新しいことを決めようとすると「全員」の話し合いで決めることになる。ただし、家長全員が平等の条件で意見を言い合って決めるので、デモクラシーは成立しているが、すべての成人が平等に参政権を持つ民主主義的平等社会ではない。

このような時代を越えると、近代以前のすべての時代は身分制社会ということになる。日本においても、縄文時代までは小集団で身分制のない社会と考えられていたが、三内丸山遺跡の発見以降、縄文時代にすでに、少なくともリーダーは存在していたようである。そうなった身分制社会で、「平等な立場」はどのように理解されていたのであろうか。プラトンの『国家』に出てくる三身分間は不平等であるが、それでは、当時の同じ身分の間に平等観は存在したのであろうか。プラトンは、ソクラテスに以下のように言わしめている。

> ぼくたちは靴職人が同時に農民や織工や大工になろうとすることを許さなかった。それは、靴作りの仕事がうまくなされるためだ。そして、ぼくたちは、他のすべての働き手たちにも同様に、各々に一つの仕事を割り当てた。その仕事は、彼に自然本性的に適合したものであり、もし彼が他の営みに背を向け、全生涯にわたって時宜を逸することなく打ち込むならば、成功裏に成し遂げるだろうものだ（『正義はどう論じられてきたか』p49：374b–c）。

ここでは、第三階級である欲望にとらわれやすい資質を持つ商工業者や農業者は自分の仕事を誠実にやることだけが取り柄であり、それをまじめに遂行する人々で満たされた社会が最も理想的な社会だと述べられているのだ。

前近代社会での平等とは

それでは、そのような身分の靴屋と大工は平等な人間だったのであろうか。右の考えが正しく、第三階級の靴屋や大工が「自ら与えられた天職を誠実に尽くす」状態であったとして、それで彼らが平等の立場にいたと言えるであろうか。当時のギリシャの高貴な人々（為政者）には、「人間の平等」のような発想はなかったであろうし、そもそも、現代流の「人権尊重」というという観念もなかったものと思われるからである。

「あの人はかわいそうだから○○をしてあげよう」「あの人は私の支配下の人間だから○○をしてあげよう」という発想はあったとしても、「あの人は同じ人間だから○○をしてあげよう」という発想はなかったのではないだろうか。

そうすると、この節のはじめの方に、東日本大震災の体験を通して、実際の行動を発動するための「同じ人間だから」という理屈が、「すべての人間は同じ人権を持っているから」というような観念的発想ではなく、情念的平等観が重要であることを示したが、この感情はどのように生成されるのであろうか。

もちろん、ギリシャ時代の靴屋は隣の大工に憐憫の情を持っており、困っている時は手をかしたと思われるが、それは、「平等な他者」ではなく「隣の隣人」だったからであろう。これは、家族の誰かが怪我や病気になった時の手助けと同じである。前にも述べたように、家族の構成員間は平等関係ではなかったけれども心理的には助け合うことを当然と考える関係であった。

その意味では、東日本大震災において、被災者の名前を聞いて誰も直接知らない人にとっても、災難は対岸の火事であったはずだ。私もその一人だが、幸い（？）友人や教え子の親戚が被災したのでかなり身近な災難として感情的にも「何かしなくては！」と思えた。

私は、「何万人も被災した災害だから何かしなくては」という理性的な認知の他に、感性的な認知が働き、直接募金活動も行うことができた。しかしながら、その十倍の犠牲者が出たハイチ地震においては、感性的な認知が働かず、街頭募金にも出会わず、一銭も寄付しなかったように記憶している。ただし、同じ時期の和歌山の水害については、たまたま出張で和歌山駅に降り立った時に募金活動をしていたので、寄付することができた。

同じ事をギリシャで考えてみよう。当時は通信手段が限られており、情報自体が少なかったと思われるので、隣村で火事が発生した時の靴屋の職人だとして、その心の動きを想像してみよう。隣村の火事で靴屋が全焼したとしたら、かなり気にして、寄付を考えたり、いらなくなった工具を届けようとしたりするかも知れない。でも、それが大工の家であったら、その気持ちはより小さいであろう。

その理由は、「いらなくなった工具があるから」というような具体的理由というよりも、「同業者だから」という理由が大きいのではないだろうか。理性的に考えれば、競争相手が一人いなくなるのだから仕事に好都合であるはずなのに……。

第一章 第二節で登山の競争的側面を指摘したことを思い出していただければ納得してもらえると思うが、これが、前にも触れたように、好敵手と認知することのみが、実感としての平等観を獲得する手段だと考える理由である。

もし、この靴屋が隣村の靴屋と競争していて、政府が「一週間にたくさん作った方の靴屋に専売権を与える」と決めていたのであれば、このような感情は起きないであろう。負けた場合に仕事がなくなることになるので、この状態は第一部で述べた争いの状態であり、競い合い（競争）の状態ではないからである。

大河ドラマ「真田丸」を見ていると、戦国武将が生き残り策を駆使して戦っており、彼らは「覇権争い」という意味では対等の立場であるが、平等ではない。平等とは仏教由来の言葉で、「物事のあり方が真理の立場から見ればすべて同一であること」であるようだが、現代的意味での「平等」は、日本国憲法における「法の下に平等」の意味で、「人種、信条、性別、社会的身分又は門地により、政治的、経済的又は社会的関係において、差別されない」状態をいう。その意味では、戦国武将の間も差別はなかったが、平等ではない。それは、差別する主体がなかったからである。法律等、何らかのルール下でのみ、平等・不平等が問題となるのである。つまり、争いではなくルールに基づく競い合い（競争）がある状態でのみ、平等が意味を持つのである。

「平等な他者」を「習慣的秩序」として定着させるものは

保守の論客、佐伯啓思は最近の朝日新聞「（異論のススメ）保守とは何か」で以下の指摘をしている（2016.10.7）。

> イギリスの政治家であったエドマンド・バークが保守思想の父と呼ばれるのは、彼が、フランス革命が掲げた革命的な社会変革や人権などの抽象的理念の普遍性を批判したからである。改革は漸進的で、その社会の歴史的構造に即したものでなければならない、と彼は述べた。なぜならば、人間は既存の権威を全面的に否定して、白紙の上にまったく新しい秩序をうみだすことなどできないからである。人間の理性的能力には限界がある。それを補うものは、歴史のなかで作り上げられた慣習的秩序や伝統の尊重である、という。これが本来の保守であり、今でもイギリスに強く根を張っている。

波線は筆者の追加であるが、習慣的秩序と伝統は同語反復である。右で筆者が議論してきた文脈と関連づけると、「平等な他者」というものが「習慣的秩序」として定着するのは平等競争を通してのみであり、そのためには、ルールに基づいた平等競争が担保される必要がある。佐伯が言うように、人間の理性的能力には限界があるので、改革が漸進的で、その社会の歴史的構造に即したものでなければならないとすると、世界全体であらゆる分野での平等的競争が担保されるまでは全人類が本当に平等であると認識できないことになり、世界平和は完成しないことになる。人間が理念に基づいてのみ行動するわけではないことを認識しておくことは、理想的にではなく、現実的に民主主義を考える上で重要な心構えである。

第八節　民主主義の現在と理想

民主主義と法

前節までで、民主主義制度の根幹の考察を終わることにする。残された問題は、高齢化し成長が鈍った日本における民主主義政治のこれからをどう展望し、日本をどう導くべきかに関する提言である。

これまでの議論で分かったことは、デモクラシーとは、政治提案競争における参加者間の平等として定義でき、参加者は参加できる環境と参加意志を所有している者にだけ開かれていたということである。政治提案が争いでなく競争であるということは、ルールがあるということだ。それを普通は法治国家という。明治期の日本においては、選挙権が税金納付額によって差別されていたが、選挙権のある人々の政策提案は決議方法のルールによって決められていたので、法治国家ではあった。それが、吉野が日本は民本主義の国と主張できた理由である。

そして、民主主義とは、その政策提案競争の参加者を国民全員にしようという理念に基づく制度であり、それは、常に衆愚政治に陥る危険がある制度でもあったということである。民主的なワイマール憲法からヒットラーが誕生したことが典型例である。近代社会のエリートである近代デモクラシーの主導者たちは、常にその危険を感じていたために、選挙権の拡大に慎重であった。

このことを頭の片隅に起きながら、政策提案競争が戦争から選挙に替わった理由を少し単純化して考えてみよう。歴史的に見ると、変化の理由は神話の崩壊である。為政者はすべてを知っているという前提で、政策を決定していた。神のお告げによる支配が好例である。ニュートンが自然科学を研究した動機も「神の作りたもうた自然は如何に巧妙であるかを理解したい」であり、この頃までは、国の歴史は必然であり、為政者の命令は絶対であった。しかし、その後の自然科学の発達は神の領域を侵食し、特に、ヨーロッパでは神と国王の分離もあり、国王の決定が絶対善として捉えられなくなり、政策の決定に他の人々も参加する制度が定着し、デモクラシー（多くの人々で政策を決定する制度）への道筋がつけられた。

前に述べたように、その「政策決定方法」は法律として徐々に整えられてくるので、法律とは何か（法学）をきちんと考える必要がある。なぜなら、政治が神の支配から人民の支配になるということは、人民が政治を支配するためのルールである法律の本質を理解しなければいけないからである。

シュミットはその意味を「主権概念の社会学」として考察し、『政治神学』という本を出版した。彼の理論は難しいので、仲正昌樹の『カール・シュミット入門講義』を参考に考えていきたい。彼は、『政治神学』の「主権概念の社会学にとっては、法律学的概念の社会学一般についての理解が不可欠の前提である。かの神学的概念と法律学的概念の体系的類似は、法律学的概念の社会学が首尾一貫した根本的なイデオロギーを前提とするものであるからこそ、ここで強調する必要がある」という文章を引用して、そういう社会学的研究をする場合、「法学」自体が「首尾一貫した根本的なイデオロギー」を前提としているが、その際に、神学と法学が類似していることを視野に入れざるを得ないと述べている（p257）。

さらに、シュミットの以下の文章を引用し、「形而上学的概念と法学的概念の関係を探ることが、『主権概念の社会学』の主要課題になります。言い換えると、『主権』概念を核とする法学的概念は、形而上学的概念と歴史的・政治的現実を媒介しているわけです。この対応関係があるからこそ、神が消滅したアナーキーな時代に民主主義が適していたように、デカルト的な神観の時代には君主制が適していたと言えるわけです」と述べている（p263）。

たとえば、一七世紀の君主政が、デカルト流の神の概念に「投影された」現実である、というばあい、それは、主権概念の社会学ではない。むしろ、君主政の歴史的・政治的存立が、西ヨーロッパの人間の当時の総体的な意識状況に対応していたこと、そして、歴史的・政治的現実の法律学的形態化が、形而上学的概念と合致する構造をもつ、ひとつの概念を発見しえたこと、を示すのが、かの時期の主権概念の社会学に属するのである。これによって君主政は、当時の意識にとって、のちの時期にとっての民主政がもちえたのと同じ明証性を獲得したことになる（仲正著、p262）。

つまり、神（国王）が主権者であった時代には「主権者」という概念も存在せず「法」は補助的な権威を持つに過ぎず、君主の決定は絶対的真であった。ところが、国民が主権者となると、「法に基づく支配」が最終決定とならざるを得ず、以前のような絶対的真である保障はなくなる。そこで、主権者を形而上学的概念として理解せざるを得ず、「法に基づく政治」という了解が国民の間で必要とされる。

「神が消滅したアナーキーの時代」とは、「紛う方なき真実が信じられない時代」という意味である。ソ連崩壊で証明された（と考えていた）民主主義政治と自由経済に対する信頼がリーマンショックや中東の情勢不安で揺らいできた現代は、まさしく正しい政治選択はこれだということが確信できない時代である。したがって、多数決で決めた先進国の国是としての政策も、議会の競争ルールによってとりあえず決められた仮の決定に過ぎないことは明らかである。政治競争の勝者は、政権獲得という栄光には浴するかも知れないが、スポーツと違って、勝者の政策実行は、勝者にも敗者にも影響がある。議会の討論がフェアプレイであれば、その政策が失敗であっても、国内的には敗者も一応は納得できるであろうが、日本の国会議論のようにフェアプレイによる討論なしに決定された政策が失敗に終わると、国内の調和も危機的状況になるであろう。

仲正の言う「アナーキーな時代」にとりあえずの解決策として、無意識的に民主主義制度が導入されたのであり、その意味を理念的に理解するだけでは真の解決にはならない。常に民主主義を意図的に実践していないと、こぐのを止めた自転車のように転倒してしまう。

ルール（法）の国際的適用の限界

政治的経済的混乱が生じると、シュミットが指摘する例外状態が生じる。その時、君主制では君主が全権を掌握して対処した（現代のタイもそれに近い）が、民主主義国では、誰が全権を握るのであろうか。その意味で、安倍首相の有事法制に関する問題提起はもっともである。問題は、彼の提案がこれまで培ってきた民主主義的政治運営の延長線上にあるかどうかである。

ここで、スポーツに例をとってみよう。スポーツは競争ルールが明確にされていて、万国共通という意味では、政治や経済のルール以上に国際化された分野である。国際組織（国際スポーツ競技連盟）も、国際連合よりも数段民主的な制度である。にもかかわらず、その組織の運営には問題が指摘できる。

ワールドカップの開催地選びの問題が一例である。最近では開催決定に関する賄賂の問題がクローズアップされているが、ここで問題にしたいのは開催決定のルールである。二〇〇二年の日韓W杯の開催にあたっては、マスコミでは本格的には議論されていない大問題がある。サッカーのルールが試合中に変更されることはないが、FIFA（国際サッカー連盟）は、開催決定のルールを開催場所の選定競争中に変更してしまったのだ。

一国開催に限るという条件で開催候補地を募集したにもかかわらず、FIFAは、日本に韓国との共同開催を打診してきたのである。一時はマスコミで大問題となり、ルール違反だから断固拒否すべきであるという意見もあったが、両国共催を韓国は受け入れており、日本が拒否すると韓国開催になるという憶測から、日本は共催を渋々受け入れた。マスコミによると、韓国の代表が根回しをしたように報道されているが、明らかに、民主主義的な連盟運営ではない。このあたりに、理事買収の原点があるのかも知れない。

日本のスポーツを取り巻く状況について、第四章第三節では、「スポーツの競技場面ではルールに基づいた競争が行われていても、スポーツ競技の進行に関しては、民主主義の運営指針である『ルールに基づいた競争による決定』ではなく『権威に基づいた上意下達的決定』が行われていた」と指摘したが、FIFAのこのルール変更は、この指摘と大同小異である。

日本における国体の開催地決定がこのようなプロセスで行われれば、スポーツ界のみならず、社会全体の問題として弾劾されると思われるが、一国を超えた国際組織の恣意的運営は、それを弾劾する権威が存在しないために、弾劾しようがない。オリンピックの開催地の決定に関しては、関係国が多いので社会的問題となったが、日韓W杯の場合は、フェアな競争であれば勝てたとお思われる日本が半分損しただけであり、他の関係国にとっては利害がほとんどないために大きな問題とならなかったのであろう。政治分野と次章で議論する経済分野でのルール遵守は国をまたぐと大きな限界がある。このことは次章以降で再度考察する。

ルール変更の意味

前著で指摘し、次の経済の説明でも言及するが、スポーツとは、ルールさえ守ればズルをしてでも勝とうとする活動である。たとえば、サッカーでは一時、ファウルを受けたように演じるシミュレーションがはやった時期がある。そうすると試合が面白くなくなるので、シミュレーションは即退場というようにルールが変更された。

同様に、政治のルールも、不都合があれば適宜変更される。不都合には、これまで見逃されてきたものもあれば、社会の変化によって必要になるもの（たとえばネット環境の整備による選挙法改正）もあろう。憲法改正の議論もこのような脈絡の中で理解されるべきであり、単に、「憲法を守れ」というお題目を唱えるのは思考の放棄でしかないだろう。

つまり、民主主義社会に生きる人々には、スポーツ競技の運営のように、ルールを改良しながら生活することが求められていることがわかる。これは、各スポーツ種目のルールが毎年のように改良されて、それによってその種目がより楽しく楽しめるようになっていっていることと対応する。同様に、ルールに抵触しないズルに基づく政治活動も処罰されず、フェアプレイに基づく政治が完全には行われていないのが現実の世界であることにも対応する。

スポーツの場合は面白さの判断基準に個人差が少ないので、ルール変更に大きな反対は起きないが、理想的な政治のあり方に関しては、百家争鳴で判断基準の個人差が大きくしばしば議論が燃え上がるわけだが、ルール改正の手続き枠組みは、スポーツも政治も同じであることを理解すれば、冷静な議論ができると思われる。

たとえば、ブッシュとゴアが争った二〇〇〇年のアメリカ大統領選挙は、まさしく、選挙がスポーツエンターテイメントであることを印象づけた。どちらへの投票か判断が分かれた問題票は、まさしくゲーム感覚的に処理され、どちらかが勝って決着がつけばいいという雰囲気の報道がなされた。特にアメリカからの報道がそういう印象を与えた。

ゴア候補の異議申し立てについて、朝日新聞は「スポーツやゲームで負ける。欲しいものが買ってもらえない。そんな時に理屈やわがままを言っちゃいけない、潔くあきらめなきゃいけないと教えたい。なのに子供の手本になるはずの大統領候補が、駄々っ子みたいにいつまでもいつまでも譲らない」という三八歳の子持ちの母親の意見を紹介している。そして、この特集の最後は「一般投票で三十三万票も上回りながら敗色濃厚なゴア氏に有権者が寄せる同情は少なくない。それでも、記録的な大接戦だった分、ゴア氏の『悪あがき』ぶりは記録に残る。よほど鮮やかな引き際を見せないと、四年後にもう一度挑むチャンスはないかも知れない」と締めくくっている(2000.12.8)。

この現象の意味について、慶応大学の小林良彰教授は「結局、米国にあるのは、『公正中立な人』を仮想して判断をゆだねるよりも、人は皆、自分の立場を持っているのだから、『公正中立なルール』の下で競争させ、勝った者に正義があるという発想である。二十世紀の米国で最も影響力を持った思想家の一人であるジョン・ロールズによれば『Justice as Fainess(公正であることが正義)』である。そこで言う『公正』とは、『一度、決めたルールには従う』ことであり、たとえ今回の米国大統領選出方法に問題があるからと言って、そのルール自体に後から文句をつけることは『正しくない』というのが米国人の考え方である」と解説している（朝日新聞、2000.12.20）。アメリカの大統領選挙は、まさしくスポーツと同じ構造である。

しかるに、毎回のように変わる自民党総裁選は、スポーツ競争と似て非なる談合政治争いでしかない。しかし、この現象が日本のみならず、アメリカでも問題となってた。トランプが選挙における敗北を認めないと発言していたからである。

この問題に対する朝日の記事（2016.10.22）を引用してみよう。

米大統領選の共和党候補トランプ氏（70）は20日、11月8日投開票の選挙結果に疑義があれば、訴訟を起こす可能性を明らかにした。大統領選では、敗者が結果を認め、勝者をたたえる「平和的権力移行」が伝統的。トランプ氏が敗北を認めずに訴訟を起こせば、混乱は必至で、共和党内外から非難の声が上がった。

【中略】

民主党のゴア氏と共和党のブッシュ氏が争った2000年の大統領選は、フロリダ州で投票用紙の再集計をめぐって訴訟になった。この時は投票から約1カ月後、ゴア氏が「敗北を認める」と宣言して収まった。

08年大統領選でオバマ氏に敗れた共和党のマケイン上院議員は20日の声明で「私も結果が気に入らなかったが、敗北を認めることは義務だ。過去、どの選挙でも敗者は勝者をたたえる。それが米国のやり方だ」と批判した。

オバマ大統領も同日、フロリダで講演し、「冗談では済まされない。民主主義を傷つける」と語った。

敗者を讃える民主政治の競技性を実感していただけただろうか。

近代以前の政治における君子の役割を、特に例外事態での君子の役割を集合体である「国民」が担わなければならないのが民主主義政治であることを共有することが、現代に生きる人々に求められていることを、この節では特に強調しておきたい。誰もが納得する理想社会などないのだ。

ただし、国際政治においては、次章で国際経済について分析するように、全世界を統一するルールはなく、「国益尊重」が敗者への配慮を慮ることなく「国益の飽くなき追求」として多くの国の国民に理解されている。国際的政治競争ルールの確立は未だに道半ばである。国際スポーツ大会の開催がルール統一への圧力になるように、かつては、核戦争への恐怖がある程度の圧力となってはいたが、現時点では、政治的国際ルールを作ろう守ろうとする圧力が弱い。その原因の一つが、民主主義国でない中国が大きな力を持っていることと関連するかも知れない。政治経済面における国際的な競争は、後の章で述べる国際的スポーツ競技と同様に、民主主義国間でしか十全に機能しないのである。

さらに、スポーツ界においても、競技の運営面では、この節で紹介した日韓ワールドカップ招致の例のように、必ずしもルールに基づいた競争が全面的に実施されているわけではないことを注意しておこう。国際政治では、スポーツ分野においてもルールが恣意的に変更される場合があるのは、政治的暴力の独占が一国内でしか完結していないからである。

第九節　民主主義・自由主義・社会主義

民主主義と自由主義は対立概念

自由民主党という大政党があるように、自由主義と民主主義が兄弟と認識されている。そして、普通は、米ソ冷戦は共産主義を目指す社会主義大国であるソ連と自由民主主義大国である米国の対決と表現される。しかし、自由主義と民主主義は必ずしも同義語ではない。自由主義は個人の尊重であり、皆がばらばらの意見を持つ自由が保障されることを第一に考える立場であり、機会均等主義の立場と言える。一方、民主主義は人民が皆仲良くなることを第一に考える立場であり、結果均等主義の立場と言える。

このことを考えるために、ナチに加担したと批判されたカール・シュミットを再評価している仲正昌樹が民主主義の限界について、以下のように議論を展開しているので、紹介したい。

彼女（引用者注：シャンタル・ムフ）がシュミットに関心を持つに至った背景として、「自由民主主義」の限界をめぐる問題意識があります。「自由主義」は、個人の価値観を尊重しようとする考え方であり、民主主義はみんなで物事を決定し、みんなでそれに従う仕組みです。みんなの価値観がたまたま一致していればいいですが、大きな国家ではそれは無理です。小さな国家でも、厳密な一致は無理です。最後は、多数決で決めることになるので、少数派の意見は抑圧されることになる。討論した挙げ句に多数決で負けるのなら、まだましなのかもしれません。他の圧倒的多数の人たちのそれからあまりにも価値観・世界観がかけ離れている人たちの意見は、議論の土俵にのせてもらえない可能性の方が高い。議論のために使える時間は有限ですし、私たちの他者理解の能力にも限りがあります。

ムフに言わせれば、「政治」とは、異なった価値観の集団が自らの主張を通そうとして、闘いを繰り広げる闘いのアリーナです。アリーナの広さは有限なので、押し出される人たちもいる。すると、押し出された人たちは、アリーナの形を変え、自分たちが登場できるような設定にしようとします。そのための闘いを仕掛けます。それに対して、別にアリーナの上にいて、民主的討論で、一定の役割を果たしている人たちは、現在の形を守ろうとする。「民主主義」の本質は、そうしたアリーナをめぐる縄張り争いです。ムフは、そうした自らの民主主義観を、「闘技的民主主義 agonistic democracy」と呼んでいます。彼女の視点から見れば、公共的な「討議」を積み重ねることによって、「自由民主主義」が次第に充実し、社会的「正義」についての合意が形成されるとするジョン・ロールズ（一九二一～二〇〇四）やユルゲン・ハーバマス（一九二九～）など、リベラル左派の議論は誤魔化しです。民主主義が「他者」排除の上に成り立っていることを直視していないからです。

肝心なところを誤魔化している（ようにムフには見える）リベラル左派を批判するために、全く逆の立場のシュミットの議論を引き合いに出しているわけです。

【中略】

シュミットは、いくつかの著作で、自由民主主義の制度としての議会制民主主義のことを批判していますが、特に、『現代議会主義の精神史的地位』（一九二三）という著作で体系的な批判を展開しています。現代の議会制民主主義は、価値観が異なり合意が成立しようのない人たちにいつまでも話をさせている。それには、意味がない。民主主義の本質は、そうした無限の話し合いではなくて、支配者と被支配者の「同一性 Identität」であるという議論を展開します。治めている人と治められている人の考えが最初から〝一致〟していれば、議論の必要はないわけです。そこに、個人の価値観の自由を保障する「自由主義」という異質な要素を持ち込んでしまったために、みんなが合意に達するまで議論し続けねばならない、ということになったわけです。

こうした独特の「民主主義」観を、「友／敵」論と重ね合わせると、「友」を結集し、友だけで政治的共同体を創出しよう！という話になりそうですね。「友」になることのできない存在は、「敵」です。「話し合えば分かる」とか言って、無理やり「敵」を「友」の中に入れようとするから、意味のない話し合いを続け、混乱が生じることになる。境界線をはっきりさせるべきである。

ムフは左派なので、境界線を引くことで「敵」を排除するという議論は受け入れないのですが、シュミットの「民主主義」理解は本質をついていると見ています。「民主主義」は、内部／外部の境界線を引くことによって機能するというリアリティに目を向けていることを評価しているわけです。

ポストモダン系の現代思想は、（理性の）内部／外部の境界線に拘り、内部にいる〝私たち〟の視野には入ってこない「他者」をどのように扱うべきかを問題にしてきました。万人に通用する普遍的理性があると想定し、理性的なものを追求すると、〝理性的でないもの〟を放逐することになる。自由民主主義によって、万人の権利を保障しようとすると、自由民主主義という仕組みを脅かす存在を、放逐、抑止することになる。そういう正義のための理性的な線引きによって、かえって見えなくなる「他者」が〝いる〟ことを執拗なまでに問題にしてきました。「友／敵」の境界線をあからさまに強調するシュミットの推論は、「他者」問題の本質を露わにしていると見ることもできる。だから、デリダやムフは、シュミットに注目するわけです（『カール・シュミット入門講義』p24-26）。

ここでは、政策を議論する人々は自分の利益を目当てに行動することを前提としながら、民主主義を「議論によってすべての人々が幸せになるような政策を決定していく制度」と考えると、それが不可能なことを論じている。そこで、以下の思考実験をしてみよう。

民主主義国における国民の横暴

次表に示した一〇人(あるいは一〇家族)の国があるとして、税制度がこのままだとすると、AからFまでの家族のみ子どもへの教育投資が可能なので、年が経るにつれて貧富の差が拡大し、民主主義の名の下に差別が固定化することになる。それを避けるためには、最下段のように税制を変更する必要がある。こうすれば、低所得者もある程度教育競争に参加できるようになる。しかし、各家庭が自分たちの利益を最大にしようとすると、現在の税制を支持する家庭が六軒と過半数なので、個々の家の被選挙者の数が等しいとすると、それもままならない。

この例が示すように、スポーツについて強調してきた「参加の平等」だけでは民主主義の問題が解決しないことが分かるだろう。スポーツに関しては、ノーサイドの精神で、敗者をいたわる処置が倫理的に強制されるが、政治に関しては、国民から「政治は政策提案競争である」と理解されていないために、ノーサイドの精神が理解されずに、敗者救済システムはなかなか受け入れられない。

ここで、敗者を救済する「結果の平等」がもう一つの問題として浮上する。しかし、これがノーサイドの精神の具体化であるという認識はあまりない。このことを頭に入れておいて次に進もう。

トクヴィルが、アメリカの民主主義は高い教育を受けた人々で構成された北部で発達したと指摘したように、民主主義が本当に機能するためには、そこでも指摘したように、「人間は平等であるべきである」という深い社会認識(理念)が必要なのだ。なぜなら、前にも述べたように、人間を最終的に突き動かすものは感性であるから、その防波堤としての理性が必要となるのである。

昔の君子は国の存続のために、そして、江戸時代の役人は保身のために、吉野が言う「人民の利福及び意嚮」を常に意識していた。同じように、民主主義国家の人々も、理性を働かせて、自分だけで

税引き後の総収入が１千万円で10家族が住む国

単位：万円

	A	B	C	D	E	F	G	H	I	J	合計
納税後所得	120	120	110	110	110	110	80	80	80	80	1000
最低生活費	80	80	80	80	80	80	80	80	80	80	800
税制変更	110	110	105	105	105	105	90	90	90	90	1000

はなく「我々全国民」の意向を念頭に置いて、競争的生活を送る必要があるのだ。競争に勝つことだけを原理とすると、障がい者は多くの分野で実質的に競争に勝てないので生活ができなくなる。したがって、楽しい人生を送るためには、結果の平等を志向する活動も必要となる。

実は、スポーツにおいても結果の平等は問題であり、前著で詳しく分析したように、いくつかのスポーツ種目では体重制が採用されている。スポーツ競争の成立要件の一つが、試合開始時にどちらが勝つか分からないことだと述べたが、柔道やレスリングで一〇〇kgの選手と五〇kgの選手が戦ったら、その条件を満たさないからである。

日常生活でも同様だ。目の不自由な人が通常の条件で仕事をしたとしたら、多くの場合、正常な人間に負けてしまうので、やはり、競争にならない。しかし、競馬や自動車レースで体重の軽い選手が重りを付けて参加するように、ハンディキャップを付加することで競争状態にもっていくことは可能である。もっとも簡単な方法は、障がい者の生産ノルマを下げることである。障がい者雇用法では、障がい者雇用率が低いと企業に罰金を課すことで同じ効果を引き出しているが、会社に与えるハンディでは、障がい者自身は「競争している」という生きがい観を得られないだろう。障がい者のノルマを下げて会社内でも競争させ、ノルマの差を国家が保障する制度設計が必要である。たとえば、一般人の半分の能力しかない障がい者を雇った場合、給料の半分を税金で負担するようにするのである。会社は通常の人と同じ条件で雇うことができ、その障がい者が普通の人の六割を生産すれば会社が儲かるし、障がい者により多くの賞与を与えることもできるようになる。

これは、体重制よりは、将棋や碁のはハンディキャップ対局に近いかも知れない。私がプロの将棋棋士と対局するのは競争ではないが、六枚落ちで戦えば、対局開始時にどちらが勝つか分からないので十分競争になり得るし楽しい。ただし、自分の能力を過信して自意識過剰の場合は楽しくない。同様に、障がい者も自分の能力を受け入れていれば、ハンディのある目標を提示されても、仕事を楽しめるであろう。

最近見たテレビで、「蓑虫レスリング」が紹介されていた。浮き輪をつなげたような衣服を着て行うレスリングである。手足が使えないので、健常者も手足の一部がないだけの障がい者も同じように戦えるスポーツである。この番組はで、健常者も興奮して真剣に闘い、「障がい者と意識しなくて戦えた」という感想を漏らしていた。このような体験が、本当の意味での障がい者との平等認識となるのであろう。

スポーツの場合は、全力を尽くせば、負けても楽しいものでありそれだけで十分であるが、仕事における競争は、日常生活に直結する。勝者を賛美する賞金（給料）はいくら高くてもいいが、敗者への配慮（生産高の低さに対する減額）には限界が必要である。仕事における制度自体が平等競争を保障していたとしても、表にある80万円の人々をそのままにすることは配慮に欠ける処遇ということになる。ノーサイドの精神もスポーツの発展段階のどこかの時点で成立した習慣的ルールだとすると、税金の傾斜徴収や生活保護の制度もいずれかの時点で成立したものである。フェアプレイのあり方も日々変化しているように、その処置の正当性は常に検証され続ける必要がある。フェアプレイのあり方が見直される契機が「見てもやっても楽しいか」であるのと同様に、障がい者への保障措置に正当性があるかどうかの判断基準は、経済競争の敗者への処遇が勝者自らの人生を楽しくするかどうかである。そういう知的な感覚が民主主義国の国民には求められているのだ。その意味では、自由主義経済と福祉政策という経済と政治の分業が理解されるべきである。

スポーツを楽しむためには、参加者がルールとフェアプレイの精神を理解していなければならないように、経済活動に参加する者には、商法の理解と倒産した競争相手も再起できるように処遇するフェアプレイの精神の理解がなければならない。不正による一時的な儲けはフェアプレイの精神に反すると非難される環境が必要であり、それが実行されない場合はそれらが処罰されるようにルールの変更がなされなければならない。サッカーにおけるイエローカードやレッドカードの制度が、不正をはびこらせないために導入されたように。

ところで、アメリカのプロ野球に人件費総額キャップ制があるのは、球団間の競争が真の意味での競争（試合開始時あるいは開幕時にどちらが勝つか分からない競争）を行わせるためである。プロサッカーにおいてこの制度が根付いていないのは、国際競技であるサッカーにおいては、ルールの国際統一はできても、球団運営のルール統一まではなかなかできないからである。これは、ギリシャ時代の正義の観念が国を超えて広がらなかったことと対応する。世界の各国家は、それぞれ、それなりの統治ルールで統治されており、民主主義国であろうと非民主主義国であろうと、その制度は自らが選んだものであり、他国は非難できない。しかしそれは、経済も自国内でとどまっている江戸時代の日本のような場合だけであり、経済活動が国際化された現代においては、政治制度の違いが無視できない。この問題は、「友／敵」概念が交戦権を導くというシュミットの主張や右に述べた民主主義の限界とともに後の章でもう少し議論したい。

第六章
自由主義経済体制の問題

第一節　自由主義経済の発端

能力の先天的差異と天職

前章で、正義の問題を相互性という観点で取り上げた時、プラトンやアリストテレスは奴隷制を否定せず、その前提として、人間の能力には先天的な差異が存在しているという人間観があることを指摘した。ジョンストンは以下のように述べている。

人間はそれぞれ素質が絶対的に異なり、この素質に基づいて社会秩序のなかでそれぞれ異なる同等でない機能的役割を割り当てられるべきだという前提は、古代初期の思想のなかで、普遍的でこそなくとも、広く行き渡っていた。第一章で見たように、古代の史料は一様に、権力、身分、富の階層が、正当な〔just〕政治秩序を具体化したものであることを裏書きしている。古代初期の法典は、不正行為に対する刑罰を、被害者の身分に正比例し、不正行為者の身分に反比例して厳しくすることで、こうした階層を認めている。古代の法典以外の文書も同様に、人間は素質や地位が相互に絶対的に異なるという考えを認め、受け入れている。古代の史料においてこうした認識がもっとも目立って表れている例としては、奴隷制度が正義の問題として少しの困惑も引き起こさないという前提が一般に受け入れられているということがある。女性も同様に、古代の風習や著作においては男性より極端に劣った立場にされていた。場合によっては、正義はバランスを欠いた相互性の関係において具体化されるという見方――これは法的、政治的、社会的な事柄にふれる古代のほとんどすべてのテクストに暗に含まれる見方だが――は、人間は素質や身分が同等でないという前提とつながっている。

アリストテレスは、のちにキケロが考えていたように、人間は言語を通じて理解し合う能力に共通にあずかっているとも考えていたとはいえ、こうした前提を心から支持していた（p104－05）。

こう説明した後、彼は、「彼（アリストテレス）の見方では、『自分では理性をもたず、ただそれを理解する程度に理性的な存在に過ぎない』種類の人間が存在し、自然によって奴隷であるべくされたのはこの種の人である」と述べている。これは、人間の貴賤によって天職が割り当てられており、賞罰に不公平があっても当然という「相互性は維持するが平等ではない正義感」を正当と考える根拠となっていたと思われる。

平等思想は人工的義務と徳の産物

こういう意識は古代のどの社会にも存在したと思われるが、前章第七節で述べたように、ジョンストンは、西欧社会では「神のもとでの平等」というキリスト教のイデオロギーが、人間についての新しい平等主義的正義感を生み出す基礎的変化に貢献したとしている（p.109）。

その上で、近世において、人間の政治的社会的不平等は人間の作った法律や制度の産物であって個々人の能力差ではないという議論が起きてきたことを丁寧に辿って、近代平等思想への変化を考察している。彼は、ヒュームが鳥は本能で毎年同じ巣を作るが人間は理性と習慣で家の作り方を変えることができると指摘している部分を引用した後で、以下のように述べている。

ヒュームにとって家族は、生殖（性的）本能の産物であり、もっとも重要な自然的 ‖ そしてそもそもが本能的な ‖ 人間関係、義務、徳性が宿る場所である。この見解によると、配偶者、子供、両親、その他の近親者を贔屓目で見るのは当然であり、しかも身内の種類はさまざまだが、彼らは互いに自然に由来する役割を担っている。これらの役割が、自然の命ずるもっとも重要な道徳的義務とは何かを明らかにするが、完全にこれらの義務に従った行為がなされるとすれば、それは自然的道徳が完遂された結果であろう。ヒュームは、友情という個人的な絆を、それにともなう義務や徳とともに、家族的紐帯と同一のカテゴリーに位置づけた。もっとも彼は、後者の義務や徳が、概して友情のそれよりは強いであろうと信じていた。ヒュームは、人間が自然に、同胞の幸や不幸に対して感受性を高めてゆくとも考えていた。とはいえ彼の見解において、一般の人々への共感は、友人への愛着よりは弱く、まして家族の絆よりもはるかに弱いものであった。

義務や徳という市民社会の基盤は、それらの自然的属性とは対照的なものである。私有財産の尊重は、市民社会の主要な徳、そして市民社会に固有な徳である。しかしヒュームは、それが「人工的な」徳であることを強調する。というのも、自然的な道徳基準に従うと、その者の所有量や所有権がどうであれ財を探し与えねばならぬのは愛する人々のみなのだから。むしろ私有財産への尊重に関係する人工的な義務と徳のおかげで、結果的に人間の行動をも効果的に統率することができるようになり、それゆえ、市民社会を繁栄させることができるようになる。とはいえそれが叶うのは、われわれが個人的なつながりを持つ人々を贔屓目に見るという本能的な性格を、うまく「個人」の領域に限定した場合のみである。そのような限定によって、われわれは人工的な義務や徳が支配しうるような「社会」という領域を創造する。実にその領域の中から、市民社会を含む経済行為や統治制度が発生するのである。(p125–26)

ここまでくれば、筆者が正義の観念の変化を経済の章で持ち出した理由が分かるであろう。右の指摘は、個人財産の尊重というルールをもとにした競争的経済行為の根本に市民生活における正義が関連していることを示しているからである。彼は、「われわれは当然、己や友人を贔屓目に見る。しかしわれわれは、より公正な行為をも為すことができるし、それが利得をもたらすという点を学び取ることができる。【中略】それゆえ市民社会のあらゆる場面において、所有という発想が必要になるのである。それゆえ正義は、公共にとってのそれらの有用性を引き出すものとなる。正義の価値と道徳的な義務は、まさしくそこから生ずるのである」というヒュームの言葉を引用した後で、以下のように述べている。

短いものとはいえこの抜粋は、ヒュームの推論の中心的な流れを正確に映し出している。人間が市民社会で結合することの根本目的は、平和の確保、そして生活を満喫するのに必要な財の入手である。自然は、その「開かれた自由な手」を働かせても、これらの財をごくわずかしか与えてくれない。かわりにわれわれは、意識的な労働を通じてそれらを手に入れるべきなのだ。そして、その労働を通じてわれわれは、自然が与えてくれた材料を消費に適した財に作り替える。とはいえ、労働により利益が約束されるのでなければ、多くの人々は財の生産へ時間や労力を割くことに躊躇いを感ずるであろう。そこで私有財産の制度が、この保障を提供してくれる。獲得した財に対する、また占有している土地に対する権利を人々が得るとき、さらに政府が設立され、政府によってそれらの人々の諸権利が効果的に執行されるとき、彼らは、勤勉な人間、生産的な人間になろうというインセンティブを抱く。これらの権利に、取引で交わされる約束の履行を実際に強制できる保障と、他者との取引から得られるであろう財や土地に対する権利、しかも強制執行も可能な権利が付け加わったとき、商業社会とその社会の基盤が確立されたことになる（p.133）。

【中略】

要するに、市民社会で人々が結合する根本的な目的とは、平和を確保するのみならず、人々が生活を満喫できるように導く条件を創ることだ。慣習が交換や契約という慣行を制御するのと同様に、私有財産制度もまた、それらの制御という目的を達するための道具なのである。私有財産、交換、契約の権利への尊重が、正義という徳の中身を決定している。そして、正しくありたいという性向は、自然には反するような性向であり、むしろ人々のためになる社会を創りたいと考えた人々が、学び取ったものなのである。そしてその社会の利益とは、生活のいっそうの満喫を目指し、商業を通じて富裕をもたらすことである。諸政府の設立の第一の目的は、私有財産権を執行することであり、その私有財産権が順に、富の生産を可能にする。「[正義という]徳の効用と指向性は、人々に幸福と安全を得させることにある」。こうしてヒュームは、財の生産が幸福を増進する主要な手段の一つであると想定するに至った（p134）。

素晴らしい気晴らし活動を創りたいと考えた貴族が「『何をしても勝ちたい』という自然の心性に対して『正々堂々と戦う』方がスポーツをしていてより楽しい」と学び取ったように、市民社会成立時の人々は「『力ずくで良い商品を獲得したい』という自然の心性に対して『私有権を尊重する』方が商売をしていて楽しい（より経済成長する）」ということを学び取ったのである。資本主義の発展を論じた『資本の世界史』で、ウルリケ・ヘルマンは「資本主義というのは、それがどのように機能するのかを資本家が理解していなくても、おのずと浸透し、やがて周囲からその価値が認められるようになるのですが、これは資本主義の奇跡と呼んでいいものです」と述べているが（p11）、狐狩りのルールを発明したイギリス人がその制度のなんたるかを説明できなかったように、資本主義の制度のみならず、その前身の市場経済の制度についても、市場経済初期の市場関係者、つまり役人や商売人や生産者が、とにかく自分たちが得をするように（最終的に損をしないように）のみ配慮して、私有財産、交換、契約の権利などを認める制度を作っていたら市場経済のシステムになったということなのかも知れない。

ただし、「正しくありたいという性向は、自然には反するような性向であり、むしろ人々のためになる社会を創りたいと考えた人々が、学び取ったものなのである」という指摘は、ジョセフ・ヒース流に解釈すると、生物進化の過程で人類が獲得した規範同調性がルールを創ったのであって、ルールを創った段階でルールを守るという道徳が付随していたのかも知れない（『ルールに従う：社会科学の規範理論序説』）。人間の本質とは何かを厳密に考える哲学的興味のある方は参照していただきたいが、ここでは、経済活動が私有財産権の絶対性を基本とした富の生産競争であること、そして、ヒュームが、「私有財産の尊重は市民社会に固有な徳であるが『人工的な』徳である」と指摘していることだけを確認して次に進みたい。

後者も強調する理由は、前章で指摘したように、初期デモクラシーの時代の指導者が危惧していたように、人工的な徳は、人間の本性の徳と違って、教育制度が十全に働いていないと人民全体には行き渡らないものだからである。

第二節　近代社会における経済活動とは

私的所有権確立の意味

前節の最後で、筆者は、「取引で交わされる約束の履行を実際に強制できる保障と、他者との取引から得られるであろう財や土地に対する権利、しかも強制執行も可能な権利が付け加わったとき、商業社会とその社会の基盤が確立されたことになる」というジョンストンの言葉を引用した。

「商業社会」とは、私的所有権の確立により経済活動がルールに基づいて行われるようになった社会と定義することができる。ルールに基づいた契約を自由に行え、その効力が政府によって保障される社会である。それでは、そのような経済活動はどのような本質を持っているのであろうか。

売買のルールを考えてみると、物々交換の時代から、「他人のものを盗んではいけない」、「契約は守らなければいけない」というようなルールは明文化されていないとしても存在していたはずだ。これは、貨幣経済が発達した江戸時代も同じである。しかし、この時代は、徳政令による契約破棄や幕府による土地の取り上げのような事態も生じており、ルールの安定性は時代によって異なる。前章では、政治の安定の観点からルールについて考察したが、経済活動についても同じように考察することができる。

それでは、安定したルールに基づく商業社会とはどのようなものであろうか。『会社は誰のものか』で、会社の本質を考察した吉田望は、会社の発生について、以下のように記述している。

世界の中で一番最初に会社ができたのは、17世紀のヨーロッパです。岩井克人さんの『会社はこれからどうなるのか』を参考にすると、会社の特徴は、「法人格」を備えていることです。会社は人間同様、訴訟の対象になり、また契約の当事者になることができます。それまでは王、貴族、僧侶などの個人にのみ認められていた権利が、組織にも与えられたわけです。組織に人格を備えさせるという社会的なイノベーションが、その後の世界を劇的に変えました。

当時のヨーロッパは日本に似て、いたるところで領主同士がつばぜり合いを続けていました。そうした社会で組織が勝手にいろいろな企てをすると、すぐに利権の取り合いなどの騒動が起こってしまい、国家にとって危険です。そこで会社は、国家の下で管理する必要があると考えられました。もっと切実な理由は、国王がそこから上がる収益を特許料という形で取り立てること。そのためには会社に事業を独占させ、さらに厳重に管理する必要があったのです。

会社をひとつの人格のように取り扱う法人格という考え方は、もともと国策会社や公共会社、運河、独占貿易、植民会社、道路会社などに限って許されていました。そういう会社では、代表者が会社を人格的にも代表します。国王から特許状を交付され、その責任者は国家に対する服従を誓いました。

【中略】

もともと公器としてつくられた会社は、次第に社会資本分野だけでなく産業社会全体に適応できることがわかってきました。そして、進化を続けながらあらゆる分野に広がり、世界を覆い尽くしました（p67–69）。

つまり、団体競技のスポーツがあるように、経済競争においても、ルールに基づく団体競争が出現したのだ。そして、この団体競技について、フリードマンの「自由な私有企業では、企業経営者は株主により雇用されている。彼（経営者）は彼の雇用者（株主）への責任に直面している。その責任とは通常、法的、倫理的な社会の基本ルールの範囲で、出来る限りそのビジネスから利益をあげるよう、その企業を導くことにつきる」という言葉を引用した後で、吉田は、以下のように述べている。

彼の意見を集約するとこうなります。自然な市場淘汰が政府によって妨害されない限り、企業はガバナンスを自然に行なうだろうし、それができない企業は潰れる。つまり、コーポレート・ガバナンスは社会的な課題ではない。干渉せず、単に放っておけばよい。フリードマンは、仮に慈善事業への支出が企業の評判を高め長期的利益につながるとしても、経営者の個人的名声のためにそのような活動をすることは一種の欺瞞行為であり、自由社会の基礎を崩しかねない、とすら批判しています。ここには、さまざまな異なる価値観を生きる個人や宗教組織と、合理的に利益を追求する企業を峻別し、そのモラルシステムをもまったく違うものにしたいという強烈な思想がこめられています（p173–74）。

この部分は、会社の社会的責任についての考察のために極端な自由主義者の意見を紹介した部分であるが、この考えは、第三章で指摘した「スポーツがはじめから道徳的に行うべきものとして誕生したのではない」という考えに通じるものがある。フリードマンの考えをスポーツに適用すると「ルールに基づいて勝つという構造を有しないスポーツは必然的に衰退するから、『道徳的に道徳的に』と（フェアプレイの精神で）あえて唱える必要はない」ということになるのかも知れない。
いずれにしても、団体競技のスポーツがあるように、経済競争においても、ルールに基づく団体競争が出現したのだ。

経済における身体を毀損させない競争の成立

もう一つ、別の面からスポーツと経済の相同性を論じておきたい。前述した吉田は、株式会社制度が経済発展の切り札であったとが書いている。

「株主のための会社」という思想のルーツは、アメリカにあります。「会社」という言葉を発明したのは、慶應義塾の創立者である福沢諭吉です。彼はアメリカのCompanyを見て、これは社会とほとんど同じだ、と気がつきました。そしてその漢語をさかさまにして、新たな単語を作りました。

【中略】

アメリカ人が作った会社という「結社」は、国家と関係なく、個人が自由な意思で発想し、設立し、分裂していくことが許されます。この仕組みがなぜアメリカという国にマッチしていたのか。それは無限に広大な領土と資源に打って出るための、もっとも合理的・発展的な組織形態だったからです。
会社に参加する人（従業員、株主、経営者）は、自由な選択の結果としてそこにいるわけであり、強制されているわけではありません。そこに参画した以上、全力を尽くしてしかるべき。いやなら脱すればいい。それがアメリカの会社の建前です。このベースにあるのは、キリスト教の中でももっとも苛烈な禁欲主義者であり、その精神によりヨーロッパを脱し新天地を求めたプロテスタントの精神でした。

その強固な精神のもとでは、会社はリーダーや社会の様子にあわせて、自由に形態を変えていくことが可能になります。個人が組織に依存せず自立しているからこそ、新しい状況に常に柔軟に適応できる。この強力無比な軟体動物のごとき性質が、近代会社の本質です。企業買収、分割、独立などの仕組みは、その精神の中にすでに埋め込まれているのです。

【中略】

さて、この近代会社という仕組みは、産業革命により膨大な資本が必要になったときに大きな効力を発揮しました。それを大きく後押ししたのが、現代の株式会社も採用している「有限責任制度」です。これは、「株主は、損をするとしても、出したおカネを失うのがせいぜい」という仕組みです。この制度は1799年、マサチューセッツ水道事業会社法によって成立しました。

それまでの会社は「無限責任」といって、出資者＝経営者が事業の借金を個人保証しなければなりませんでした。しかしこの仕組みでは、相当なお金持ちでなければ起業も経営もできません。若い貧乏な人々は、如何に経営の才能に恵まれていても、一生経営とは無縁ですごさなければならない。彼らと経営の出会いを偶然にゆだねていては、社会に無数の会社を設立させることはできません。

この株式会社という仕組みにより、リスクのある産業資本の蓄積が可能になり、資本と経営の分離が可能になりました。つまり、ひたすら人々からお金集めをする人＝金融資本家と、ひたすら事業運営をする人＝経営専門家を自由に組み合わせることによる、大規模な創業が可能になったのです（p72-76）。

これは、有限責任制度の成立であるが、この部分を読んでいて、私は、身体を傷つけない競争というスポーツの定義が経済分野でも進行してきたことを感じた。経済分野でも敗者が完全に死に体となることのないルールに基づく競争が行われるようになったということだ。

ただし、今西宏次は、「株主有限責任制は、法律を通じて企業投資を促進させるために計画された補助金として理解することができるであろう」としており、資本家の責任放棄を助長する問題点も指摘されている（大阪経済大学論集第55巻3号）。倒産した場合の債権者との関係では問題があると思われるので、詳しい議論は彼の論文を参考に考えてほしい。しかしながら、そのような問題があれば、制度（競争ルール）を手直しすればよいわけであり、いずれにしても、「経済活動もルールに基づく（敗者をも讃える）競争である」という筆者の立場は修正しないでいいであろう。

個人商売に関しては、一億円の借金を抱えても、「自己破産」という制度で再起が可能である。日本では、「倒産させた社長」というと、とても悪い人間という響きがある。しかし、スポーツと同じく競争では必ず敗者が生まれる。敗者を讃える寛容さ、ノーサイドの精神も重要である。刑罰については、刑期を終えた者を罪人扱いすることの問題点がずいぶん前から指摘されているが、経済活動の敗者も、それが不正行為での倒産でない限り、敗者として讃えられるべきだと考える。

前著で詳しく分析したように、スポーツは、本来は、ルールの中でずるをしてもよく、健康を害して勝とうとしてもいい『無条件に面白さを追求する』活動なのである。そのズルが行き過ぎて競技自体が面白くなくなるとルールが変更される。また、ルールを無視して勝とうとする選手もいないことはない。

このことは、スポーツ競争と相同である経済競争にも当てはまる。吉田は、前掲書の中で「企業史は企業犯罪史と裏腹でした（p102）」と指摘し、金融商品の開発の歴史を紹介する中で「新しい手法が出てくれば、それを悪用する連中が必ず出てきます。多くの人々がその手法を知らないということは、悪人が活躍する格好の条件だからです（p113）」と指摘している。

スポーツがルールの範囲内でズルをしても勝ちにこだわり興奮する非生産活動であり、前著で指摘したように、スポーツ活動で生じる問題と相同の問題が経済活動においても生じているのである。次節ではその問題を考えてみたい。

第三節　経済におけるルールの重要性

経済ルールのメタ認知

前節までに示したように、「人間における正義とは何か」を探求した哲学者が「私有財産、交換、契約の権利への尊重」を尊重することで社会が発展してきたことを発見したが、これは、スポーツの発見と同じであり、すでにやられていたことの理論化であり、一種のメタ認知である。狐狩りをしていたイギリスの貴族がそのルールの意味をフランス人に説明できなかったように、初期の市民社会では、自分たちが私有財産をお互いに尊重して暮らしていたにもかかわず、その意味を他の「野蛮な国々」には説明できなかったものと思われる。自国の人権は尊重しながら植民地で蛮行を働いた大航海時代のヨーロッパ人の心の中には、「正義は自国内でのみに通用する」というギリシャ的発想が「ヨーロッパ人のみに通用する」に拡大されてはいたものの（後述するように、この歴史に関する鋭い分析は、仲正前掲書の「補講」の章を参照のこと）、「経済活動は、すべての人々に対して同じルールに基づいてやるもの」というメタ認知の欠如があったのかも知れない。繰り返しになるが、これは、イギリス紳士が「狐狩りは狐のみを追い求めるというルールに基づいてやるもの」という認識で行っていたが、「狐狩りは同じルールであればすべての人々がやって楽しいもの」というメタ認知がなかったことに対応している。

スポーツが成立するとその構造の認知が成立し、新しい活動を発明することができるようになる。たとえば、バスケットボールやハンドボールは、サッカーのような楽しさを冬の体育館でもできるスポーツとして意図的に開発された。同じように、市場ルールの構造が認知されると、新しい活動としてデリバティブ商品のような金融商品が意図的に発明される。

このような、商業社会の基盤を構成するルールに基づいた経済活動とスポーツの構造の相同性を頭の隅に入れておいて、現代の経済現象についてスポーツをキーワードに考えてみるとどのようなことが明らかになるかをいくつか紹介していきたい。

競争がどのような事態を招くかについて、吉田は、アダム・スミスの発想を紹介し、以下のように記述している。

> 繰り返しになりますが、情報の格差がなければ会社を作る必要がありません。別の言い方をすれば、企業という仕組みの中には情報をよく知っている人（経営者や従業員）と、それ以外のステイクホルダー（消費者、株主、国など）がいて、両者の間に情報格差があることが構造化されている、ということになります。
>
> しかしながら、人間の悪徳への指向は強烈なもの。この情報格差をそのままに放置しておけば、ほぼ必ずと言っていいほどモラル・ハザードにつながってしまいます。企業とは、こうした危ういバラ

ンスの上に成立している存在なのです。

もしすべての人が公平に情報を知っていたら、人間は悪をつくすことができません。アダム・スミスはロンドンの商品取引市場を見て、オープンな市場において利益を追求しようとすればするほど、悪徳な商人であってもそれほど悪の限りをつくすことができなくなる、という逆説を発見しました。なぜなら、悪い行ないはすぐ市場全体に知られ市場によって罰せられてしまうからです。

アダム・スミスは、悪徳商人をも善人にしうる市場経済のすばらしさに確信を持ちました。こうして「市場経済」は、モラルを作る仕組みとして発見されたのです。昔の経済学者は道徳家でもありました。

しかし企業は市場と違い、情報に格差があることそれ自体が利潤の根幹となっています。心の悪と向き合わない人が商売に手を染めて、他人の無知に付け込んで儲けるというケースは、企業という仕組みが続く限りなくならないでしょう（p103–4)。

領主の特許状による独占商売と違い、市場における商売は公正なルールに基づく売り上げ競争なので、長く商売を続けるためには「正直こそ商売の秘訣」というセオリーが成立する。しかしそれは、交通通信手段が未発達な時代の小規模企業にはあてはまるが、複雑な現代社会にあっては、吉田が最後に指摘しているように、情報格差が問題となる。

だいぶ古くなったが、豊田商事事件がその典型例である。自由市場においては、売り手は売っても売らなくてもよく、買い手は勝っても買わなくても良いので、平等と考えられているが、所持している情報に格差があると平等な関係にないことになり、「騙される方も悪い」という平等観に基づく一般論では、スミスが言うような市場経済の素晴らしさは実現できない。その最たるものが独占であり、独占禁止法が意味を持つのである。このあたりをスポーツとの類似で考えてみたい。

独占禁止法の必要性

まずは経済について、吉田は、80年代にLBO（レバレッジバイアウト）という金融手法が開発された時の業界の反応について、この手法が違法ではなく、特定の事態においては有効であったと評価しながらも、「しかし、新しい手法が出てくれば、それを悪用する連中が必ず出てきます。多くの人々がその手法を知らないということは、悪人が活躍する格好の条件だからです」と述べて、いくつかの例を紹介している。そこで、このような経済活動に似た例をスポーツの中に探して、考察してみたい。

スポーツ活動を規定する要因を考えてみると、まずは、ルール内での嘘は奨励されているということである。たとえば、ボールゲームで、ボールを持った選手が、パスのしぐさをしながら右の味方に「走れ！」と指示の声をかけて実際は左の選手にパスする場面はよく見られる。これは奨励される嘘である。

吉田は、企業情報が完全にオープンになってしまえば、その企業は単なる人材、資源、金融の取引市場と同じになってしまい、企業組織が存在する理由がなくなる、と指摘している。商品の仕入れ値を客が知っていれば、商売は成り立たない。「これは、合法麻薬だ」と言って不法麻薬を売ればルール違反であるが、値切る相手に「これだけ値切られれば赤字だ」と嘘を言って売らなければ商売は成り立たない。これは、許された嘘である。

しかし、「検定に合格したものだよ」と言って規格外のものを売りつければ、ルール違反である。そして、これら二つの嘘の間にグレイゾーンが存在する。スポーツも同様である。

前著でも紹介したが、サッカーにおいて、後ろからのスライディングタックルは、正規の方法で行っても違反である。なぜそうなったのであろうか。前著（『政治・経済、そしてスポーツ：競争の現代的意味』）の第一章の記述を引用してみよう。

サッカー界においても、審判から自チームに有利な判定を引き出すための策略が常に問題となる。サッカー界の至宝であるブラジルのペレが活躍したころは、故意に危険なタックルをして怪我をさせるという行為がはびこって問題となった。審判にとっては故意か偶然かの判断が難しく、後ろからのタックルは予想できないので転ぶ準備ができず怪我になりやすい。このような規則の裏をかく策略は防ぎようがなく、新しい策略が流行するたびに審判規則を改正して対応しているのが現状である。右の例の場合は「正当なスライディングタックルであっても相手の後からのものは即座にイエローカードを出す」という決定がなされた。このこと一つとっても、「スポーツは人生の多くの時間を費やして勝つために努力する活動であり、ルールの枠内で、あるいはルールをうまく利用して相手をだましても勝つことを目標にする活動」という定義（『新しいスポーツ心理学入門』p40）の真実性を理解できるだろう。

つまり、スポーツ競争は、ルールに触れない範囲でズルをしてもよい活動であり、その「ズル」がスポーツ活動全体に何らかの不都合を起こす場合は、ルールが変更されるのである。これは、経済競争も同じである。「不都合」とは、競争をやっている当該競技の参加者（生産者とバイヤー）にとってのみならず、それを見ているだけの社会の他の構成員にとっても面白くない現象が多発した場合である。突発的なズルではなく、意図的なズルが横行する事態が問題なのである。サッカーを見ていて後方からのスライディングタックルで選手が怪我をする事態が多発したら、やっていても見ていても面白くない。経済活動においてもズルをした金稼ぎは、同業他社にしてみればやっていて面白くないし、観客に当たる消費者にとっては高くつく買い物を強制されるのでやはり面白くない。

経済活動におけるズルの典型例は、独禁法の裏をかく同業企業との談合事件と豊田商事事件に代表される詐欺事件である。問題となるズル行為が独禁法違反にならない場合は独禁法の改正につながるが、これは、後ろからのスライディングタックル禁止というサッカールール改正と同じレベルの商業ルールの改正である。また、豊田商事事件では、その後、訪問取引が「特定商品等の預託等取引契約に関する法律」で規制されるようになったが、これは、「平等な立場の商人と購買者の間の自由な契約」という理念に基づく商法のみでは規制できなかったからである。この背景には、売り手と買い手の情報量に差があり、平等条件での売買取引（競争）が成立しないという現実認識があった。この事態は、碁や将棋でプロとアマチュアが勝負する場合にハンディをつけることと等質な現象と考えることができる。将棋でプロがアマチュアと真剣勝負する時に駒落ち将棋で行うように、訪問販売の場合は、売り手にハンディをつけるのである。これによって、経済活動の自由（平等競争）が逆に確保されるのである。

これらの比較から、スポーツルールと経済ルールの設定と変更のあり方の相同性が理解されるであろう。私は、個人に対する一億円以上の詐欺の刑料は故意の殺人と同じ刑料、一千万円以上は未必の故意による殺人と同じにすべきではないかと考えている。吉展ちゃん事件で営利誘拐の罰則が強化されたように、社会の変化に合わせて法律も迅速に変えるべきである。生活感に欠ける現在の役人には無理そうであるが（古賀茂明『日本中枢の崩壊』参照のこと）。

スポーツでは、やっても見ても面白いという本質を維持するために、技術戦術の発展によるルール変更が頻繁に前例にとらわれずに行われている。経済ルールの改変も、人々が生活していた楽しい社会に貢献するという経済活動の本質を維持するために、前例にとらわれない変更が行われるべきである。スポーツと違って前例に固執する場合が多いのは、スポーツにおいては、ほとんどの選手の利害関係が一致している(たとえば、後ろからのタックルはゴールキーパー以外の選手全員に等しく関係する)のに対して、経済ルールの変更は、一部のステークホルダー(したがって、現在の有力者)に不利益をもたらすからである。

第四節 ルールの変更とルールへの対処術

商売ルールの安定性

ところで、大資本による経営が可能になった背景には、徳政令のような急激なルール変更がない立憲政治の成立も不可欠であったであろう。独禁法のように細かい商業ルールはたびたび変更されるが、たとえば、予告なく「借り手の財産が貸し手の半分以下で、家を売らないと返せない場合は、貸借契約を一方的に破棄してよい」というような根本的なルールの変更がなされる可能性があると、何を頼りに活動すべきか分からなくなってしまう。大資本を投入する経済活動は、法律(ルール)の安定性、つまり立憲政治なしにはあり得ない。

第二節で紹介したように、アメリカでは、大規模な事業(社会的インフラ整備)を行う株式会社が政府の許可でまず有限責任制で設置され、その後は、すべての商売に波及した。しかし、そのアメリカでも、開拓初期の商売は個人が自由に起業して始めたはずである。

江戸時代初期もそのような状態だったようだ。その商売が町中、国中に広がると、許可制にして税金を取ることが発想された。株という営業権の発生である。山室は、江戸における株制度改廃の経過をつぶさに記述している。

山室の研究を紹介した前章で指摘したように、江戸時代においても、ある程度の商売の自由は確保されていたが、規制もまた存在した。そして、かなり乱暴に規制したり解除したりを繰り返していたことがわかる。

彼女の研究によると、もともとは自由な商売が奨励されていたものが、幕府の指示で江戸後期に業種ごとに仲間組合を結成させられたそうである。その制度は、一八〇八年の十組問屋設立で加速し、営業を独占する代わりに公儀に冥加金を上納する制度が完成する（p178）。冥加金が入る幕府にとっても、独占組合にとっても利益が出る制度であるが、自由競争ではないので、消費者である江戸町民にとっては、高い買い物をさせられることになる。その弊害が問題視され、天保の改革で規制がゼロになり、誰もが参入できるようになった。しかし、その弊害も指摘され、同業者組合が復活するが、昔の問屋制度をそのまま復活させようとする勢力と自由競争時に力をつけた商人の参入を支持する勢力のつばぜり合いを裁いたのが、遠山の金さんであったようだ。

この規制廃止から現代への教訓を引き出すための好例がタクシー自由化問題である。タクシー料金は小泉内閣の自由主義改革の波に乗って自由化されたが、会社数が淘汰されなかったため、台数過剰で運転手の低賃金問題が発生した。そこで、国が決めていた料金の運賃幅（上限と下限）に入りきらなくても、事業者の経営状況によって「下限割れ運賃」も許可されていた従来の制度が変更され、二〇一三年の規制強化により、運賃の下限を守らないと、車両の使用停止や事業許可の取り消しという重いペナルティが課されるようになった。

そもそも、自由化でタクシーの台数が過剰になって運転手が低賃金になればなり手がなくなり、効率の悪い社は倒産して、しばらくすれば適正規模の台数に回復するするはずである。常々、日本経済の不自由度を指摘している経済評論家の森永卓郎は「業界と官庁の癒着」が規制強化の最大の理由と指摘しているようだ（この部分、週刊ポスト2015年12月11日号参照）。

しかし、この規制強化により、大阪の格安タクシー会社「ワンコインドーム」の初乗り運賃五百円に対して、初乗り運賃の引き上げを勧告した国に対して、会社は「営業の自由の侵害」にあたると裁判に訴えた。そして、大阪地裁は二〇一五年十一月二十日、国の値上げ措置を「裁量権の逸脱・乱用」としてワンコインドームの主張を認めた。この問題を考えてみよう。

そもそも、タクシーが生まれたのは大正元年であり、もちろん、その時は自由料金制だ。新しい事業には規制する法律がないからである。商法に「新しい形態の事業は、政府に申請しないと立ち上げてはいけない」という条項があればべつである。中国では実質的にそのような政策を採っているようであるが、そんな条項を入れている民主主義国家はないであろう。

右の理由で、タクシー業者は自由に営業していたわけであるが、料金がまちまちであったため苦情が多く寄せられ、料金一円のいわゆる円タクが登場した（http://www.taxisite.com/feature/history/1912.htm）。もちろん、この時期も自主規制のはずだが、別のサイト（http://ict.matrix.jp/t2001/kisei01.htm）によると、昭和三十年に「同一地域同一運賃」の運輸省通達が出されている。

現在、台数と運賃幅の規制の是非が問題となっているが、「とりあえず、全部自由化してみて、経営が成り立たなくなるようなら改めて規制を考えよう」という政策を取り入れることを考えてみよう。これはあまりにも過激な改革であり、大反対が予想される。しかしながら、自由経済社会にこのような規制があること自体、特別な理由があったはずだからである。昭和三〇年代に起きた無謀運転ドライバー（神風タクシー）の問題も大きな要因だと考えられるが、自由主義経済を信奉するのであれば、

「規制」は一時的な対策のはずである。その規制が長引くこと自体、日本が、日本型社会主義国であることを象徴しており、業界と官庁の癒着が小泉首相を持っても解消できなかったことは、日本の将来を暗示しているのではなかろうか。

実は、新発明の事業に規制が効かないことの問題点は、アダム・スミスが二百年以上前に指摘していた。それは、四輪馬車の発明である。当時のイギリスでは、ほとんどの職種で同業組合が排他的特権を持っていたが、発明当初、四輪馬車は誰でも作れた。だが、その馬車には車輪が必要であり、その権利は車大工の組合が持っていた。そのため、四輪馬車の職人は七年間の修行を積んで一人前となった車大工から車輪を買わないと四輪馬車を完成させられなかったが、車大工は馬車作りの修行を何もしなくても四輪馬車を作れたのである（『国富論（一）』p213）。スミスは、この章で、同業組合が自由競争を阻害して物品の価格を高止まりさせていることを指摘しているが、おそらく、その状態はサッチャー政権まで続いていたのではなかろうか。しかし、日本では、そのような規制廃止が小泉政権もってしてもなしえなかったのである。この国の行く末や如何。

ルール変更の有利不利

自由競争は必ず敗者を生む。さらに、ジャンプスキーのルール変更で日本選手が不利になったようにように（次節参照）、規制制度の変更は、スポーツのルール変更と同様に、有利になる会社と不利になる会社を生み出す。それは、それまでの利益秩序が変更になることを意味する。規制のある業界は、役人と癒着して利益を得ており、多くの利益を得た会社が天下りを受け入れるというような慣習も成立していたはずだ。これが日本型社会主義の原点であり、この関係が長ければ長いほどシステムが強固となり、変更に莫大なエネルギーが必要となるだけでなく、一時的な業界全体のロスも馬鹿にならない。

そこで、前述した江戸時代の規制緩和の政策変遷と比較して、今日の日本では、なぜ非効率な自由営業の規制が解消されないのかを考えてみたい。

天保の改革では、既得権の弊害を打破するために株仲間が解散させられて、米の商いが自由になった。しばらくは新規参入もあって米価が下がったようだが、専業権である株制度がなくなったため、株を担保にした資金借り入れができなくなり、大量の米を買い付けて大消費江戸へ移送することができなくなった。そうなると、米価が不安定になるという弊害が生まれたようだ。この状態で、株制度の再興がはかられたが、山室は、この間の事情を丁寧に追いながら「これらの議論の過程で、株という制度がただの既得権保護ではなく、当時の経済制度の一環として機能していることが語られる」と感想を述べている。

江戸時代は、専制主義であったから、変更を命令する主権者はそのような業界の意向を無視しても強行突破できたと考えることもできるが、株制度を廃止した天保の改革では、老中以下の上級武士が総入れ替えされている。現代の制度で言えば、高級官僚が総入れ替えされたことになる。ところが、戦後日本の制度改革は、自民党長期政権のもとで、既得権保護のために、「改革」がアリバイとして使われていたに過ぎないので、改革は常に中途半端に終わり、痛みを伴う改革ができないでいる（公務員制度自体、本当は、戦前から継続していて改革されていないのも自明のことではあるが）。

日本型社会主義におけるルール変更の難しさ

現代日本においては、あの郵政改革も中途半端であることから分かるように、戦時経済体制から続く日本型社会主義の立場を変えない限り、変革は中途半端に終わり、日本の未来はないであろう。たとえば、消費税の導入時に、多くの小売り業種が商売に影響すると反対した。しかし、軽減税率が適用される今回と異なり、すべての商品で条件は同じなのであるから、商売の競争条件は変わらなかったはずである。自由経済は、与えられた社会条件とルールにもとづく競争によって成立することを理解していれば、このようなクレームは批判されるべきであると思われるが、そのような論調の新聞が一つもなかった。このことは、自由経済の精神を骨抜きにした日本型社会主義の広がりを示しているとともに、今後の日本型システムの改革の難しさを暗示している。

このことを、加賀茂明は、『日本中枢の崩壊』の中で「まだ足りなかった構造改革」と題して以下のように論じている。

小泉構造改革はその意味で方向性は正しかった。「民でできるものは民で」をキャッチフレーズに、役人にぶら下がっていた事業を民の競争の中に取り込み、規制緩和をして民の自由競争を促進した。競争となれば、市場原理によって自然に、だめな企業は淘汰され、優秀な企業だけが生き残る。そうでなければ、国際競争に負け、日本は埋没していくというのが、小泉・竹中改革の考え方だった。

その過程では、小泉純一郎総理がいったように「痛み」を伴う。失業者が大量に出る。しかし、再チャレンジできるよう、職業訓練や失業期間中の生活を支える仕組み、いわゆるセーフティネットがしっかり構築できていれば、やがて人材は然るべき産業、企業に振り分けられ、経済が活性化するし、働く人の生活も向上する。

しかし、役人の発想では、一時期でも「痛み」を伴う政策は認められない。そんなことをしたら、自分たちが批判される、与党の政治家にも怒られる、というのが役人の発想で、失業者が出ないように、だめな企業にも巨額の予算を注入して支える。

小泉構造改革は、セーフティネットの部分では不十分だったために、役人にそこを突かれ、すっかり悪者にされてしまった。小泉時代は、内閣の支持率が高く、勢いがあったので、役人は表立つて反発できなかったが、霞が関は自民党の守旧派と組んで、内閣が退陣した途端、小泉・竹中構造改革に対するネガティブキャンペーンを一斉に始めた。残念なことに、民主党もこれに乗ってしまった。

マスコミを使って、「弱肉強食の非情な改革が、日本経済を足腰から弱くした」「格差社会を助長しただけの小泉・竹中改革は悪以外のなにものでもない」と国民に吹き込んだ。

構造改革は道半ばだったので、地方の企業や商店は青息吐息だった。ああ、やっぱり小泉と竹中がわれわれを苦しめていたのか、となって、あれほど国民が支持した構造改革路線が萎み、否定され、頓挫してしまった。

構造改革が間違っていたわけではない。むしろ、逆である。改革が足りなかった。小泉総理以降も、積極的に構造改革を進めていれば、日本はいまのような最悪の事態にはなっていなかったはずである（p317–19)。

この指摘は、筆者が前著で示した小泉改革の評価と同じであり、ここで述べられている役人の発想（真に住民のことを考えない「ことなかれ主義」）は、山室の指摘した江戸時代の役人にも劣る態度である。ただし、江戸時代は、敗者救済という発想はなかったと思われるので、「痛み」を伴う政策として非難されることもなく、その点では、改革もやりやすかったのかも知れない。おそらく、「世間」というセーフティネットの存在と「人権」概念の欠如が、痛みを伴うドラスティックな改革を可能にしていた面は割り引いて考える必要はあろう。

しかしながら、現代社会が競争社会であるということは、敗者への配慮を常に考えなければいけない社会であることも確かである。改革するということは、質の違う敗者が出現するということであり、この時考えなければいけないことは、敗者を出さないことではなく、敗者を適切に処遇することである。公務員天国で土地を引き継いだ農家や会社を引き継いだ中小企業経営者が既得権益を独占している現代社会を「平成の身分制度」と揶揄している古賀は、農民や中小企業経営者にも失業保険を適用すべきとして以下のように述べている。

中小企業経営者は事業を止めると、完全に収入の道が途絶えるので、赤字でも会社にしがみつく。その結果、見切りどきを誤り、最後は悲惨な結末を迎える経営者も少なくない。半年から一年、失業保険をもらえて、これは差押禁止としたらいい。これで当面は食いつなげるとなれば、本当に危うくなる前に見切りをつけられる。日本の構造転換も早く進む（p332）。

これはまさしく、経済競争におけるノーサイドの精神である。終身雇用制度が終わりを迎え、経済活動を含む世の中全体を支配する原理が、「世間」の原理ではなく「社会」の原理にならざるを得ないこれからの日本で、我々日本人は、人間が生きると言うことは「競争することである」ということを理解する必要がある。そして、そのことを前提に、競争社会の本質を理解して行動することも必要である。日本が競争社会になるということは、ただ単に、一生懸命競争させる制度を作るだけではなく、通常は「社会福祉」と呼ばれている「敗者の名誉を守る制度」の充実も欠かせないのである。

第五節　国際経済におけるルール変更について

スポーツルール変更に伴う弱者救済

ここまでは、国内ルールの変更の問題を扱ってきたが、最後に国際ルールの問題を考えてみたい。柔道では、試合の優劣や勝敗が理解しにくいということで柔道着のカラー化が国際柔道連盟で採決された。それでも、国内大会では日本の伝統（と言っても明治時代に発明されたものであるが）を守ってお互いに白の柔道着で戦うことができるので、日本代表をめざさない限り、それほどの問題ではない。国内開催でも国際大会はカラーで行わなければならない。日本で国際大会を行わなければこれまで通りでカラー化を拒否してもいいが、柔道で金メダルを取ることを考えると、日本で国際大会を開かないわけにはいかない。嘉納治五郎杯は、二〇〇九年から国際連盟公認大会となり、名称もグランドスラム東京と変えてカラーで行うようになった。2チャンネルには「カラー柔道着はやめてくれ」という書き込みがあったが、世界の流れには逆らえなかったようだ。このように、各国スポーツ団体においては世界大会で優勝することが共通の最終目標であり、そのためには、国際団体が決めたルールに従うことが最短の道となる（詳しくは前著を参照のこと）。

スポーツ競技は、勝ち負けを決めることが最大の特徴・目的であるので、スポーツが世界に普及すると、必然的に、世界大会を開いて世界チャンピオンを決めることが必要となる。そのために、世界統一ルールが必ず定められ、それがスポーツ界を縛ることになる。経済界よりも世界的にルールを統一する必然性が高いと言っていいかも知れない。カラー柔道着を例にすると、日本人には、柔道選手に限らず白を支持する意見が強いと思われるが、世界の趨勢には逆らえないと感じているので誰も表だって文句を言わないままにカラー柔道着が世界標準となった。ところが、現在問題になっている企業の税率については、すべての国で同じとなれば平等競争の環境が整うのであるが、統一しようという動きはない。理念としては分かっていても、大変な手間と時間と国内調整が必要となるからである。

国際的商業ルール変更の難しさ

スポーツについても、たとえば、レスリングや柔道のような体重制の種目で体重区分が変更になれば、日本代表の強化選手をどう変更するかというような調整が必要であるが、影響を受けるのは区分変更時に強化選手、代表候補であった選手のみである。経済制度のルール変更は、影響を受ける人々が多数であるにもかかわらずその範囲の特定が難しく、この何万倍もの努力が必要となる。時限的に補助金の支出が必要となる分野の指定等利害関係の調整も大変である。

もちろん、スポーツにおいても、直面する選手にとっては、体重区分の変更は人生の一大事ではあるが、国の一大事ではない。経済における国際ルールの変更は国の一大事であるので、たとえその変更が大義名分に沿うものであったとしても、批准には大きな難関が待ち構えているであろう。しかしながら、ルール変更の構造枠組みがスポーツルールの変更と同じものであるという理解は、国際ルールの変更を扱う部署に人間にとっては必須の知識であると考える。

ところで、この国際ルールの変更が必ずしも大義名分に基づくものではなく、大国のエゴによる場合もある。しかしこれも、スポーツの実情を参照して考えることができる。たとえば、かつてヨーロッパ諸国が圧倒的に強くて役員数も多く、観るスポーツとしても人気もあるスキー競技では、日本選手が活躍しすぎたためにジャンプ競技の板の長さ規定が変更された（身長プラスＸ㎝が身長のＹ％になって身長の低い日本人に不利になった）。複合競技で荻原健司が圧倒的に強かったためにジャンプと距離の配点比率が変わったこともあった。また、古くは東洋の魔女対策に東京オリンピック後にネットの高さが変えられたバレーボールの例も見られるように、合理的な理由が考えにくい例（名目はラリーが続くように）もある。しかし、これらの決定が日本が反対しても成立するのは民主的な多数決によっているからである。柔道着のカラー化も、宗主国日本の意向を無視して多数決で採用された。

これらの決定がそれほどの大問題とならない背後には「ある国の選手が勝ちすぎる」という理由は、次章で紹介する大リーグのキャップ制の制定理由にあるように、多くの選手に勝つチャンスを与えるという大義名分となる。また、ルール変更はその時代の一部選手には負担をかけるが、広い目で見れば、そのルールは誰に対しても平等であり、他の選手はそのルールに対応して努力すればいいわけだからである

スポーツと違って、経済においては、国ごとに目標が異なり、経済競争での世界順位を決めるルールも存在しないので、統一ルールを作り出す必然性も希薄である。一応、経済における平等競争をあらゆる分野で取り入れることが最終的に善であるという方向性はあったとしても、そもそも、各国の国内ルールに違いがありすぎて、国際ルールのまとめ方は大変である。

柔道においても、カラー柔道着の制度確立にあたっては、経済的に困っている国には（必ず異なった二色の柔道着を持参する必要があるので）カラー柔道着を贈る措置を決めたと記憶しているが、考えてみると、それらの国々では練習場も貧弱なので、「練習場を作ってくれ」という要求が出てもおかしくない。それを認めると「今度は……」という形でエスカレートしそうである。

しかし、多すぎる要求を出しても、国際スポーツ団体はそれを拒否するだろうし、それで国際団体が空中分解することはない。それは、スポーツが非生産活動であり、スポーツ活動の停滞が一国の趨勢に関係する度合いが小さいからである。経済活動は、国際ルールを統一する圧力がスポーツに比べ

て極端に低いことは確かだが、そのことを念頭におきながらも、それでも統一する方向での議論は重要であろう。

タックスヘイブンの問題が新聞紙面を賑わしているが、一見すると、関係国が集まって税率を統一してしまえば問題がないように思える。問題は、全世界に同一税率を適用するための国を超えた唯一の暴力装置がないことである。たとえば、WTO（世界貿易機関）協定は、自由貿易の国際ルールを決めたものであるが、例外事項が多く、さらに、協定に加盟しなければ守る必要のないルールである。スポーツ活動においては、国際連盟に加盟しなければ国際ルールを守る必要もないが、国際試合をしたいという国民の声は非加盟を許さないだろう。

ところが、経済活動おいては、国内閉鎖経済で潤っている一部の国民にとって加盟に積極的になる理由がない。貿易が自由化されると、先進国で単純組み立て作業に従事する労働者にとっては、賃金の低い低開発国の労働者との競争になるので、デメリットしかない。メリットがあるのは、多国籍化した大企業の複雑な仕事を支える技術を持った人間だけである。

ここでも、競争は平等な人々の間でしか機能しないことを思い出して欲しい。現在のサッカーは、どこの国同士が戦ってもそれなりの試合になるが、サッカー誕生時は、イギリスが強すぎて試合にならず、国際連盟はイギリス抜きで設立された事実がある。

経済競争においても、国力に差がある場合は、駒落ち将棋の要領で国際ルールを決める必要がある。トランプ現象の裏には、このような競争の本質に関する考察の不在を指摘することができる。この問題は次章で少し議論するが、前著（p157－63）に詳しく書かれているので参照してほしい。

第七章　スポーツをキーワードとした現代社会の分析

第一節　民主主義とスポーツ

スポーツは民主主義を涵養するか

戦前から戦後まで活躍した体育学の第一人者大谷武一は、戦後すぐの『これからの体育』で、以下の記述を行っている。

今後の体育は、学校における場合でも、社会における場合でも、スポーツを中心に運営されることになるものと考えて、まず、まちがいはない。それは、これからの我が国の教育は、専ら民主主義を基調とした自由教育を行うことになるわけであるが、スポーツは、民主主義の基盤の上に発達したものであるだけに、今後の教育と同調で行けるので、指導上まことに都合がいいわけである（大谷武一体育選集第五巻、p103－04）。

大谷は、現在の体育界にも大きな影響を持っている偉大な研究者教育者である。しかしながら、筆者が分析してきたように民主主義はかなりの時間をかけて定着してきた政治経済制度であり、民主主義の基盤がない日本でスポーツを「通した教育」をするのであれば、大問題が待ち構えているはずであるが、その点には無頓着である。

スポーツは自由な自主的活動であるからという大谷の説明から、どうも彼は、民主主義社会を自由で自主的な活動を重んじる社会と捉えているようである。確かに、理想的（理念的）な民主主義社会は、自由で自主的な人々の活動に基づき他者をも重んじる競争活動が展開されている社会であるが、現実の民主主義社会はどの国をとってもまだ発展途上であり、日本はもっとも遅れた民主主義国の一つであることが理解されていない。

このことが、これまで問題にしてきたように、スポーツが全世界的に発展しながらも、非民主主義国ではスポーツ組織の民主化が進まないことと深く関連していると思われる。日本においても、全国規模の競技団体のほとんどで、会長選挙は行われていない。

スポーツ団体の会員選挙の実態

そんな中で、もっともオープンな競技団体の一つである日本サッカー協会で会長選挙があった。朝日新聞は、以下のような記事を書いている（2016.2.1）。

大仁邦彌会長の任期満了に伴う日本サッカー協会の会長選挙は31日、東京都内で開かれた同協会の臨時評議員会で投開票があり、田嶋幸三副会長（58）が原博実専務理事（57）を破り、次期会長に選ばれた。同協会は今回の改選から新しい制度を導入。初めて選挙で会長を選んだ。これまでは一部の幹部が決めて、評議員会で追認していた。

得票数は、田嶋氏が当選に必要な過半数の40票、原氏が34票、白票が1票。Jリーグのクラブや都道府県協会の代表らが務める評議員75人が投票した。田嶋氏は3月27日の評議員会、理事会を経て第代会長に就任する。任期は2年。

田嶋氏は、Jリーグを現在の春開幕から夏開幕に変えることなどを政策に掲げていた。日本協会理事会は理事28人の投票の結果、田嶋氏を理事会選出の候補者に推していた。田嶋氏は「身の引き締まる思いだ。掲げた政策を確実に実行していく」と話した。

■掲げたJ夏開幕、今後焦点

アジアサッカー連盟や国際サッカー連盟（ＦＩＦＡ）の理事を務め、選挙経験が豊富な田嶋氏が次期会長の座をつかんだ。

全75票のうち、都道府県協会の代表が47票を持っていた。都道府県協会の自主的な運営のため一部の財源を日本協会から移譲する、という田嶋氏の提案は好意的に受け止められた。ある評議員は「地方を大事にする田嶋さんの方針がありがたかった」と話した。

大票田で好感を持たれたのに、結果が6票差だったのは、田嶋氏が２０１９年からJリーグを夏開幕に移行するという政策を掲げたことが一因とみられる。これまでサッカー界で何度も持ち上がっては頓挫した問題だ。Ｊリーグクラブの評議員は「（現状維持を掲げた）原さんの方が我々に寄り添ってくれていると感じた」という。

国内のスポーツ統括団体で初めて会長を選挙で選んだ。

ある県協会の評議員が自分の考えた投票先を協会内で了承してもらおうとしたところ、異論が出て紛糾した。結局、投票先はひっくり返ったという。その一方で、投票先について議論することなく評議員に一任した団体もあった。

候補者が掲げた政策を比較して投票した評議員もいたが、「ＦＩＦＡ理事の田嶋さんが落選して国際的な影響力が落ちては困る」「過去に要望を聞いてくれた候補に投票した」という評議員もいた。

日本協会理事から投票権がないことに不満の声があがった一方、日本協会理事会が推す候補者を示す選挙制度に、「押しつけ」を感じた投票者もいた。

選挙自体への疑問や賛否が残るなかではあったが、Ｊリーグの開幕時期を変えるという「大工事」はお墨付きを得た。同時に、田嶋新会長のサッカー界に対する責任にもなった。今後のかじ取りが注目される。

背景が理解されるように全文を引用したが、読者諸兄は、競技団体内のもめ事は頻繁に報道されるにもかかわらず、投票による決定が初めてだったことに驚かれたかも知れない。この事実は各競技団体は、規約上、理事会等の会議で選出される建前になっているが、実質は禅定や裏取引で会長が決められていたことを示している。そのため、形式上は投票権を持っている下部団体（各県競技協会や当該競技の中学校部会・高校部会等）が、本来議論しておかなければならない投票指針を作成していなかったことが、混乱の一因であることが読み取れる。

朝日新聞は後に、日本サッカー協会会長選挙の余波についても以下のように問題点を報道している（2016.3.28）。

■〈視点〉くすぶる会長選の余波

新体制が始動した華やかさの裏で、他の競技団体に先駆けて採り入れた会長選への否定的な声がくすぶり続けている。根強いのは、会長選の勝敗が遺恨を残さないかという懸念だ。

敗れた原博実氏がJリーグ副理事長に転身したことで、協会とJリーグの対立色は鮮明になった。サッカー界を動かす両輪。オープンな議論を重ねて協調する姿勢が互いに求められる。

新会長には幅広く意見を吸い上げることにも努めてほしい。

推薦候補者を決める事前の理事会投票では田嶋氏19対原氏9と大差がついたが、日後の評議員の投票による会長選では40対37（白票1）に縮まった。

ある評議員は「田嶋氏を選んだ理事会に、半ばノーに近い意思を突きつけた結果だ。新会長のかじ取りは慎重にならざるを得ない」と話している。

田嶋氏のエリートを集める選手育成論に対して、原氏は各地方の特性を尊重した多様性を訴えた。原氏を支持した声に耳を傾ける必要があるだろう。

田嶋新会長の下、役員人事は一新された。一方で、2年ごとの会長選のたびに人事がひっくり返っては、強化、育成、普及の継続性は失われかねない。

協会は評議員にインタビューするなど会長選の検証を始めた。任期を含めた見直しも新体制に課せられたテーマになる。

「会長選の勝敗が遺恨を残さないかという懸念」を多くの関係者が感じていたとすると、民主主義政治とスポーツにおける競争の相同性の認識がサッカー協会関係者に共有されていなかったことを示している。大谷が述べたようなスポーツ教育が十全に実践されていれば、サッカー競技をかつて模範的に体験してきて役員に選出された理事による選挙で、民主主義違反するこのような事態が起こるはずがない。この事実は、非民主主義国である日本では、スポーツ教育と平行して民主主義教育を実践することが必要であったことを示している。このような状況で、選挙権年齢に達した高校生の政治教育は大丈夫なのであろうか。教育関係者に実践方法の再考を促したい。

スポーツ団体の民主化

朝日新聞は、「スポーツ団体　会長選挙を広めよう」との社説を発表して、以下のようにスポーツ団体の民主化を要求している。（2016.2.2）。

> 候補者が自らの公約をアピールする。有権者は吟味して票を投じ、リーダーを選ぶ。民主主義社会では当然のように行われている手続きでも、日本のスポーツ競技団体にとっては画期的なことだった。
>
> 【中略】
>
> いまの多くの団体の慣例は、とても民主的とはいえない。一部幹部らの話し合いで候補者を決め、評議員会などに諮る。そうした手法を採っている。

学閥や、先輩・後輩、有力チームを持つ企業の力……。各種団体では、そんな複雑な内情が幅をきかせがちだ。話し合いで会長を決める背景には、組織内に対立の火種をつくらないといった思惑がある。しかし、それは身内の理屈でしかなく、スポーツをささえる社会全般への説明責任は果たせない。

【後略】

これは二年ほど前の社説だが、昨今のスポーツ界の数々の不祥事を予言していると言えなくもない。これらの事件についてのコメントは。事件の全体像が明らかになっていないので差し控えるが、社説で「いまの多くの団体の慣例は、とても民主的とはいえない」としている部分については一言述べておきたい。それは、この「多くの団体」にはスポーツ団体だけではなく、今回対応が問題なっている大学当局や、日本の農業団体・商工団体、及び、労働組合等の多くの団体も入るのではないかということだ。

実際、青森県の弘前商工会議所では、現会頭と現副会頭による選挙が行われそうになったが、前会頭が仲介に入り、選挙は行われなかった。前会頭は「選挙は、みんなで協力し合って地域の経済を進めていくという商工会議所本来の目的にそぐわない」と調整に乗り出した経緯を説明した（陸奥新報、2016.10.28）。さらに、定款上は過半数の信任をもって選任となることから、総会で、総務委員会が会頭の選任方法について信任投票を提案したものの、議員から「（不信任票が明確になるのは）オール弘前を進めていく上でふさわしくない」という意見が出され、多数決の末、慣例通り拍手による信任で現副会頭が次期会頭に選任された（陸奥新報、2016.11.2）。

討論の過程で激論が戦わされても、その論争は、団体の路線選択競争の中でのやりとりである。何度も繰り返してきたように、競争は相手を平等な他者と認めた上でのみ成立するのであって、会頭候補に否定的な意見があったとしても、相対的な優劣の議論である。したがって、会長候補への不信任票を、全人格を否定している票と考えるのは民主的ではない。民主的な討論が行われた後であれば、選挙後には、ノーサイドの精神で協力して団体を運営できるはずである。もしできないとすれば、そのような団体を構成している会員に、民主主義理解の素養がないことになる。したがって、そのような団体が日本に多いとすると、日本は形式的に民主主義を採用しているだけの国と証明しているようなものである。

朝日新聞の社説が指摘している「スポーツをささえる社会全般」がこういう状況であるとすると、「社会全般への説明責任が果たせない」ではなく「スポーツ団体を含むすべての組織は民主的な運営を行っているかどうか反省すべきである」と締めくくるべきである。

筆者は、本職である大学で、自分の関連分野の採用人事で、二人の候補者のどちらを採るべきかについて、同僚の教授と投票前の教授会で激論を交わしたが、投票決着後には何の遺恨も残さず親しくつきあっていた。＜視点＞記事に書かれていたような「会長選の勝敗が遺恨を遺さない」闘い（競争）が日本で普通になるのはいつの時代であろうか。

ここでもう一度、スポーツ制度は民主主義制度の確立過程と平行して発達してきた歴史があることと、それを輸入した民主主義国でない国々では、日本に限らず、スポーツのみが真っ先に国民生活に浸透し、そのことがかえって民主主義を遅らせる場合もあることを強調しておきたい。その懸念を以下に説明する。

スポーツ界の先覚者には、政界や経済界よりも「競争」の在り方に関する意識が進んでいる方々も存在する。以下に、オリンピックのフェンシング銀メダリスト太田雄貴とサッカー元日本代表キャプテン宮本恒靖の対話の一部を紹介する（朝日新聞、2015.11.28）。

太田　大事なのはコーチや監督との対話ですね。僕のコーチのオレグ（マツェイチュク）はウクライナ人。疑問があれば、意見をドーンとぶつけてます。

宮本　おれは今、ガンバ大阪の下部組織のコーチだから、選手を信じさせる言葉の力の大切さは、すごく感じる。

太田　指導者は論理的に伝える場合と、感情に訴えるときと、選手の性格によって変えないといけないですよね。ただ、日本人は議論する時点で受けつけない部分がありませんか？

宮本　たしかに。「自分が持論を言ったら、相手がどう思うだろう？」と考えがち。でも、言うことによって自分が変わり、チーム全体が良くなるきっかけになることもある。監督の心証が悪くなることはあるかもしれないけど、おれは言うべきだと思っているし、そうしてきた。もんもんとためこんでいたら、引きずって悪くなる。

太田　ぼくもコーチにけっこう言いますね。言い過ぎてけんかになることも。本当にお互いに本音をさらけ出し、その後、謝りあう。目標が一緒だから、わだかまりはない。

宮本　おれはコーチとして先発の11人を決めなくちゃいけない。この間、試合後に「恒さん、なんでおれ出られないんですか？」と聞いてきた選手が居た。「おお、来たか」と思って、そこで正直に、おまえはここが足りない、ほかの選手に比べて、ここは良い点だから伸ばせ、と話した。彼は半分泣きながらおれの話を聞いてたけど、話して、お互いの立場をクリアにして次に進むべきだ。

太田　サッカーの場合は、ただ能力が高いだけではダメだと思うんですよ。どうチームに貢献できるか、というのが大事。団体戦って不思議な力が働く。フェンシングの場合、個人戦を9巡やるんです。僕ら10月の米国でのW杯で2位だったんですけど、日本チームで世界ランキングで30位以内に居るのが2位の僕だけ。そのチームが、世界のトップ10選手が3人いるロシアに勝てた。海外の選手にはない日本人の結束がある。腐らないとか、キレないとかの規律、精神面を含めて。

宮本　日本人は与えられた戦術を忠実にこなす能力は高い。その戦術がはまれば勝てる。でも、アドリブが求められる局面もある。そこで瞬時に判断して実行に移すのには時間がかかるというか、苦手なのかも。言われたことをこなすことに慣れている。幼い頃からの教育環境が影響しているのかも。おれは今、頭ごなしにああしろ、こうしろとは言わないようにしている。

波線は筆者の追加だが、政界でこのような対話があったとしても、マスコミが自主規制して記事にならないのではないかと思われる。たとえば、太田の発言（二つめの波線）を政界風に言い直すと、「ぼくも党の長老にけっこう言いますね。言い過ぎてけんかになることも。本当にお互いに本音をさらけ出し、その後、謝りあう。目標が一緒だから、わだかまりはない。」となるが、そういう会話があったという話は聞いたことがない。そういう会話がまったくないとすれば、それはそれで大問題だが、あるけど新聞には書かれないとすれば、それも、二つの意味で問題だ。一つは、政界には議論する時点で受けつけない人が多いということがマスコミのタブーであること、そしてもう一つは、スポーツはそのタブーが及ばないほど別世界であるという認識（だからマスコミも平気で記事にできる）である。

政治をスポーツ的にやればもう少し風通しがよくなるし、スポーツを政治的にやれば、もう少し金メダルが増えるのではないだろうか。

第二節　政策論争とスポーツ

政治ルール制定の歴史的背景

第五章第六章で指摘したように、社会集団は古代から、つまり、立憲政治が成立するずっと以前から、盗みや契約不履行を悪とする、暗黙の、あるいは、明示されたルールを、意識的あるいは無意識的に認識しており、そのルールのもとで自由に生活していたはずである。ただし、そのルールの変更権がどこにあるかが時代によって異なっていた。

歴史的にもっとも古い時代の生活単位は家族単位の集団であり、その集団のルール決定権は家長であったと思われる。しかし、この時代のルールはあってなきような不文律ルールであったと考えられる。この家族集団に相当する現代の家族にあっても、門限や子どものスマホ使用時間のルール等のみが成文化（言葉にするという意味であり書き残されなくてもよい）されたルールであり、「贅沢品を買ってはいけない」等のルールはあるようでない。おそらく、家の所得状況等で家庭内の暗黙のルールに違いがあると思われるが、門限のように成文化されたルールではないものが多い。家族単位の集団の規律とは、このようなものであったと思われる。

ところが、時代が下るとより大きな集団での生活となり、成文化されたルールが必要となる。集団が大きくなるほどルールも多くなり複雑化し、顔の見えない集団では、ルールを守らせる組織が必要となる。人類学の立場からこの問題を研究したグループは『制度　人類社会の進化』を出版しているが、その中で、曽我亨は制度を作る必要がない限界人数であるダンバー数（一五〇人程度）を紹介して（p28）、制度が必要になる理由を考察している。

スポーツがパブリックスクールの校内競技大会程度のレベルであった時代は、この程度の人数が関係者総数であったと思われるので、制度制定初期の人類の状態はスポーツでアナロジー可能かも知れない。

昔のサッカーには審判がいなかった。紳士のスポーツで、意図的なルール破りは考えられなかったからである。ルール違反は突発事態であり、突発事態はその場での協議で対処していた。審判（レフェリー）の誕生について、武智幸徳は以下の伝聞を記している。

大昔イングランドでサッカーのルールが制定されたころ、審判はフロックコートを着て観客席にいた。ピッチの中にいるのは選手だけ。判定は両チームの主将が話し合って決めていた。そして、どうしても両チームの主将同士での話し合いがつかない時、観客席の審判にお伺いをたて裁決をあおいだ。refer（参照）される人（という意味）から referee（レフェリー）という言葉が生まれた。しかし、時が経つにつれて、主将同士の間では収拾がつかなくなってきて、裁決を仰ぐことも頻繁になり、面倒だから審判はピッチの中に入って判定を下すようになった。審判の服が黒いのは、このフロックコートの名残だ（『サッカーという至福』p222)。

現代サッカーではとても適用できない制度だが、その理由は、サッカーの本質が時代とともに変わったからではなく、競技者の数と質が変わったからである。競技が専門化したためと考えられる。体育の授業や素人の間でのスポーツは特に勝敗を意識しないで楽しめるが、運動部で練習を積むと勝利を意識しないチームとの試合が面白くなくなることは、多少でも部活をまじめに取り組んだ経験のある読者であれば理解できるであろう。実は、こう感じた時点から「ルールの中でズルをしても健康を害しても勝利を目指して戦うスポーツ」の競技者となるのである。また、多くの競技者は自覚していないが、競いあうことが日常となり、勝ちをめざすことがないと模擬戦の興奮を十分い味わえなくなったことも理由の一つかも知れない。

本書で強調しているように、民主主義がルールに基づく政策提案競争だとすると、選挙も、公職選挙法というルールの中でズルをしても高得票をめざす競技とみなすことができる。スポーツ発生の歴史から考えると、この集票競争も、その初期には、ルール無視の活動があったことが想像される。民主主義の模範と言われるイギリスでも、初期の選挙では買収事件が多発していたし、日本では、水面下でいまだに横行している。

日本における政治分野での競争

最近知ったが、議会政治が政策提案競争であることは筆者の専売特許ではなく、井堀利宏が『経済学で読み解く日本の政治』において、「選挙は、有権者に対する政治サービスをめぐる複数の政党間での政治的競争である」と、すでに記述していた(p49)。

また、陸奥新報の「平成と私インタビュー」では、浅野史郎元宮城県知事が、知事会について「今の知事会は活気がないという声もあるが、国と相対するだけが知事会の役割ではない。特色ある知事が47人も集まるのだから、成功政策の情報などを交換し、『善政競争』として切磋琢磨すればいい」と「競争」という言葉を使って発言している(2018.6.8)。しかし、この政治的競争を「政争」と表現している多くの方々は、その意味をどれほど理解しているのであろうか。

選挙が競争であるとすると、選挙は競技者である候補者が平等な条件で意見を発表して討論することによって成立するが、日本ではその論争が機能していない。このことは、前節の太田・宮本対話にも出てきたし、前述した福澤諭吉も明治時代に指摘している。にもかかわらず、百年経ったいまでも改善されていない。

たとえば、全国版ニュースとなった青森県平川市の市長選挙における買収事件について、朝日新聞は以下のように報道している（青森版、2014.11.7）。

買収金「4年間のお礼」

1月の平川市長選をめぐる現金買収事件で、公職選挙法違反の罪に問われた前市長大川喜代治被告（69）と、支援者で元社会福祉法人理事長水木貞被告（66）の公判が6日、青森地裁弘前支部であった。大川被告は、市議に現金を渡した動機を「非常に気を遣う議員対策を私は普段やっていなかったので、（市長だった）4年間のお礼としてだった」と語った。

被告の支援者「財源は自腹」

検察側の冒頭陳述によると、両被告は昨年8月、大川被告のための選挙運動などをしてもらう目的で市議の買収を画策し、その後、水木被告が14人に現金各20万円、1人に100万円を手渡したなどとされる。

弁護側の被告人質問で、大川被告は、水木被告から「任せて下さい」と市議の買収を提案され、買収額については「お任せする」と答えたと説明。過去の市長らは会合や飲み会で議員に多額を使っていたとした上で、「私は議員対策をほとんどやっていなかったので、その金を（市長の任期）1年で5万円と計算して20万円。一つのお礼という感覚だった」と述べた。

スポーツにおいて対戦相手の負傷を気遣った戦前のテニスの逸話にもあるように、論争の相手に気を遣うのは日本人のエイトスかも知れないが、民主主義とは相容れない。

テニスで怪我をすれば棄権敗退がルールである。ルールを曲げて相手を気遣うことを認めれば競技会が成立しない。討論の時間経過の中で相手を論破するのをためらっては政策提案競争は成立せず、そのような議会を持った社会や国は衰退する。なぜなら、政策提案競争が起きるのは、どのような政治を行うことが自分たちの社会に必要かということに関して合意が成立していない（明らかに正しいと思われる解がない）からである。

筆者は、前著で、ガルブレイスの「貧しい国家では、人びとは自分の欲しい物を知るのにほとんど困難はない」という言葉を紹介し、以下のような指摘を行った（p255）。戦後の貧乏な時代はどのような政府になっても、とるべき政策は同じであり、複数の官僚や政治家が競争して政策を立案し、よりよい方を採用するように手間をかける必要がなかった。このような状況では、平等な立場での政策論争をするより、分をわきまえた前例踏襲行動の方が大切であり、日本が貧困である間は、スポーツをやる余裕もなく、スポーツ競争をやらなくてもいいように、政策提案競争もやる必要がなかった。

戦後の日本では、本格的な論争は必要なかった。詳しくは前著にあたってほしいが、55年体制における自社の論争は本当の意味での政策論争ではなかった。社会党が自由主義経済の理論で「米余りなのになぜ米価が上がるのだ」と文句を言って、自民党が社会主義経済の理論で「農民の給料をサラリーマン並みにするために米価を上げるべきだ」と主張して、結局は減反政策（正しい名称は「米の生産予想見誤り尻ぬぐい策」）に自社とも賛成して今日に至っていることを考えてみれば明らかであろう。米価が上がらなければ絶えきれずに転職する農民が出てきて、サラリーマン並みに収入を確保できる農家だけが残って、適正米価が決まるはずであった。尻ぬぐい策を何十年も続けたのであるから、改革時に痛みが大きいのは当然である。日本における論争実態の問題点は、前著で原発問題も例に挙げて批判を展開してあるので、参考にしてほしい。

そこでの最大の主張は、「論争が競争であるということは、どの政党の政策が正しいかが決まっていないことが前提になければならないはずだ」という点である。自民党の政策提案が常に勝つ55年体制では、その前提が成立しておらず、論争にならなかった。おそらく、二〇〇九年に民主党政権が誕生した後に、初めて、論争が意味を持つようになったのである。しかしながら、本格的な論戦を経験していない日本の政治家は、各党の政策を宣伝するだけで、国会議論が論争として機能していない。

特に、現政権の安倍首相の答弁はどう考えても論争を避けている。第五章で指摘したように、野党の質問に論理的な対応をしていないので論争にならないのだ。

ただし、前出の経済学者井堀利宏は、90年代までの各党の公約を分析して、自民党の公約は時代とともに大きく変わっているが、共産党や社会党の公約はほとんど変わっていないことを示している(p.39)。筆者が指摘した55年体制の継続理由には、理念のみの理念政党が、実利のみの利権政党に負け続けた歴史という面もあるかも知れない。

第三節　国際経済とスポーツ

国際ルール制定への圧力

最近、タックスヘイブン(租税回避地)が大問題となっているが、スポーツと対比すると問題の本質が見えてくる。このことを詳しく議論したい。

本書では、スポーツも経済も、ルールに基づく、あるいは、ルールを尊重した競争と定義した。そのルールは、参加者の誰にでも平等に適用されなければならない。そうでないと、公正な競争が成立しないからである。

スポーツにおいては、国際競技連盟がルールの決定と適用の公平性を担保しているために、世界一（金メダリスト）が特定されて、全世界から賞讃される。同じように、世界経済においても、自由貿易が推奨されているが、前章でも述べたように、経済ルールが国際的に統一して適応されているかというと、必ずしもそうではない。そのため、以前から問題にされてはいるものの、なかなか解決していない。この問題は前著で指摘しているので、その記述をまず再掲したい。これは、前著における筆者の主張の核心部分であり、ある大学で入試問題として出題されたことがある。


中小企業を保護する数々のルールは、日本という閉じた社会が編み出した企業保護の特殊ルールである。このルールは、片上がり成長期の日本社会を安定させるために一時的には有効なルールだったかも知れない。しかし、現代では、企業の過保護のためには機能していても、企業競争の阻害因子となっている。


この例をスポーツを参考にして考えてみよう。スポーツでは、平等競争を最大限追求するためにルールが作られている。しかし、生まれながらの平等のみを追求すると、多くの競技では、体格の良い者のみが得をすることになる。そこで、柔道やレスリングのように体重制を採用して実質的な平等を確保するようなルール変更がなされた。

この例を考えると、バスケットボールやバレーボールでも長身の選手が有利であるので、身長制を採用してもよさそうである。そこで日本では身長180cm以下のチームとそれ以上のチームに分けてそれぞれで日本選手権を開くとしたとしよう。これはそれなりの合理性があるので実施可能である。しかし、180cm以下の部でチャンピオンになったチームの選手は、バスケットボールの田伏選手のようなよほど技術の高い選手でない限り、世界選手権に出場することができない。共通ルールで戦える場がないからである。

柔道やレスリングでも、国際的な体重区分は体格に劣る日本選手にとって適切な数値とは思われない。そこで、国内試合では体重区分を変更することも一理ある発想である。本家を自認する柔道などでは、導入の可能性がないわけではない。ところが、国際大会で勝つことを考えると、大会によって減量目標が変動する事態は選手にとって障害となる。

日本特有の階級分けは、国内での競技だけを念頭に考えれば、むしろ好ましいルールかも知れない。ところが、スポーツがグローバル化し、世界選手権やオリンピックが頻繁に開かれるようになった現在では、ローカルルールに固執することは不可能である。このようにスポーツのローカルルールが世界統一の圧力に屈してしまう理由は、世界中の人間が「平等条件」で競争するためには統一ルールでやるしかないからである。一部の国にとっては好ましくないルールとなってなかなか国際試合で勝てない事態となっていても不満が表に出ないのは、プレーする選手にとって敗戦が重大な経済的と損得に連動していないためと思われる。また、敗者もそれなりの存在が認められること（フェアプレーの精神）も、ルールの統一を後押ししている。この認識なしには、現代の政治も世界経済も理解できないであろう。敗者もそれなりに処遇されることが明確でないが故に、経済ルールの統一が進まないのである。

仮想上の話であるが、もし、国際柔道連盟が「国際大会の体重区分は開催国のルールにあわせる」

という基準を示せば、理論的には運営できないことはない。しかし、真の世界一を決定することが至上命題である国際柔道連盟がこのような決定をするとは考えられない。統一ルールによる世界選手権開催が柔道を発展させることが明らかだからである。

同じように、経済分野でのルール統一の動きも、統一ルールで競争することで世界経済が発展することが自明だからである。しかし、ルールを作ればその時点で有利な国と不利な国とがでてくる。スポーツも同じではあるが、スポーツは「たかがスポーツ」である。ルール改正によって不利益が生じる国の選手が急に金メダルをとれなくなっても、その国の人びとの生活が困るわけではない。スキーのジャンプにおけるルール変更で日本が勝てなくなったという記事にしても、記事が一つ出て終わりであった。ところが、経済はそうはいかない。国際法が完全に市民権を得ていない状態での国際経済競争においては、敗者である貧困国家への援助ルールが、作れない、あるいは、ルールを作っても信用されないので、完全な自由競争にはなりきれないであろう。また、国内の経済競争も、敗者への配慮を欠いた体制を続ける限り、アダム・スミスの言う「神の手」にはなり得ない。ルール作りの前に、敗者へのいたわりが必要であり、日本人はその意味が分かっていない。敗者へのいたわりは、慈善活動ではないのである。日本におけるこのような思想の不在が小泉改革の挫折をもたらしたのである。現在は小泉批判改革批判の大合唱であるが、この視点を欠いた単なる小泉改革批判は将来を見通した政策変更につながらないであろう（p158–60）。

国際社会のルール決定はなかなか難しい。ここにも書いてあるように、ルールの統一は、少なくとも、一ヶ国以上の国が自国の制度を変更しなければならないからである。自由貿易の推進は先進国を中心に構築されてきたものであり、産業基盤の整備が遅れている弱小国家から承諾をとることが難しく、常に、反対に直面させられてきた。だいぶ前に、学生時代の朝日ジャーナルを読む機会があったが、巻頭言に当たる部分で自動車産業の資本自由化問題が議論されていた。正確には覚えていないが、莫大な規模を誇るアメリカの自動車会社（ビッグスリー）が日本に自由に参入できるとなると、日本の自動車会社はひとたまりもない、という論調の文章があって感無量と感じた記憶がある。

世界統一ルールと二国間ルール

アメリカ人は未だに、大リーグの覇者と日本シリーズの覇者との対戦を対等な競争にならないと拒否しているが、あの時点、今から四〇年以上も前に、アメリカ人は、「GMやフォードとトヨタ・日産は対等に戦うべし」という申し入れをしていたことになる。

現在の世界経済ルールは、国内の制度については、各国に任せている現状である。これがスポーツと経済の違いであるが、前著の引用にあるように、もし、日本柔道連盟が、日本人の体格に合った体重区分で試合をしていたとすると、それに都合がよい体格の人種が多い国では、喜んでその体重区分を採用し、日本との国際試合も活発になるであろう。しかし、そうでない国との間では、かえって交流が妨げられることになる。

さらに、スポーツと経済の違いを指摘すると、国際ルールというとスポーツ界では、限定がない限り全世界共通の厳密なルールのことを指すが、経済的国際ルールであるWTO協定は、完璧なルールと言うよりは抽象的な規制ルールである。そのために自由貿易を促す二国間あるいは多国間の協定が実質的な貿易ルールとして機能しているが、それは、右の柔道の例のような問題を抱えている。

TPP（環太平洋経済連携協定）やNAFTA（北米自由貿易協定）の地域自由貿易協定について、米社会学者のイマニュエル・ウォーラーステインが、「グローバリゼーションの成果とされていた構造は崩れていきます。ＴＰＰは今回の選挙結果で終わりを迎えるでしょう。さらにこうした協定は、実は開放的ではありません。当事者間では障壁をなくしますが、参加していない国との壁は逆に高くなる。むしろ、保護主義的な仕組みだととらえています」と指摘していることは、スポーツと経済におけるこのような競争構造の相同性を示している（朝日新聞、2016.11.11）。

ただし前著から引用した柔道に関する考察は単なる思考実験の記述であり、柔道はオリンピック種目として採用された時から軽量級・中量級・重量級という体重制が採用されていたので、国際大会の優勝が最終目標である限り、日本独自の制度制定は考えられない。

一方、経済競争においては、「世界一になる」ということが必ずしも最終目標ではないので、ルールを統一する圧力が小さく、世界統一ルールがなかなか実現しない。地球温暖化はどの国にとっても深刻な問題のため、万国共通の対策を決める圧力となっているが、それでも、先進国と発展途上国の利害が対立して、なかなか合意が得られていない。ましてや、会社の税率の統一は、各国の利害が一致せず統一圧力が弱い。それでも、先進国間ではある程度の統一圧力として働いている。これも、前著を引用して考えてみよう。

最近の『朝日新聞』の経済コラムに「もう一つの日韓戦」という題の記事が掲載された。韓国は円安と低法人税率であり、ＥＵや米国とのＦＴＡ交渉が成立すれば、トリプルハンディを負うことになると解説した後「スポーツにおいては同じルールの下で戦うのが基本である。企業間競争においても、せめてルールによるハンディについては軽減してもらいたいものである。その上で、技術力やサービス力、戦略による戦いに全力を尽くしたい」と結んでいる（２００９・12・23）。この指摘は、自由競争が制度的に伸展すると、法人税率のような経済制度自体を自国の都合のみで決められなくなることを暗示している。「米は聖域」という自己都合ばかりを優先させていると、有り余る米は生産できても、米生産のための機械や燃料の生産を海外に依存することになり日本は滅びるというわけである（p161）。

タックスヘイブンの問題は、法人税の政策的軽減の延長上にあり、資本や貿易の自由化とは違った次元のやっかいな問題である。多国籍企業は、多くの国で活動しているため、税制や品質管理制度の統一は事務量が減るメリットがあるために熱心であるが、儲けの減少につながるタックスヘイブン問題への関与は不熱心である。

この問題がマスコミで大々的に取り上げられた理由としては、政治家やその側近が利用していたことが大きいが、それは、道義的に問題だというレベルであり、新聞の論調もただちに犯罪につながるかどうかの判断は保留しているだけである。しかし、ことの本質はスポーツと違って、国内ルールを制限する国際的な上位ルールが、経済分野においては確立していないことであり、その意味は、どの新聞も指摘していない。

スポーツルールとの違い

たとえば、サッカーにおいては、七人以上参加しないと試合が成立しないというルールが明文化されており、それより少人数でよいとする国内ルールを作ると国際サッカー連盟（ＦＩＦＡ）から文句を言われるが、ある国が法人税を一％に設定しても、国際社会にそれを規制するルールは存在しない。前著の引用部分でも指摘してあるように、スポーツにおいては、勝敗を決めることが最大の目的であり、皆が納得する方法で世界一を決められるように世界統一のルールを作ろうという圧力が働く。そして、そのルールは、スポーツ活動の持つ本質から、敗者が完全にはスポイルされないものでないと成立しない。

ところが、経済の分野では、自国さえ繁栄すればよく、他国のことは無関心である。その最大の理由は、競争の実際場面が観衆である国民の目に触れないからである。たとえ、自国の製品がたくさん売られている場面に遭遇しても、勝ち負けが確定されるのは決算の時期まで待たなければならず、多くの場合は、企業競争の中身の実際を見ることはほとんどなく、敗者である相手国の企業戦士に対して健闘をたたえる気持ちは起こらない。観念的に「経済競争」をメタ認知として把握できる人間でないと、なかなかその存在を理解できず、経済に関する国際ルールの意図的作成には考えが及ばない。

狐狩りを楽しんでいた英国紳士がフランス人にその活動の目的や意義を明確に説明できなかったように、多国籍企業の多くの企業戦士も、経済競争を楽しんではいるものの、その意義や競争が公認されている意味を、明確には掴んでいないのではないだろうか。

スポーツに関しては、その後のスポーツの発展段階のある時点（現代流のスポーツの意味が辞書に載った時点）で「スポーツとはルールに基づく身体競争である」というメタ認知が成立したため、新しいスポーツを作りだすにはルールが必要だとか、ローカルだが面白いスポーツを世界水準に引き上げるためには国際競技連盟を作って国際ルールを確立することが必要ということが常識となった。そして、現在、各国際競技団体は、その種目の後進国に対して援助の手をさしのべて、全世界的な普及を図っている。その理由は、それが、各競技団体にとって、単に名誉が高まるだけでなく、財政規模拡大による役員報酬の増加という金銭的利益をもたらすからである。

経済活動においても、統一ルールに基づく自由な国際競争は業界の世界的発展に寄与するはずである。前著でも指摘したように、多国籍企業の活躍は経済制度の世界的統一に関する一定の圧力にはなっているが、スポーツのような力強い統一圧力にはなっていない。その理由は、近代社会における「暴力の独占」が各国の国内で達成されただけであり、世界秩序における暴力の独占（国際法の実質支配）が達成されていないからである。その理由は、前にも述べたように、その統一ルールの合意には、ノーサイドの精神に基づく敗者救済の制度が不可欠であり、その認識が足りないためである。

つまり、スポーツの発展から示唆される「競争の必要条件」が国連等の国連組織を構成する国々の指導者たちに共有されていないことが、その達成を妨げている。言い換えると、競争の本質に関する知識不足、メタ認知の不完全性が最大のネックなのではないだろうか。

アメリカはスポーツでも独善的

ところで、スポーツ大国アメリカでは、国際規則とは違うルールが適用されている分野もある。バスケットボールにおけるNBAルールは代表的なものだが、サッカーにおいても、一部、バスケットボールに似た試合運営がなされている。たとえば、サッカーの王様ペレや皇帝ベッケンバウアーを大金で獲得して成立した最初のアメリカプロサッカーリーグは、得点増を狙ってオフサイドラインを通常よりもゴールよりに設定していた。また、私が在外研究員としてアメリカ滞在中に見た試合では、中・高校段階の試合がバスケットやフットサルのように二名審判制で行われていたし、大学の公式試合でも、選手交代はバスケットボールのように何回もの出入りが可能で、試合時間はバスケットボール並みにピッチ外のタイムキーパーが管理していた。主審が指示を出すとストップウォッチを止めたり進めたりして時間が計られ、最後は一〇秒前からのカウントダウンアナウンスで終わっていた。

これは、アメリカの国民にとってスポーツ文化が極めて身近なものであり、その「スポーツ」概念が、四大スポーツに引っ張られているためであろう。攻守入り乱れたボールスポーツはバスケットボールしか念頭になく、同じような他の種目を行う場合も、それに引きずられたローカルルールで始められ、「世界スタンダード」を意識することなく民衆に定着したものと思われる。ただし、オフサイドラインを変更したプロサッカーリーグは消滅は、再興した現在のプロリーグは世界標準である。これほど、スポーツにおいては制度を統一する圧力が強いのである。

筆者は、初めて、このアメリカ独特の試合光景を目撃した時、異様さとほほえましさを感じた。ほほえましさは、スポーツが日常化していて何でも生活に取り込んでいこうとするアメリカ国民の主体的生活態度に民主主義の原点を感じたためであり、異様さは、国際社会を無視した独善主義、もう少しよく解釈すればモンロー主義の原点を感じたためではないか、と本書を執筆していて再確認した。

政治経済におけるアメリカの独善主義は、スポーツの有様からも理解できる。それほど、一国のスポーツの運営方法は、その国の政治経済制度のあり方を反映しているのである。国際経済を論じるにあたっても、スポーツ競争の本質理解は欠かせないであろう。

歴史的にみると、スポーツにおいては、その競技が盛んに行われている国のみが参加して国際競技連盟が成立し、他の国々はその後に参加する形で発展した。サッカーにおいては、イギリスの四地域とフランス・ドイツ等の組織が参加して成立したため、ワールドカップは未だに、イングランドやスコットランドが他国と同等の資格で参加している。

スポーツ自体は、どのような政治形態のもとでも楽しめる余暇活動であるが、それは、参加者の平等を前提としており、それなくしては十全に楽しめない。スポーツを行う心構えである民主主義の精神を反映しているからである。スポーツの発展は、ロシアで組織的なドーピングがあったりして紆余曲折はあるものの、基本的には民主主義精神の涵養に資すると思われる。スポーツは、民主主義の発展に直接依拠するものではないが、民主主義に基づく自由経済の発展に間接的に寄与するものであろう。

そう考えると、経済活動においても、中国と台湾の会社が独立して経済競争に参加してもおかしくないはずである。そうできないのは、政治と経済の距離があまりにも近すぎるからであろう。別の言葉で言うと、中国国民はスポーツの本質である民主主義的生活を実践していないからである。

南アフリカ共和国の人種差別に関しては、政治より先にスポーツで全面制裁が課された。また、国際パラリンピック委員会（IPC）はロシアの出場を全面的に認めなかった。ただし、それが可能であったのは、スポーツにそのような強制力があったのではなく、南アフリカが大国でなかったからにすぎない。なぜなら、ロシアの組織的ドーピングに関して、ロシアのオリンピックブラジル大会参加を全面禁止にはできなかったからである。強大化したスポーツと政治とは、それなりの強い関連性があるのである。

IPCがIOCよりも立派な組織であったというよりも、政治家にとって利用価値が少なかったからという解釈の方が妥当であろう。スポーツ運用ルールは政治ルールであって競技ルールではないので、国を超えた統一ルールの作成と運用にはそれなりの限界がある。

第五章の「ルール（法）の国際的適用の限界」で紹介した日韓W杯の誘致過程について、朝日新聞のジャーナリズム列伝の中で、「でも、FIFAのルールではW杯が一つの国での開催が原則だったはずでは?」の質問に対して、サッカー記者の賀川浩は「日本の記者連中も単独開催がFIFAの規程だと声高に主張していたけど、日本みたいに憲法論議をするだけで御法度のような国にいるとわからんのや。外国人はルールをいじることに抵抗なんてない」と答えている（朝日新聞、2011.9.28）。

国体開催地の決定に関して「一度決めた開催地決定ルールを変更してまで開催地を決める」事態は考えられない。スポーツ運営に関しては、スポーツルールではなく政治ルールが適用されるので、スポーツであっても、国際的な運営に関する国際組織の決定には強制力を持つ第三者（国際憲法）が存在しないのである。

しかし、つい最近、平昌（ピョンチャン）冬季五輪を前に、ＩＯＣは、ついに、ロシア・オリンピック委員会（ＲＯＣ）を資格停止処分にした。処分が生ぬるいという批判に答えたかたちだ。朝日新聞は、「また、ＩＯＣのバッハ会長はＲＯＣのジューコフ会長から謝罪があったことを明かしたが、内容を問われると『非公開のヒアリングなので、詳細を私から話すべきでない』と明言を避けた。つまり、誰も明確に責任を取っていない。国家としての責任をかたくなに認めようとしないロシアのメンツを保つ、あやふやな形で収拾を図った。」と指摘したが（朝日新聞、2017.12.7）、国際スポーツ組織が当該国政府の反対を押し切って下部組織の資格停止処分を行えたということは、スポーツルールだけでなく、スポーツ大会運営という政治経済活動においても、「世界を一つにするルールの強制力」が世論をバックにして力を付けていることを示している。この流れには希望を持つことにしよう。

第四節　スポーツ競争からの示唆とその限界

ルール内でのズル

現代スポーツは、ルールの中でズルをしても、健康を害しても勝つために努力することを双方が了解した上で勝敗を競う活動である。そこでは、フェアプレイが奨励されているが、必ずしも競技者全員が平常心を持ってプレイするとは限らないということを前提に運営されている。しかし、観客にとっては、選手が目に余るズルをしたり怪我をしたりしたら、見ていて面白くない。そのため、スポーツ競技団体は、選手のみならず、観客にも楽しんでもらえるようにルール（競技規則）を改善し続けている。これは、企業の工夫と独禁法改正がいたちごっこになる経済活動と同じ構造である。

身体競争を無傷化した初期の気晴らしとしてのスポーツは審判もなしに行い得たが、近代スポーツは勝利が最終目的である活動のために、ルールを理解することでルール内でのズルが巧妙になり、審判が重要な役割を果たすようになった。現代スポーツは、特に勝敗が生活に直結するプロスポーツの場合、これまで述べてきたように、悪意のある行動を抑制することを前提にルールが進化してきた。

独禁法をはじめとする経済ルールの改革も、企業活動においてルールを守らなくても勝てる（儲かる）場合の誘惑はプロスポーツ選手よりも強いことを前提に作られなければならないはずだ。実際、アメリカの裁判では、見せしめ的な高額の賠償金を支払う慣例ができている。「世間」を判断基準とする日本とは異なる弱肉強食社会であることも一因だと思われるが、経済大国を自認する限り、世界スタンダードのルールが必要なはずだ。スポーツが高度化して「スポーツ界で勝ちたい選手はドーピングの誘惑を絶ちがたいのが現状である」ことを前提としたドーピング対策（検査や罰則の強化）が進んだように、経済社会が高度化した社会では、経済においてフェアプレイを推進するためには、人間は悪に染まりやすい弱い存在であるということを前提としたルールの策定が必須のはずである。ところが、スポーツ競争の進化と実社会における政治経済競争の進化が別々に進んだ日本では、いまだにルールが整備されていない。最近話題となった自動車メーカーの燃費データの偽造にしても、「企業人には経済競争に勝つための不正の絶ちがたい誘惑がある」という前提がない制度のために、対策が後手に回っている。朝日新聞は、最近の記事で「いまの法律に燃費データの不正申告を処罰する規定はないという。国交省は『メーカーに甘い』（幹部）制度も不正を誘発した面があるとみて、新たな罰則を検討中だ」と淡々と記述しているだけである（2016.6.1）。

メーカーに甘いのは公務員の体質だが、「誘発した面がある」というコメントはあまりにも無責任だ。不正申告を罰する規定がなければ、メーカーは不正の誘惑に駆られるにきまっている。検挙実績を上げるために自らがトイレに高価なカバンを置いて見張っている警察官のようなものである。彼が、泥棒を捕らえてボーナスにありつけるように、国交省の役人も残業代が出たり、新部署ができて出世できたりできるのであえてそうやっていると言われても仕方がないだろう。

実際、電機メーカーに勤める人と話した時、安全対策に一億円がかかり、対策しないと十年に一人が死ぬ確率で補償金が一千万円ならば、対策はしないだろうという答えが返ってきた。安全対策をするのはスポーツにおけるフェアプレイにあたるが、それをしないと得になる場合は、フェアプレイを促進するルールの制定が必要である。もっとも簡単なる変更は、安全対策を行った企業と行っていない企業の一覧を実名で公表することである。

スポーツにおいては、反則の回数もすべて公表されていてスポーツ新聞にも掲載され、反則の少ない選手がフェアプレイ賞をもらえる種目も少なくない。日本では違反業者の公表に消極的な役所が多いが、公表はもっともコストがかからないフェアプレイ奨励策のはずだ。スポーツ競争と企業競争の相同性を理解していれば、ただちに納得がいくだろう。最近の朝日新聞経済欄にある経済気象台「下請けの立場を守るには」でも、親業者の「買いたたき」防止のためには「『手形から現金へ』などの支払い条件の改善案は大事なことだと思うが、大手企業の背中を押すのは、違反した企業名を積極的に公表することだろう。『あの会社はひどいね』といった評判が大切である。新規採用で人が集まらなければ、やがて淘汰される」というまっとうな提案がなされている。

ところが、経済競争におけるフェアプレイの概念が欠如した役所の反応は正反対で、意図的でない、公表規定がない、等の言い訳に終始して違反企業の公表に消極的である。このような現状では、「違反企業は原則公表する」という法律を作るのが最大の自由競争推進策であるが、既得権益が犯されることを恐れる政党もマスコミも及び腰だ、多くの分野で自由競争が阻害されている現状は日本の将来を暗くしている。安倍内閣の構造改革が遅々として進まないのは、すでに述べたように、安倍首相が政治論争という政策競争のできないニセ政治家だからである。

自由が抑制され続けて大国化した日本は、ＴＰＰのようなカンフル剤、外圧にしか、変化のきっかけがつかめないであろう。既得権益にがんじがらめで自由な政治経済活動が許されていない日本は、行き過ぎの自由化（と既得権益を持っている立場の人々が口にする常套句）を経ることなく熟成した大国になる道をすでに閉ざされている。

多くの日本国民がスポーツの本質を理解することは、この毒薬として機能しそうな劇的自由化にあたって、進むべき道をおぼろげではあっても感じるきっかけとなり、成熟した大国への道を早めるきっかけになるであろう。

ただし、スポーツを除く国際競争のルールである国際法の権威が確立されていない現代においては、「スポーツのように運営されればいい」という能天気な発想では立ちゆかない。

スポーツで平等競争を促進するルール

そこで最後に、この限界について議論しておきたい。

経済的な国際競争についてのヒントが一つプロスポーツにある。前に述べたように、アメリカのプロ野球には、人件費総額キャップ制がある。この制度があるのは、球団間の競争が真の意味での競争（試合開始時あるいは開幕時にどちらが勝つか分からない競争）を行わせるためである。ところが、より国際的に普及しているプロサッカーにおいては、この制度が根付いてない。国際競技であるサッカーにおいては、ルールの国際統一はできても、国を超えてしまうと、球団運営のルール統一ができないからである。これは、前に述べたような、ギリシャ時代の正義の観念が国を超えて広がらなかったこことと対応する。

アメリカのプロ野球でキャップ制が可能であったのは、メジャーリーグが一国内で閉じているからだ。カナダやメキシコにも球団はあるが、単にアメリカチャンピオンを決める大会をワールドシリーズと呼んでいるように、アメリカ人にとって、野球はアメリカ合衆国周辺で完結しており、経済制度もほぼ同じであるので、制度を変更しても、各球団はスムースに対応できる。しかし、各国に国内リーグがあり、さらに国民一人あたりのGNPに差がある国をまたいだリーグ戦をも展開するサッカーの場合は、たとえ娯楽提供活動であろうとも、プロスポーツ運営会社の事業は経済活動であるので、強制力のある統一的な運営ルールで球団を運営することは不可能なのだ。つまり、国際的スポーツ統括団体である「国際○○競技連盟」は、スポーツ種目の国際競争（国際試合）に関しては、全面的強制力を持ったルールを制定できるが、スポーツクラブの企業競争に関しては、全面的な強制力を持ったルールを制定できていないのだ。なぜなら、クラブはスポーツ競争ではなく経済競争を行っているので、各国の経済事情を無視して制度設計をすることが不可能だからである。

さらに、この国際的制度設計は、スポーツルールではなくクラブ団体（この中には株式会社もある）の運営ルールの制定であるので、国際的にスポーツルールを統一する力（統一しないと世界選手権が開けないという圧力）だけではなく、経済制度を統一する力も必要となる。そして、この統一への力がスポーツルールの世界統一への力ほど強力ではないことも前著で指摘した。

この事実を端的に示す記事が、最近の朝日新聞グローブにあったので紹介する（2017.11.5）。これは、ネイマールという世界的サッカー選手をパリサンジェルマン（PSG）が史上最高の移籍金で獲得し、欧州全体で展開されるクラブチームのリーグで大躍進したことと関連した記事である。国際経済との関連で興味ある対比が可能であるので、少し長く引用することにする。

欧州クラブ王者を争うCLでPSGは過去20年で8強が最高。一方のバイエルンは5度の優勝を誇る名門中の名門だ。しかもビッグクラブ間の高額な選手引き抜きとは一線を画し、堅実な経営が伝統だ。バイエルンのルンメニゲ社長は、大金でネイマールがPSGに移籍した時に独紙にこう語った。「私たちは別な哲学を持っている。狂気じみた傾向に付き合う気はない」。それだけに金満クラブのPSGに喫した惨敗は、より屈辱的に映った。

欧州サッカー界を席巻するのは強欲な資本主義の弱肉強食の一面だ。２０００年代以降、資源価格の高騰が資金の急激な流入につながった。03年、石油で財を成したロシアの富豪アブラモビッチがチェルシー（イングランド）を買収し、カネに糸目をつけない選手補強で栄冠を手にした。米国、中東、アジアの大金持ちも追随。他のクラブも無い袖を振ってでも選手補強に走り、債務超過で降格する名門、古豪も出た。

クラブ経営でも「フェアプレー」

そうした危機感から欧州サッカー連盟（UEFA）が11年に経営健全化の切り札として打ち出したのが、「ファイナンシャル・フェアプレー制度」だった。文字通り、「財政面で公平に戦おう」。クラブの収入にみあった身の丈の経営を呼びかけ、一時は抑止効果が出ていた。

しかし、オーナーたちの栄光への欲望は抑えきれない。11年からカタールの政府系ファンドが実権を握るPSGと、アラブ首長国連邦のアブダビの投資ファンドが08年に買収したマンチェスター・シティー（イングランド）は近年、移籍金の高騰をあおる2大金満クラブとして知られる。個人の富豪ではなく、事実上国家が石油などから得た無尽蔵の資金で支援にあたっていると問題視されている。

スペインリーグのテバス会長は「PSGとマンチェスター・シティーの振る舞いは欧州の競争をゆがめ、サッカー界に取り返しのつかない損害を与えるインフレの連鎖を生み出す」と非難。両クラブの財務事情を調べるよう求めている。

マンチェスターUを率いるモウリーニョ監督がこんな警鐘を鳴らす。「ネイマールには2億2200万ユーロの価値があるだろう。彼の移籍が問題なのではない。彼の移籍による影響が問題なんだ」

世界からなだれこむ巨額の資金を放任した場合、「勝ち組」と「負け組」の二極化は進む。実力差が歴然とし、勝負の行方が見える「消化試合」が欧州の各国リーグで増える恐れがある。

この記事の前半の「私たちは別な哲学を持っている。狂気じみた傾向に付き合う気はない」という記事は、アフリカにおける中国企業の進出を皮肉る欧州企業に関する記事だと言われても、誰もが疑問を抱かないだろう。そして、次の「欧州サッカー界を席巻するのは強欲な資本主義の弱肉強食の一面」という指摘は、「欧州サッカー界」を「欧州○○産業界」と言い換えても無理なく通用する記事であろう。

この状況に対して、欧州サッカー連盟が「ファイナンシャル・フェアプレー制度」を取り入れ、一時には抑止効果が出ていたが、カタールやアラブ首長国連邦の金持ちの参入で、このままでは「『勝ち組』と『負け組』の二極化が進む」と予測している。アメリカのプロ野球のように人件費総額キャップ制を採ればある程度は解決するが、人件費が安く、したがって、入場料を高額に設定できない国のチームは、やはり、平等競争には加われない。さらに、前述したように、国を横断した企業活動ルールはそう簡単に決められないし、そのルールを守らせる権限は欧州サッカー連盟にはないので、弱肉強食を解消して、スポーツの理念である平等競争を実現する道は簡単ではない。

このスポーツ競技の国際発展の視点から経済ルールを考えると、いかに経済大国アメリカといえども、自国の経済ルールを他国に強制することなど、簡単にできるはずがない。ＦＩＦＡがサッカーの発展のために発展途上国にサッカー大国や経済大国から得られる収入の多くを使っているように、自由経済をグローバルに推し進めようとするのであれば、経済大国は、経済発展によって得られた収益の多くを発展途上国の経済構造の改革に使うべきである。この論理はある意味で自明であるが、スポーツ発展の構造と比較して理解することは大切だと思われる。途上国への経済支援が汚職の温床になっている現状も、近年のＩＯＣやＦＩＦＡの不祥事の原因と重ねて考えることで、改革へのヒントが得られるのではないだろうか。

スポーツはルールに基づく競争である。スポーツの国内規則と国際規則はほとんど差がないので、見知らぬ国での見知らぬチームとの対戦でも、ほとんど不安を感じない。ところが、現在の貿易競争は、国際規則もいい加減で、国内規則に及んでは千差万別であり、真の自由競争とは言いがたく、それが故に、敗者をいたわる気持ちもそれほどは生じないだろう。その大きな理由は、様々な国際経済協定で自由貿易の対象にしようとしている国の多くが、真の民主主義国ではないからである。このことの意味をスポーツ発展の実情から考えてみよう。

スポーツの発展の実態を考えると、発祥国の人々がそのルールを教え、用具を供与することで未実施国に定着し（詳細はアレン・グットマンの『スポーツと帝国』を参照のこと）、その国である程度発展した段階で国際試合が可能となった。サッカーは母国イギリスが強すぎたので、初期は国際競技連盟に加盟していなかった。その後に加盟したが、前述したように、四地域の連盟が単独で参加し、今でも、イングランド・スコットランド等はワールドカップに他の国と同じ資格で出場している。

経済活動に応用すると

この過程を参考にして国と国との経済競争を考えてみよう。フットボールがパブリックスクールで校内競技として行われ始めた初期のルールは、各校まちまちであった。しかし、それが流行しはじめると、当然、学校対抗の企画がなされ、統一ルールが必要となった。最初の対抗戦がどのように行われたかは想像するしかないが、キャプテン同士が話し合って折衷案の特別ルールを作ったはずだ。しかし、前にも述べたように、この時期の人々は「ルールを遵守して全力を尽くす崇高な紳士の活動であるスポーツの一つをやっている」などという認識は持ち合わせておらず、おそらくは「皆で興奮して楽しめる戦争に似た遊びをしている」というものだったはずである。そのため、競技に熱中するとそのようなルールは忘れ去られ、日頃の学内ルールで闘い、大喧嘩になった可能性が高い。そして、もしかしたら、相手を罵倒する罵詈雑言で終わったかも知れない。

そのような事態が続いた後で共通ルールの必要性が認識され、一八六三年にロンドンの競技仲間が話し合って統一ルールが確立された。その協議中に異論が出て、手を使ってもいいラグビーを志向するクラブが退席し、残ったチームで協会(アソシエーション)が設立された。そのため、このフットボールが、ラグビー・フットボールに対してアソシエーション・フットボールと称し、「サッカー」と略称されるようになったことは、今ではよく知られている。

国際貿易という概念もなかった初期の国家間の取引も、同じような経過をたどったと考えられる。フットボールの学校対抗が企画されるためには、「両校ともボールを使った競技を校内で行っている」という認識が必要であったように、「国際貿易を始めましょう」という協定を結ぶためには、「両国とも市場経済が国内で行われている」という認識が必要であったはずだ。欧米が植民地との取引でこのような協定を結ばなかったのは、植民地で市場経済が発展していなかったためと考えられる。市場経済とは商法ルールに基づく利益獲得競争であるので、そのルールが不安定だった日本と経済先進国である欧米との協定では、いわゆる不平等条約にならざるを得なかったのだ。

この二国間の協定を結んで貿易を進めていた段階は、学校対抗競技の成立期と同じ状態とみなせる。江戸末期の日本が欧米諸国と個別の通商条約を結んで開国したことがその証拠である。

一方、サッカー協会の成立は、多国間自由貿易協定の成立に対応する。サッカー仲間にとっては、「いつでも簡単に様々なチームと試合が楽しめる」というのが協会成立のメリットであるが、同様に、各国の商売人にとっては「いつでも簡単に、諸外国に対して、安心して作ったものを売ったり買ったりできる」というのが自由貿易協定成立のメリットであったはずだ。

単にロンドン地区の協定であったものが世界連盟に成長したように、多国間協定が全世界を対象としたWTOに成長したわけであるが、地理的にも歴史的にも異なる国々を対象に貿易条件を一律に決めることは不可能である。「国際自由貿易協定」と称しながら各国の関税率に差があるのはそのためである。経済制度に関する国際協定は、トランプ政権の誕生によるTPP危機が示しているように、スポーツの国際ルールと比較にならないほど不安定なのである。

その理由は、各種国際スポーツ連盟の作った規則は有無を言わせぬ強制力を持っているが、国際連盟（UN）が独占的に正当的暴力（『比較法制史研究序説』、p6）を発揮できない現状では、自由貿易の国際ルールに絶対的な強制力がないからである。その意味では、国際スポーツ連盟も絶対的な強制力があるわけではない。柔道の例で暗示したように、国際大会に出場しない選択を行えば、その国のスポーツ協会が国際ルールに従う必要はない。しかしながら、多くのプレイヤーにとって、スポーツを「競技（競争遊戯）」として選択している以上は「世界一になりたい」という誘惑から逃れることができない。同様に、「商売」を仕事として選択している以上、「世界一の企業になりたい」という誘惑からは逃れられない。これが、多国籍企業を動かしている根本的な原理ではないだろうか。建前の企業理念は「利益を上げることによって国際社会に貢献する」というものであるが……。

しかしながら、商売の国際ルールはスポーツの国際ルールほどには安定性がない。立憲国家はあっても、国際憲法は存在しないからである。

江戸時代の商売も、徳政令が発せられるかも知れないという不安定なルールのもとで営まれていたが、庶民をまったく無視したルール変更は予想する必要はなかった。それは、商売が一国内に閉じていたからであり、国家間の貿易協定はいつ破棄されても文句が言えない代物であり続けた。その理由は、両国民の間に信頼関係がなければ長続きしないからである。初期の英国サッカーで、労働者チームが参加できなかったのも同じ事情であろう。

スポーツ競技の国際連盟は、各国にそのスポーツを愛好する人々がたくさんいることを前提に活動している。自由貿易も、自由経済を尊重する人々がたくさんいる国々であることが前提でないと十全に機能しないのである。

国際連盟が発足した頃は、大国がすべて自由主義経済の国であったので、「全世界を自由貿易圏に」というスローガンが実質的に意味を持ったが、国際経済の三割を担おうとしているとしている非自由経済圏の国々（ロシアや中国等）が自由貿易を標榜してくると、実質的に国家統制のきいた半国営大会社が闊歩してくることになる。

そのよい例が、ソ連崩壊前のオリンピックで、ＧＤＰ規模の割りに強かった社会主義国の選手たちである。彼らはステートアマチュアと呼ばれていたが、「自由に競技を選び自主的に練習した選手」

の祭典であったオリンピックに、国の後押しで大挙参加してメダルをさらっていった。中ロの公営・半国営企業の活躍は、同じメカニズムである。当時、男性ホルモンの投与でメダルを獲得した東ドイツの選手の事例が、ベルリンの壁崩壊後に明らかとなったが、環境破壊をものともせずに利益を上げる企業の存在は、当時のオリンピック選手そのものである。

ドーピングを強制された彼らは被害者であるという優しい論調もあるが、国営企業の経営者も、後になって、プーチンや習近平の権力欲の被害者であると言われるのであろうか。

自由貿易は、民主主義国の間でしか成立しないのである。「世界中で自由貿易を！」というスローガンは、「世界中の自由経済の国々の間で自由貿易を！」というものに替えるべきなのである。

この誤解は、スポーツ界にも広がっている。日本選手のドーピング違反やアメフトの違法タックルが発生した状況で、日本スポーツ協会は、スポーツを「自発的な運動の楽しみを基調とする人類共通の文化」ととらえて、その危機に際しての会長メッセージを発信した（2018.7.18付け）。しかし、会長メッセージにあるスポーツの説明は間違いであり、正しく言うと、スポーツは、「自発的な運動の楽しみを基調とする民主主義国共通の文化」としてとらえるべき問題なのである。

したがって、本来であれば、スポーツは民主主義国の選手のみの参加で開催し、自由貿易は自由主義経済制度の国（国の規制は最小限にして神の手を期待する制度の国々）の間でのみ行われるべきものなのである。スポーツは、世界中を相手にするように大風呂敷を広げてもなんとかなったが、自由貿易は多くの国で国民を苦しめている。経済の分野ではノーサイド精神を発揮することが難しいからである。

自由貿易拡大の問題点

アメリカ主導の自由貿易拡大計画は、必ずしも否定すべきではないかも知れないが、問題は、スポーツと違って貿易に関しては、民主的でない国や自由経済でない国々をも取り込まなければならなかったことかも知れない。民主政治と自由経済がある程度発展した国々の間でなければ、自由貿易競争は行えないからである。

たとえば、米国国務次官補のカート・キャンベルは、朝日新聞のインタビューで、「TPPはアジア主要国間の経済連携を強化する巨大な潜在力を持っている。【中略】日米関係を活性化して強化するために最も役立つのは、対話の強化ではなく、安全保障に一層の重点を置くことでもない。両国の経済関係をより開放し、競争と連携にさらすことだ」と述べている(2013.2.9)。これは、これまで議論してきた競争の意味そのものである。

すべてのスポーツ種目で、国際競技連盟は競技人口が少ない国について「保護対象」と位置づけながら加入を認めるだろう。そして、その国内での競技発展を心から願っている。ところが、国際貿易においては、経済規模の小さい国に自由貿易を要求する時、その国内での自由経済の発展、つまり民主主義の発展を心から願っているとは言い難い。圧政を続けたイランのパーレビ国王を執拗なまでに擁護したアメリカの例はその一つである。このように、自由貿易は、自由主義経済の発展した先進国内では「競争」による利益を競争の勝者にも敗者にももたらしたが、スポーツのように国際法の明確化や権威付けと平行して発展してきたわけではない。役人が賄賂を平気でもらう国や、著作権を平気で無視する人権無視の国も対等な貿易相手と不当に位置づけて自由貿易を拡大してきたつけが、タックスヘイブン問題ではないだろうか。

商法ルールに従う一国内の自由主義経済が国を豊かにしてきたように、それを世界に拡大して国際自由貿易主義を推進するのであれば、国際商業ルールの制定は不可欠である。たとえば、「企業の税率は一律30％にする」というルールを作り、それに反する国は自由貿易圏に入れないことにすればいいわけである。もちろん、スポーツと違うと非難されるとすれば、「20％から30％の間で決める」でもよいだろう。しかし、これも近々には実現されないだろうということは筆者も理解している。極端に税率の低い国を制度的に自由貿易から排除する条約を作ることはもしかしたら可能かも知れないが、私が提案したいのは、企業の税率をゼロにする政策である。三割税負担の企業が税金ゼロになれば、企業収益が三割増しになり、労働賃金も三割増しになる。国家所得に対する割合は法人税よりも所得税の方が多く、個人所得については累積課税なので、所得税の納入額は三割以上増え、もしかしたら、日本政府の累積赤字も解消するかも知れない。もちろん、赤字企業は恩恵を受けないので様々な調整は必要であろうが、日本においては本来あるべからず万年赤字企業を倒産に導く引き金にもなるだろう。また、政治的な問題を孕んだ各種の軽減税率もなくなり、日本型社会主義国である日本にとっては、真の自由主義国に生まれ変わる最後のチャンスかも知れない。さらに、この措置は、国際ルールに盛り込まなくとも、一国が始めればたちまち全世界が追随するはずなので、ケイマン諸島やパナマと交渉する必要もなく安価な政策である。

政治経済の分野で国際関係が行き詰まっている現代にあっては、スポーツ競争を支えるルールの構造を理解することで、新たな国際商業ルールを考える時代になっているのではないだろうか。もっとも、スポーツのルールには敗者への配慮が明示的あるいは暗示的に含まれてることを忘れなければ、ではあるが。

国際公法の効力限界あるいは国際的な権力の不在

ただし、前述したように、スポーツと違い、その限界は明確にしておくことが必要であろう。世界経済の発展は、ヨーロッパ諸国が大海原に漕ぎ出でた大航海時代からはじまった。その頃のヨーロッパでは戦乱が続いていたが、自分たちが発見した非ヨーロッパ非キリスト教の国や民族の土地を取り上げた時点で、「最初の占有稼得者のもの」というヨーロッパ諸国にのみ通用する国際慣習法が成立していたようである。

このことは、シュミットが『陸と海：政治学的一考察』で指摘しているが、それを引用した仲正は、「それはヨーロッパに都合の良い世界支配のための法形成ですが、彼らはキリスト教の宣教のためだとして自己正当化するようになりました」と述べ、シュミットの以下の指摘を引用している(p448)。

> このような自己正当化からキリスト教・ヨーロッパ的な国際法、すなわちヨーロッパ以外の全世界に対峙するヨーロッパ・キリスト教民族の共同体が生まれてきた。これによって「諸国家の家族」、一つの国際的な組織が作り出された。その国際法は、キリスト教民族と非キリスト教民族との区別、あるいは一世紀後には（キリスト教・ヨーロッパ的意味で）文明化された民族と文明化されていない民族との区別の上に成り立っていた。この意味で文明化されていない民族は、この国際法共同体の一員たることができなかった。

前著でも指摘したように、会田雄二は、捕虜体験を書いた『アーロン捕虜収容所』で、英国将校の妻が捕虜である自分の目の前で下着姿になって着替えをした事実を描写している。普通、人間は、人前では裸にならない。自宅で着替える場合でも、他人がいれば別の部屋で行う。自分の家族でも、犬猫や小さな子ども以外には配慮するだろう。つまり、この将校婦人にとって、日本兵捕虜は、飼い猫と同等の存在であったのだ。

マスコミが発達して世界の風俗が身近に追体験できるようになった現在では、そのような時代遅れの人物はいないと思われるが、百年ほど前に生まれて、ある程度の教養があると思われる西洋の貴婦人のこのような行動は、右のような精神が再度の戦争が終わった時代にも死んではいなかったことを示している。

おそらく彼女は、伝説となっている戦前のウィンブルドンにおける清水とチルデンの死闘を見ていなかったのではないだろうか。もし見ていたら、あるいは、見ていなくともその光景を身近な友人から聞いていれば、日本人、あるいは、東洋人を犬猫のように取り扱う心情にはなれなかったのではないかと思われる。スポーツで直接戦わなくとも、観戦によって疑似体験すれば、自分と平等と認識している贔屓選手の対戦相手も、「平等な人間」と情念として受け入れられるのではないだろうか。スポーツはこのような心情としての平等観を形成するのに役立つと信じている。

しかしながら、経済の分野のフェアプレイ、すなわち、他国の人間と経済競争をルールに基づいて行うためには、政治分野も含めた国際法の確立が必要である。そして、南シナ海における中国の対応をみると、非民主主義国に国際法を受け入れさせることの困難さも理解できるであろう。

国家間の政治競争は戦争

国と国の対立が国際政治を動かしているが、政治の働きについても、前に紹介したシュミットが、政治とは何かについて考察していることが参考となるので紹介したい。仲正は、シュミットの「政治的な行動や動機の基因と考えられる、特殊政治的な区別とは、友と敵という区別である。この区別は、標識という意味での概念規定を提供するものであって、あますところのない定義ないしは内容を示すものとしての概念規定ではない」という言葉を引用して以下のように述べている。

これは、有名な箇所です。常識的な〝政治〟理解だと、「政治的なもの」の本質は、妥協とか和解とか、合意形成とか、共通の目的実現というようなことになりそうですが、シュミットは真逆の発想をして、「友」と「敵」をはっきり分けること、言い換えれば、対立もしくは闘争の図式をはっきり描くことこそ、「政治的なもの」の本質だと言っているわけです。こういうことを言えば、ナチスとの関係がなかったとしても、危ない学者のような感じがしますね（p314）。

【中略】

ここで、シュミットは「敵」概念を純粋化しています。普通、私たちは「敵」が「敵」である理由として、道徳的に悪だとか、美的に醜悪だとか、経済的利害が対立しているからとか考えますが、シュミットに言わせれば、それは「敵」であることと直接関係ありません。そういう理由から「敵」だとすれば、「敵」と、その対極にある「友」は、「政治的なもの」に固有の区別ではなく、他の領域の区別から派生したもの、あるいは、他の領域の区別の複合体ということになってしまいます。純粋な意味での「敵」、無条件の「敵」がいる、ということが、「政治的なもの」が存在する前提になっているわけです（p315）。

シュミットにとって、「敵」とは、競争相手でも私憤を抱くような相手でもなく、公的な戦闘状態にある相手の総体である。そういう「敵」を相手に行う活動が「政治」であるとすると、国家が行う活動が政治活動ということになり、国家のみが交戦権を持つことになる。ところが、国家以外が国内で交戦権を持つと、それは内戦状態ということになる。

歴史的には、日本で戦国時代を経て江戸幕府が成立したように、諸侯が群雄割拠して政治的活動をしていたものが、民族的地理的なまとまりに収束して国家が成立して暴力を独占するようになるのが順序である。しかし、何らかの歴史的変化で国家の一部が他の一部を「敵」と認知すると、それが内戦状態と定義されるので、内戦は、統一国家が成立した後で起きるものである。明治維新は内戦状態を引き起こしたが、その前に統一国家としての政治が行われていたので、再統一も容易であったのだ。

現代の中東の内戦が問題なのは、民族的地理的なまとまりではなく、植民地を支配していた列強の都合によって「まとめられた」国家ができ、その矛盾が内戦を引き起こしたからである。その経緯から考えると、再統一による内戦の収束はあり得ない。

国家のみが暴力を発揮する権利を持った状態が近代国家であるとすると、国内では、暴力に基づかない政治が可能となり、立憲主義に道が開かれることになる。これが、政策提案競争であるが、国家間には、依然として暴力的対立が残ることになる。

柔道が国際スポーツに昇格したように、国内のスポーツ競争は同じ様式での国際競争へと容易に拡大されるが、民主主義国の政策提案競争は、容易には全世界に広がらない。仲正は、前掲書のシュミットの『政治的なものの概念』の内容に関する講義の後で以下の質疑応答をしている。

Q　今のこと（引用者注：「友／敵」関係は、敵の認定がはじめにあって、その後で友が、敵でないものとして定義されるが、私が常に友の側にいるので「敵／友」関係とは記述していないのではないかという議論）に関連して質問です。今日の講義の最後の方で、友／敵関係が完全に消滅する世界について言及していて、その世界では政治が存在しない、ということでしたね。政治が存在しないというだけではなくて、「自己」も成立しなくなるのではないでしょうか。自己を自覚するためには敵が必要ですね。外部がなければ、「私」もはっきり規定されない。となると、「私」というものが存在する限り、永遠に友／敵関係はなくなりはしないのではないか。シュミットはこの点を掘り下げて論じていませんか。

A　シュミットは純粋哲学者ではないので、「自己」についてそれほど掘り下げて論じていませんが、『政治的なものの概念』の理屈を突き詰めれば、「私」にとって共存が難しい「他者」がこの地上にいる限り、「政治的なもの」が発生する可能性がある、ということになるでしょう。

ただ、三〇年代後半以降のシュミットのテクストでは、「友／敵」概念の実存的・限界概念的な側面はあまり強調されなくなります。冒頭にお話ししましたが、『大地のノモス』になると、むしろ、「友／敵」関係をエスカレートしていかない、「ヨーロッパ公法」に焦点が当てられます。「公敵」はこの秩序の中に位置付けられる「正しい敵」に変換されます。「正しい敵」として認定し合うことで、戦争のルールを通用することが可能になります。もはや、絶対的な「他者」ではありません。

「ヨーロッパ公法」があるおかげで、「敵」は、絶対的な脅威を与える他者でなくなるわけです。逆に言えば、国連のようなものが、〝戦争勢力〟を犯罪視するような体制になると、〝敵〟は「公敵」ではなくなって、完全に他者化され、戦争がどこまでもエスカレートしていく恐れが出てきます。〝犯罪者〟というのは、ある意味、「私たち」には把握できない「他者」です。シュミットは、純粋な敵対関係に至らないための枠組みを模索するようになった、と言えるかもしれません。戦争を全てなくそうとすると、かえって、「友／敵」対決が先鋭化するので、むしろ、「友／敵」を大地のノモスによって抑制しようとした。

ポストモダン左派がシュミットを評価するのは、アメリカ中心の国際秩序のように普遍的正義の名の下に、「敵」のない世界を作ろうとすると、〝敵〟が全面的に異分子化、非人間化され、それに対する闘いが余計に過酷になっていくことを、彼がいち早く見抜いていたからです。シュミットは、ある意味、他者の存在の不可避性をよく理解していた。そこがポストモダン左派と通じている。無論、敵対するものとしての「他者」を認識した後、どう振る舞うべきかについては、ポストモダン左派とシュミットは真逆の考え方をしているわけですが。

Q 戦争を完全になくしてしまおうという考えが、最終的には、戦争があってもいいという人たちを殲滅する最終究極戦争に至らざるを得なくする、ということですか。

A シュミットにとって、「敵」というのは、自分とは相容れない存在ですから、どういう名目であれ、「私たちはおまえを許容できない」、と言ってしまえば、その相手は端的に「敵」になってしまいます（336－p37）。

この議論は、政治的活動が敵を作ることによって成立するため、国家間の政治競争は、ルールのない競争である戦争にならざるを得ないことを示しているとともに、純粋な敵対関係を解消する国家間の仕組みとしての国際法の確立を示唆していると言える。また、この議論は、「敵」のない世界の不可能性を認知することが国際平和の前提であることをも暗示している。世界中の国が民主主義国になっても、経済競争はスポーツにような完全公平なルールでは行い得ず、各国の政治介入もなくならない。このような世界で、「敵」を「絶対的な脅威を与える他者」としてではなく処遇して生き抜く知恵が求められている。

ヨーロッパ公法が力を持ったのは、おそらく、ヨーロッパ以外の敵国が存在していたからであろう。それによって、ヨーロッパ以外を敵とみなすまとまりを持った「国々の連合体」として「ヨーロッパ」が意識されたのである。そうすると、世界公法が意識されるには、宇宙人の襲来が必要となるかも知れない。

しかし、スポーツにおけるフェアプレイの精神の大切さを実感する人間が過半数になれば、宇宙人の襲来前でも、理念的運動として世界連邦が模索され得るかも知れない。この運動は、右でシュミットが批判したような国家連合としての世界秩序を目指すものではなく、国際経済競争を楽しむためのルール管理組合(各国政府の今後の存在理由)連合を目指すものであるはずである。

ところで、日本の場合を考えると、戦国大名にとっては、他藩は交戦権を発動することができる敵であった。つまり、各藩は「国」として機能していた。しかし、同じ規模であっても、江戸時代の各藩は交戦権を持っておらず「国」ではない。江戸幕府は「国」であったが、鎖国政策と特殊地理的状況のため、交戦権を持っているという自覚は希薄であった。江戸末期に、北からロシアの軍艦が、南から英米の軍艦が現れた時、江戸幕府は実質的な正規軍を持っていないことが判明した。また、それが故に、欧米のキリスト教のような、国家の方向を決める強力なアイデンティティー(国家統一のイデオロギー)も存在しておらず、当時の指導者が無理矢理にでっち上げたのが、日本人の心情にあった伝統が天皇制神話であったと考えられる。日本は、「水と安全がただである特殊な国」なのである(『日本人とユダヤ人』第一章「安全と自由と水のコスト」)。天保八年にアメリカの蒸気船を砲撃で追い返した事件で、この船が日本の漂流民を乗せて大砲を外して来航したことを後で知った日本人が「非武装の船舶を砲撃するのは武士道に反する」と声を上げたそうである(正村公宏『日本の近代と現代』

p22)。武士というのは国内戦争用の兵士かも知れないが、闘いにもある程度のルールが適用されるということは、戦争をもルールに基づく遊戯の一つであると指摘したホイジンガが思い出される（『ホモ・ルーデンス』）。

前著で、第二次世界大戦は捕虜虐待を禁止したジュネーブ条約というルールのもとに戦われたが、日本は批准しておらず、捕虜を虐待するとともに、捕虜になると虐待されると信じて捕虜の心構えを教えなかったために、秘密をすらすら答える捕虜が出てアメリカ軍を驚かせたということを紹介したが、日本人の本性は、本来、右の述べた武士道精神であったはずだ。捕虜虐待は岸田秀が『ものぐさ精神分析』で指摘した黒船トラウマ（ペリーショックによるアメリカン・コンプレックス）のなせる技であろうか（p26）。

閑話休題。

武士の時代の戦争は、「ルールに基づいて戦っている」という明確な意識はなかったと思われるが、宇治川の合戦で「やあやあ吾こそは！」と名乗って戦う等、陸地戦が主で対戦相手側の住民の姿を身近に認識している時代は、どの国においても不文律のルールがある程度存在していたはずである。この戦争のルールの成り立ちを理解することが、国際法の理解につながると筆者は考える。仲正は、この点に関して、シュミットの思想を紹介しながら以下のように述べている。

これらの『政治的なものの概念』以降の著作を見ると、「友／敵」概念がはっきりしていた方が、戦争が枠付けされ、無限にエスカレートしていくことが妨げられるということが強調されています。その仕組みが、「ヨーロッパ公法 Jus publicum europaeum」です。それは、大航海時代以降、植民地争奪戦争を展開するようになったヨーロッパ諸国が、お互いの間の関係を制御するために作り出した秩序です。ヨーロッパ諸国同士の間では、変な言い方ですが、お互いを「正しい敵 hostis justus」、自分と同じく、正規の戦争をする資格を持った「敵」として認知したうえで、ルールを遵守しながら闘う仕組みが出来上がったということです。その裏返しとして、植民地化の対象となる地域は、対等の相手ではなく、それらの地ではヨーロッパ諸国同士も、制約のない戦闘を繰り広げたということです。そうした「ヨーロッパ公法」から、「国際法 Vökerrecht」が発展してきたわけです。我々は何となく、グロティウス（一五八三〜一六四五）などによって、普遍的な理念としての国際法が考え出され、それが二〇世紀になって国際連盟が出来たことから本格的に実現し始めたというようなイメージを漠然と持ちがちですが、シュミットによれば全く逆で、ヨーロッパの大地に限定しての国家間関係の秩序があって、そこに戦争に関する法が備わっていたのだけど、一九世紀末から、アメリカの台頭によって、ヨーロッパ公法秩序の土台が揺らぎ始め、第一次大戦後は、戦勝国を中心に、明確な空間秩序を持っていないにも関わらず、表面的には〝普遍性〟を標榜する〝国際秩序〟が出来上がり、ケロッグ＝ブリアン条約（一九二八）などによって戦争禁止を原則として、疑似的な平和状態を作り出し、その〝平和〟を破るものを犯罪者扱いし、刑法的な意味で制裁を加えることを正当化する体制が出来上がった。その体制が、ヨーロッパの大地の秩序を壊してしまったわけです。

論文（引用者注：国際法に関する著作『差別化する戦争概念への転換』）のタイトルになっている「差別化する戦争概念」とは、相手を対等な、「正しい敵」として認めることなく、無法者として成敗する〝正しい戦争〟という意味です。我々は、自分が〝正義の味方〟で、相手を無法者として成敗するという構えを取るというのは、どこの国でもやりそうなことだと考えがちですが、シュミットに言わせれば、それは、中世末期の十字軍の話で、一六世紀以降のヨーロッパでは、お互いを敵として認め合っていたわけです。

ヨーロッパ諸国は、自分たちの「大地」に適合した「法＝ノモス Nomos」を採用することで、それなりにうまくやっていたわけですが、世界全体を ‖ どこかの国や地域にとって都合のいい ‖〝普遍的正義〟によってコントロールし、平和を乱す悪を正義の名において打とうとすると、戦争はどんどんエスカレートしていく。シュミットはそう考えます。犯罪者宣告された側が極端に弱ければ、すぐに収まるかもしれませんが、それなりに武力があり抵抗する力を持っている国であれば、おとなしく受け入れるはずはありません。悪魔扱いされているのだから、屈服したら何をされるか分からないからです。徹底抗戦するし相手の方こそ悪魔だと宣言する。それで戦争がエスカレートしていく。東西冷戦というのは、全面戦争には至らなかったけど、お互いに善悪対立図式を描いていたので、一色触発の状況だったわけです。シュミットの理屈だと、「友／敵」構造がはっきりしないからこそ、無限の応酬になるわけです（p293–94）。

この議論は第五章の最後でも若干触れたが、もしかしたら、本来、政治は経済競争で自国を優位にするためのツールであり、国際政治競争はあり得ないのかも知れない。他国を尊重した政治競争は右で述べた正義の押し売りであって、他国を尊重した経済自由競争のみが守るべき普遍的価値なのかも知れない。そうだとすると、中国の政経分離政策はそのまま非難の対象になるものではない。しかし、「他国を尊重した経済自由競争」が人権を尊重する民主主義国でしか可能でないとすると、事態は違ってくる。民主主義の申し子であるスポーツの世界で、民主主義国でないロシアの組織的ドーピングが問題となっていることはその証左かも知れない。

第五節　最近の問題に対するアプローチ

トランプ旋風の意味

トランプが当選し、国際的な協調主義、国際自由貿易が危機に直面している。しかし、そもそも、自由経済における「神の手」は、ルールが確立した国内でのみ十全に機能するのであって、前章で指摘したように不十分なルールのもとに展開される国際貿易では十全には機能しない。独占禁止法改正に相当する条約改正作業が簡単にできないからである。ウォーラースティンが指摘したように（本章第三節）、多国家間の貿易協定は、全世界を対象にしたものでない限り完全な自由貿易ではなく、締結国以外に対しては差別となり、神の手は十全に発揮できない。いみじくも、トランプが「米国の利益を一番に考える」と述べているように、国際間の経済競争は完全な自由競争ではあり得ない。

戦後の国際経済は、サッカーW杯やオリンピックの発展と平行して成長してきたが、たまたま、成長時期が重なっただけである。一九世紀から二〇世紀にかけて、日本国内における自由経済の発展とスポーツの発展は必然として結びついていたが、非民主主義国もたくさん存在する全世界規模では、経済の発展とスポーツの発展の結びつきに必然性はない。さらに、スポーツの発展がドーピングという負の遺産を発生させたように、自由貿易による国際経済の成長は、国家間・国家内の富の格差拡大と相対的貧困層の大幅な増加という負の遺産を残した。

しかし、ドーピング問題の解決方法と違って、相対的貧困層の解消法ははるかに難しい。国家間の富の格差縮小策を実施する場合、国内と違って弱者救済の手法に強制力がないからである。東日本大震災であれだけの寄付をした日本人も、アフリカの食糧危機にはほとんど寄付をしていない。私も、毎年、一万円ずつをユニセフと国境なき医師団に寄付しているだけである。論理的に考えれば、国内の災害には多くの税金が投入されているのだからあえて寄付する必要はなく、他国の貧困にこそ善意の寄付をすべきである。先進国の食料品の消費税を０・１％あげてそれを食料援助に回せば、貧困の大部分は解決するはずだが、国際法には、このような大義身分を掲げても、税金徴収の強制力がない。

さらに、富の格差拡大には、最貧国は本当の意味での民主主義国ではないので、政府間で平等に結んだ条約は、最貧国の指導者層を利するものでしかないことも大きく関係している。

ただし、トランプ大統領は、前述したように「米国の利益を一番に考える」とした後で、「海外諸国との公正な関係を築くことも世界に知らせたい」と述べている。「公正な関係」に留意していることは、スポーツ精神がアメリカで息づいていることを示しており、筆者は、その点に一縷の望みを託したい。なぜなら、「米国の利益第一」という考え方は、負けない通商をしたいという願望であり、これは、「殿様将棋をしたい」という藩主の願望に近いが、「公正な関係」という発言に、「待った」をするような卑怯なこともしたくないという姿勢も垣間見られるからである。トランプが孫正義と会って、意気投合した事実も、競争が平等感情を育むという本書の主張が正しかったことを示している。事業拡大競争への思い込みが強いもの同士が意気投合した様は、オリンピックのメダリストがお互いをたたえ合う姿と同じである。

トランプは米国の利益を増すために自由にふるまっているが、経済的自由競争が神の手になりうる条件を、私なりに考えてみたい。自由競争では、努力した人が高い技術を獲得して高い利益を得る。そして、その活動の総体が国を豊かにする。この原理を大雑把に捉えてみたい。考察に用いる図は、横軸が給料の高低、大雑把には各人の持っている職業技能の程度を表し、縦軸は社会全体での必要人数の割合である。

先進国における自由化の影響

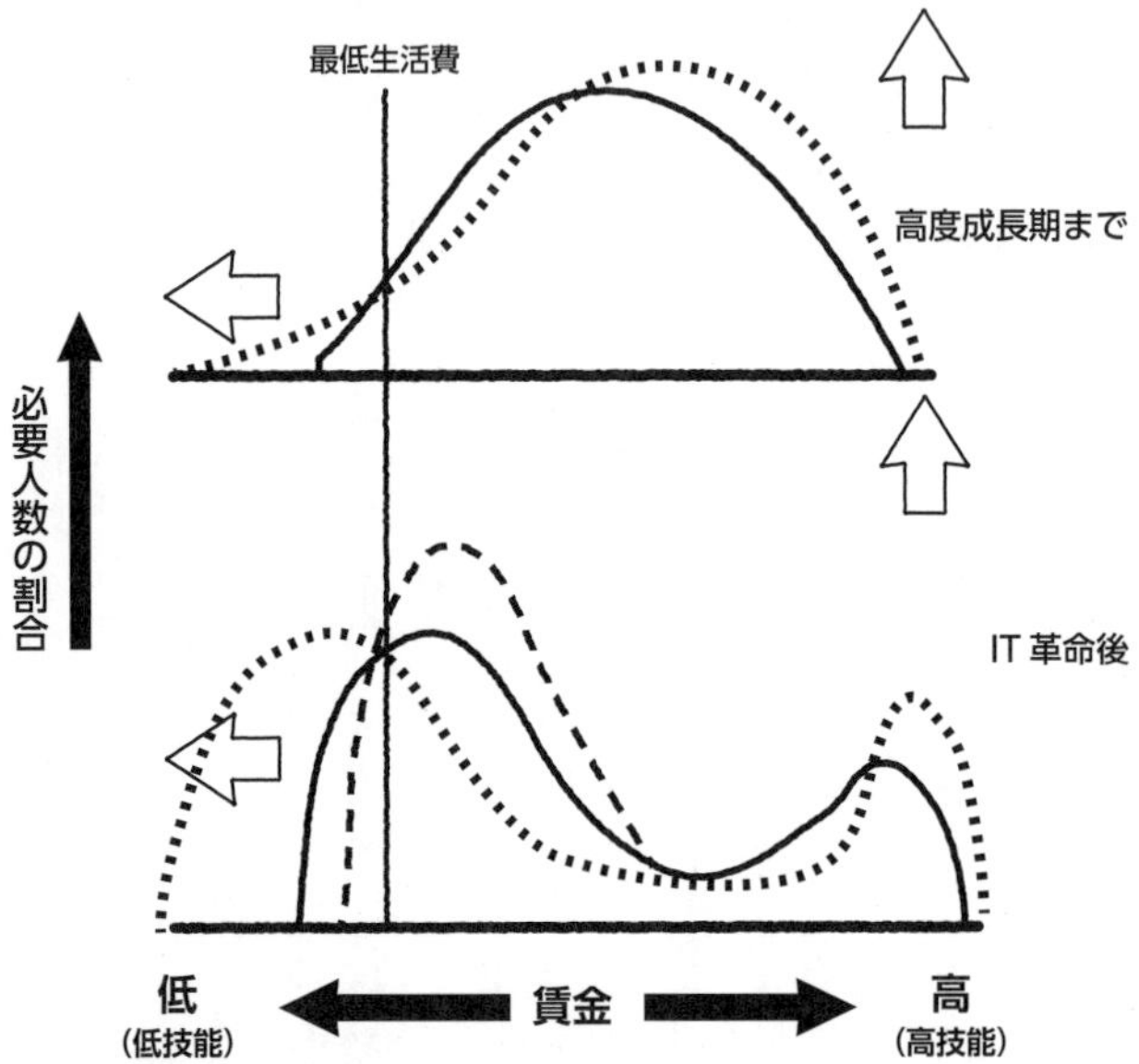

注１：横軸が賃金で縦軸が必要人数の割合
注２：点線は自由化した場合の影響（低所得者は⇦方向、高所得者は⇧方向に分布が変わる）
注３：経済が自国内で閉じていれば、賃金と技能習熟度はほぼ同じと考えられる
注４：破線は最低賃金を上げた効果

上図上段は、技術革新前の普通の国の人々の状況である。山型の分布にあるように、中くらいの技術を持つ人々がもっとも必要とされていた。この時点でも、貿易を自由化すれば単純労働を主とする産業は衰退するが、その労働者は成長産業で吸収できたはずだ。ところが、IT革命が進んだ現在は、中間的な職種が不用となり、下段のような分布となっていると考えられる。たとえば、私が就職した頃は、大きな職場には必ずタイピストがいて、それなりの仕事をしていたが、現在の会社では、そのような職種はほとんどの部署でなくなった。また、その頃は、大学にも「運転手」がいた。私が大学生になるかならないか

の頃だったと思うが、都の運転手の退職金が何千万円かで、多すぎると問題になり、マスコミで大きく取り上げられた記憶がある。しかし、よく考えてみると、当時退職した運転手が若くて就職した頃は、特別な技術を持った専門職の高給取りであったはずだ。私が子どもの頃父の迎えの運転手は、戦前は海軍省次官山本五十六の運転手だったそうである。ある程度の要職であったので、当時の彼が、定年まで勤めれば数千万円単位の退職金をもらえると皮算用していたとしても、それほど不自然ではないだろう。

現代ではそういう職種がなくなったり縮小したりして、下段のような必要人数分布となり、貧富の差が広がっている。私は経済の専門家ではないが、ジニ係数の増加にはこのような側面も無視できないと思われる。図の縦線の左の部分が生活保護を必要とする人々とラフに考えると、この割合を低下させるためには最低賃金をあげる必要がある。これは自由経済と矛盾すると考える人もいるとかも知れないが、競争がルールに基づいた楽しめる争いであることを考えると、最低賃金法の施行は、経済競争という争いを見ていても楽しいものにする追加ルールと納得してもらえるはずだ。多くの人々が生活保護すれすれで生活する競争社会は、見ていてもやっていても面白くない社会だからである。

ただし、ヒースは、最低賃金ついて、「経済学入門では、そのような法律は失業を生みだすから益より害が多いと言うが、現実世界の労働市場の複雑さを考えると、単純すぎる見方であることが明らかになってきた」としながらも、「最低賃金法の利益のほとんどがティーンエイジャーに流れることは逆効果になりうる。例えば、これが高校の中退率を高める原因かもしれないという証拠が出てきている。お金を稼げるという期待は、学校にとどまるより勤めに出ることの魅力を増しているが、非熟練労働者に対し経済が報いる程度をティーンエイジャーが過大評価するようになるなど、もっと微妙な影響も与えるかもしれない」と負の面も考察している。その意味では、賃金は経済合理性を追求するために市場に任せ、国際自由貿易の影響で賃金が下がる分は、現在議論の的となっているベイシックインカムで対応した方が事務手続きも簡単でベストなのかも知れない。

もっとも、最低賃金の経済効果に批判的なヒースも「私は個人的に最低賃金制を支持し、そこそこ高く設定すべきだと考えている。ただし、この支持はもっぱら経済とは無関係な考察にもとづくものだ——一定水準よりも低い賃金は、人間の尊厳と相容れないと思うのだ」としている（『資本主義が嫌いな人のための経済学』p 282-83）。そして、真の貧困対策は「最低賃金ではない世帯に確実に所得税を払わせる」ことだと提言している。高校の中退率を高めるという危惧は日本にはない視点だと思われるが、広い視野からの議論を進めていることを紹介するためにこの部分の表現をあえてカットしなかった。

一方、非正規労働者の増加は、終身雇用制を採用している日本特有の問題とも言える。これだけ社会の変化が速い時代に終身雇用制が馴染むとは思えない。会社に非正規労働者の正規化を要求するのであれば、正規労働者の解雇を容易にし、失業者のケアは、ベイシックインカム等も含む失業保険の充実と、これまで以上の職業訓練の充実で対応すべきだと思われる。

その際に問題となるのは終身雇用制度と連動した退職金制度である。退職金が指数関数的に増加するため、解雇を容易にすると、いったん解雇され、景気が回復して同じ職に同じ賃金で再就職しても、生涯賃金に大きな差が出る。自由経済を徹底するためには、日本の賃金制度を改革する必要がある。この終身雇用制と退職金の問題は、労働者の被選挙権とも関連する。この点は、改めて終章で考察することにしたい。

図に示したように、制限のない国家間の自由経済競争は、敗者である先進国の低技能職の人々の時給をさらに下げる働きがあり、国際間の経済競争にノーサイドの精神がはたらかないことを理解することは重要な視点である。トランプが突いたのは、彼自身は自覚していないが、この矛盾である。この考察から明らかなことは、完全な自由競争をするのであれば、全世界一律の最低賃金や国家間の移住の完全な自由を担保する必要があるということである。トランプのアメリカファースト政策が止められなかったということは、国際経済法体系には強制力がなく、国際貿易における完全な自由競争は成立せず、神の手は国を越えると機能しないということである。

京都大学准教授の柴山桂太は、このような状態では保護主義台頭が必然の流れであるとして、以下のようなコメントを出している（朝日新聞、2018.7.11）。

今回の米中貿易戦争に驚きはありません。リーマン・ショックあたりから、世界経済の潮目が変わり、グローバル化による不利益を意識する層は増え続けている。過去、グローバル化の波は何度も起きていますが、国家が消えることはなかった。むしろ、その役割が強化され、市場の変動から国民生活を防衛する、広い意味での保護主義が台頭するのが歴史のパターンです。

現在のグローバル経済の最大の問題は所得分配にあります。世界全体での上位１％と、中国・インド・メキシコなど新興国の都市労働者の所得は増えていますが、先進国の大多数の労働者の所得は増えていません。

世界経済の統合がどんなに進んでも、政治単位としての主権国家は残り続ける。世界政府は存在しないから、現状の改善を自国政府に求める動きが出てくるのは当然です。

こうした環境下で、経済活動の「国境をなくそう」という動きが行き詰まるのは必然と思えます。トランプ大統領は、米国の労働者が抱く不満をうまく利用して政権を握りました。保護主義への移行は民主主義の要求だとも言えるわけです。歴史的に見ても、自由貿易と民主主義の相性は必ずしもよくありません。
保護主義の性格も変わっています。19世紀の経済グローバル化では、先進国に工業が集中し、途上国は資源の輸出か農業しかなかった。以前の保護主義は途上国によるものでした。今のグローバル化では先進国が脱工業化し、途上国が工業化している。産業の空洞化や雇用の劣化に悩む先進国が、保護主義を打ち出す時代になっています。

リーマン・ショック前の高度成長期は、新興国の開発で先進国後進国とも経済規模が拡大し、労働者の所得もどの国にでも上昇した。そのために、自由貿易の負の部分が目立たなかっただけなのかも知れない。先進国と後進国の自由貿易は、基本的には、相手が民主主義国であれば先進国の指導層と後進国の労働者の利益となり、相手が独裁国家であれば、両国の指導層の利益となるのではないだろうか。
ただし、この機能を国際間でも働かせようという提案が、ロバート・B・ライシュによってなされていることは紹介しておきたい。彼は、『最後の資本主義』で、現在のアメリカの法制が富裕層に有利なように作られていることが最大の問題だとして、「ルールの作られ方」の分析を行っているが、本の最後の方の章「下位層から上位層への『事前配分』に終止符を打つ」で、以下の提案をしている。この最後の部分は、「貧困対策としての最低賃金法の輸出」ともいえる提案である。

国際貿易協定に関しては今よりも公正なアプローチを取り、米国の知的財産や米国の銀行の金融資産を保護するだけでなく、危機にさらされる可能性のあるアメリカ人労働者の雇用を保護することも目指す。例えば、米国と貿易協定を結ぶすべての相手国に対して、貿易による利益がそれぞれの国内で広く配分されるように、全体の賃金の中央値の半額を最低賃金として定めることを要求する。そうすることで米国からの輸出品を購入する新たな顧客が創出され、議論の余地はあるが、相手国にもさらなる政治的安定がもたらされるであろう。（p255）。

また、今回の米大統領選挙で広く取り上げられたポピュリズムの台頭の問題は、第五章で取り上げた吉野作造の指摘と関連して議論することができる。彼は、議会を持った立憲主義が成立するには、選挙民がそれ相応の教養を持つことが必要であるとしているが、ポピュリズムの台頭は、教養なき市民の増加という問題と捉えることができる。この問題について詳しく議論するには、時間と知識に限界があると考えているので、森本あんりの指摘を一つだけ紹介してこの節を終えたい。

先述したように、ポピュリズムも反知性主義も、既成の権力や体制派のエリートに対する大衆の反感を梃子《てこ》に勢力を拡大させるからです。
そのためポピュリストは、服装から言葉づかいに至るまで、あくまでも自分が専門家集団の外部に立つアマチュアであることを強調するのです（『宗教国家アメリカの不思議な論理』p161）。

ここまで読み進まれた読者諸兄には、私の言わんとすることが分かりますね。プロとアマチュアでは試合にならないので、この状態では、政策提案競争で国が発展することは期待できないのだ。

市場経済と非民主国家の関係

民主主義の申し子であるスポーツでは、日本のプロ野球やJリーグの監督も、成績が悪いとすぐ首になる。ところが、東京オリンピック誘致問題で揺れている日本の組織の長が責任をとろとしない。予算が二倍になったということは、成績悪化と同じであるが、誰が責任者か分からないことを理由にオリンピック組織委員会の森喜朗委員長（元首相）は、まったく責任をとろうとしない。この体制は、ある意味で非民主主義国の典型である。

非民主主義国、特に絶対権力者のいる国家では、権力者は責任をとらない。とらなくてもいい体制になっている。この構図は東京電力の社長が情報遅れを何回も指摘されながら居座っている構図と同じである。事故報告ルールに複数回違反したりメルトダウン隠しをしたりしても、マスコミすら、辞任に相当する不祥事だと報道していない。日本は、民主主義制度は完備しているが、民主主義的運用のノウハウを知らない国と定義できるだろう。

翻って、民主主義が機能しておらず、無血政権交代のルールが明確でないとどうなるかの例としてロシアと中国の実態報道を紹介して、この章を終わりたい。これらの国にも、憲法はあるはずである。

（プーチンの実像）第2部・権力の階段：10　長期政権「国民はうんざり」、かつて批判

【前略】

インタビュアーのゲボルクヤンは今のプーチンについて「自分以外誰も信用できない。『権力者のわな』から抜けられなくなっている」と感じている。

「彼はクレムリンの窓越しに世界を見ている。周囲のみんなから『あなたの支持率は80％を超えています』と聞かされれば、自分は国に欠かせない存在だという確信を深めてしまう。それにロシアでは、引退したらその2日後に自分がどうなってしまうか分からないという不安もある」

ゲボルクヤンはプーチンに会った当初から、大統領候補として望ましい人物ではないと感じたという。「KGBというシステムから生まれてきた人物」「戦術はあっても戦略はない」というのが、ゲボルクヤンが感じた人物像だった。プーチン政権と決別したゲボルクヤンは今、パリに本拠を置いて活動している。（朝日新聞、2015.4.20. 波線筆者追加）

（プーチンの実像）第3部・孤高の「皇帝」：5　所在不明「事件」が突きつけた疑問

今年3月、プーチンが10日間にわたって所在不明となる「事件」が起きた。3月5日にイタリアのレンツィ首相と会談したのを最後に、メディアの前に姿を見せなくなったのだ。

大統領府は「国際女性の日」の3月8日、プーチンが各界で活躍する若者の母親らと面会したと発表した。しかし、実際にはこの催しは8日よりも前に行われていたことをロシア・メディアが暴露。さらにプーチンが予定していたカザフスタン訪問をキャンセルしたことで、ロシア社会は一時騒然となった。

背中の古傷の再発、インフルエンザ、愛人に子供が誕生という説も飛び交った。ウクライナ問題を巡る政権内部の対立について書いた外国メディアもある。

結局プーチンは16日に、キルギスのアタムバエフ大統領との会談に現れた。「ゴシップがなければ退屈だろう」と冗談を飛ばし、騒ぎは収まった。だが「プーチンがいなくなったらロシアはどうなってしまうのか」という疑問を人々に突きつける出来事だった。

2000年から05年にプーチンの経済顧問を務めたイラリオノフ（53）に、この問いについて聞いたのは、「行方不明事件」よりも前のことだった。

「ロシアと中国を比べてみるのが面白い。共に権威主義的な体制だが、中国では、権力者を選抜するメカニズムが機能している。民主的ではないが、共産党内で次の権力者は長い時間をかけて周到に選ばれる」とイラリオノフは語った。

「だが、ロシアにそんなものは存在しない。中国が制度化された専制国家だとすれば、ロシアは制度化されていない専制国家だ。指導者が交代するとき、ロシアではどんなことだって起きる可能性がある。経済的に発展した国で、こんな例はまずあり得ない」

プーチン自身、エリツィン側近の手で大統領の座に据えられた。次の指導者がどこからどのように現れるのか。まだ誰にも分からない。（朝日新聞、2015.4.29. 波線筆者追加）

両記事とも波線は筆者の追加であるが、民主主義制度が機能していない国の危うさが分かるだろう。日本で共産党単独政権が生まれる可能性はまず考えられないが、共産党参加の連立政権の可能性は否定できない。その時、「安倍晋三は不正蓄財をしていて、その遠因は祖父の岸信介や父の安倍晋太郎にある」ということが発覚したとしてみよう。この時、安倍晋三自体は訴追されるかも知れないが、「岸や晋太郎一族全体の財産没収」などということはあり得ない。なぜなら、そのためには新たな法律を作る必要があるし、たとえできたとしても、その法律を立法以前に適用することはできないからである。もちろん、憲法を改正してそれを可能にする道はあるが、国民の誰一人、そのような憲法改正案が通るとは考えていない。現在の日本は、ここまでいろいろと批判はしてきたものの、まがりなりにも民主主義国（日本型民主主義の国）だからである。したがって、政治と経済は不可分であるので政治的な経済制裁（利権政党である自民党政権では常態かも知れない）はある程度考えられるものの、日本の政治家は、ロシアのような自分や家族の存在が全面的に否定される可能性を考えることなく、安心して政治競争を展開できているのだ。こう考えると、プーチンが強権政治を敷かなければならない意味が分かるだろう。自身の神格化のみが、自分の心を安泰にするのである。

元首選出ルールと敗者への名誉付与が実質的にないロシアは立憲国家とは言えないのではないだろうか。二〇一八年の大統領選挙はプーチンの大勝に終わったが、朝日新聞は、欧州安全保障協力機構（OSCE）の選挙監視団の「複数の候補が『当選は期待していない』と語るなど、本当の競争がなかった」という「競争」という言葉を使った談話を紹介している（2018.3.20）。

カンボジアも同根の状態らしく、二〇一八年七月予定の総選挙に関して、フン・セン政権が野党救国党に解党を命じたり批判的なメディアが閉鎖や廃刊に追い込まれたりしていることが報道されており、救国党の元党首のサム・レンシーは、フン・セン首相が強権的な振る舞いを続ける背景について、権力を失った時に自身に起きることへの恐れがあるという、ロシアとうり二つの状態が記述されている（朝日新聞、2018.4.13）。

このように、実質的に民主主義的競争が機能していない国々も多く存在している現在、地球規模での経済発展の原動力である国際的自由競争を促進するためにはどうすべきであろうか。国際的な自由競争が十全に行われるあかつきには、すべての国が民主主義国になっていると思われるが、それはいつのことであろうか。百年河清を俟つのは大変であるが、急いで、すべての国を民主主義国にしようとするならば、「無法者として成敗する〝正しい戦争〟」を起こす必要がある。アメリカがこれに失敗しているすると、どのような手段が考えられるのであろうか。

本書の底流にある主張のように、スポーツは一つの手段ではある。二〇一七年一月に国際体操連盟第九代会長に就いた渡辺守成は、朝日新聞のインタビューに次のように答えている（2017.9.15）。

――トップに立って約九カ月、発見はありますか。

「メキシコ、イスラエル、ロシア、カタールなど世界中に足を運んだ。副首相やスポーツ大臣と会談して、スポーツ政策について議論する。彼らはスポーツの重要性を理解し、夢を持って取り組んでいる。高齢化が進む中、各国でスポーツは政策の柱だ。スポーツと政治は互いに無干渉でいられないのが現実。でも、スポーツの側は政治家に踊らされていないし、むしろ政治を利用している。ロシアはドーピングという汚名をそそぐ糸口を見つけようと私を招いた。地位を利用しようとする国もある」

筆者は、ロシアは民主主義国でないので組織的ドーピングが可能であったと指摘したが、こういう事件を利用してスポーツにおけるフェアプレイのルールを全世界に徹底させることが、そのような非民主的な国々の人々に民主主義的思考(政治におけるフェアプレイ精神)を植え付けることにつながり、結果として世界平和に貢献する可能性は大切にすべきであろう。

実際、中国では、権力者を選抜するメカニズムを選挙という競争制度に移行させようとしているようだ。

習氏長期政権にらみ改革　地方書記「選挙」案　中国共産党

10月に開幕する中国共産党大会に向け、習近平(シーチンピン)指導部が省・市・県などの地方党委員会トップの書記を、複数の候補者から投票で選ぶ改革案を検討していることがわかった。党大会で習氏が行う政治報告で大枠の方針を示し、五年後の党総書記選出に適用することも視野に入れている。党関係者は、習総書記の長期政権に道を開くことも想定した動きだと指摘している。

党関係者によると、党大会で読み上げる政治報告に「人事体制改革の推進」といった趣旨の文言を盛り込む方向で検討。党大会後、具体的な選挙規定を作り、試験区を各地に設ける計画という。

この関係者は「順調にいけば五年後の党大会で党中央にも適用し、総書記を複数の候補者から選ぶことも視野に入れている。事前に後継者を内定する慣例は撤廃される」と指摘する。

改革の眼目は党組織のトップ人事に競争を持ち込む姿勢を示すことにある。5年後に総書記を選出する選挙が行われることも視野に、習氏が今回の党大会で「後継指名」をしない可能性がある。また、選挙をすることによって、次の指導者に権威と正統性を与える狙いも指摘されている。


【中略】


中国共産党は鄧小平が一線を退いて以降、党指導部や党長老らが次世代の指導者を選び、早めに最高指導部の政治局常務委員入りさせて経験を積ませてきたが、今回の改革でその伝統は形骸化しそうだ。

さらに、慣例では2期10年で引退することになる習氏自身が、新制度を利用して「多くの党員から支持を得た」として、政権運営を続ける可能性もある。一連の改革を「習氏が最高指導者にとどまるための布石」とする見方も出ている（朝日新聞、2017.9.7.　波線筆者追加）。


つまり、中国の政治制度は、江戸時代における日本のような「慣例優先」で成り立っていたようである。これでは、少なくとも筆者がこの本で展開してきた立憲国家ではない。それでも、「競争」が社会を発展させる唯一の手段であることは理解されてきたようである。もっとも、最後に「習氏が最高指導者にとどまるための布石」というがった見方も紹介しているように、民主主義諸国を見てきた非民主主義国の権力者は、民主主義阻止に全力を注ぐ一面もある。

そして、ほぼ一年後の朝日新聞は、以下のようなの報告を載せている(2018.8.6.　波線筆者追加)。

毛沢東と鄧小平は建国の英雄だった。江氏と胡氏は鄧小平の指名を得た。ところが習氏は権威の裏付けがなかった。民主的な選挙を経ない以上、指導者の偉大さを示す宣伝工作に力が入る。元党幹部は「習氏の権威を十分に高めないと山積する問題を解決できない」と考える。

それは両刃の剣でもある。文革を招いた個人崇拝への警戒感は根強いうえ、多くの人々が海外事情に通じる現在、「神のような指導者」など信じない。

結局、習氏は実績を示すことが求められる。ただ、外交から経済まであらゆる意思決定を習氏に集中させたため、失政批判の矛先もまた習氏に向かいかねない。すでに米中貿易戦をめぐって責任を問う空気が広がる。

吉林省の企業が狂犬病ワクチンなどを不正製造した問題が7月中旬に発覚し、民衆の厳しい批判が政府に向けられた。習氏はルワンダ訪問中にもかかわらず「劇薬を使ってでも病を退ける決意でワクチン管理体制を整えろ」と徹底調査を指示した。

盤石に見える習氏だが、世論に神経をとがらせ、祭り上げられた自らのイメージと現実のはざまで焦燥を募らせているのではないだろうか。

このように、民主主義が権力者に恐れられている事実は、民主主義が最善の政治制度であることを示している。しかしながら、イギリスの国民投票によるEU離脱決定のように、民主主義は衆愚政治に陥る危険を常に孕んでいる。民主主義が理性のある大衆に限って参加できるものとして出発したことから分かるように、マスコミのみならず、すべての指導的立場の人々が、大衆に対して、情報機器を駆使して情報提供することによって理性的な判断を求めていくことが、急がば回れの本道かも知れない。ベルリンの壁の崩壊が先例であろう。

終章
日本の未来：日本人にあった競争社会とは

民主的でない社会の市場経済

スポーツ活動はルールに基づく競争であり、民主主義国の社会活動もルールに基づく競争である。この「民主主義国の社会活動」には、政治活動と経済活動がある。筆者は、この二つの分野が密接に関係していることを前提に議論を展開した。ところが、別の見解もあるようである。この最終章では、その議論を紹介することから始めて全体のまとめとしたいと思う。

それは、最近話題となった與那覇潤の『中国化する日本』における指摘である。「中国化」は彼の造語だが、この言葉が意味する「中国」とは、貴族制を廃止して成立した宋代以降の皇帝独裁体制を意味している。この社会では、科挙制度のもとで誰でも皇帝以外の職に就けたので皇帝以外は平等な人間となり、必然的に経済面では自由化が完成した。彼は、中国は宋代に近世化したという内藤湖南の説を支持し、経済の自由化はヨーロッパよりも先に中国で実現していたと主張している。彼自身も述べているように、この分析自体は彼の独創ではなく歴史学者の間で新たな定説になりつつあるものであり(同書、p17)、二〇年以上も前に出版された『比較国制史研究序説』でも指摘されている(p14)。また、最近出版された岡本隆司の『中国の論理』にも、同じような記述が見られる。

ところで、これまで述べてきたように、自由化とは競争化であるので敗者が出る。與那覇によると、宋代の敗者救済方法は、「宋族」という父系血縁のネットワークであったそうだ(『中国化する日本』p36－37)。

彼は、中国では宋代に確立した経済の自由化が、日本では江戸時代まで進まずにきたために、「日本人は『西洋化』のために社会の仕組みを一変させなければいけない時期(引用者注：四民平等)と、歴史の必然である『中国化(引用者注：経済の自由化)』のタイミングとを合わせることができた」と述べている(p133)。西洋化も中国化も経済活動についての自由化であることは同じで、両者の違いは政治形態の違いのみである。中国では経済自由化の仕組みがすでにあったために、社会体制の改革の必要性が十分に認識されず、西洋化に後れをとったという分析である。

彼は、明治維新とは、都合よく天皇制を取り入れた強権政府が自由経済体制を目指したものであったため、民権運動の激化も「明治政府の自由経済政策への不満と、江戸時代の不自由だが安定した社会への回帰願望」によるものだったと指摘している。この「不自由だが安定した社会」とは、いわゆるムラ社会のことであり、與那覇は「本物の江戸時代には『イエ』の周辺に存在していた『ムラ』というセーフティーネット」という表現をしている（p170）。おそらく、これが「世間に顔向けできないことはしない」という規範（行動様式）を生みだしていたのであろう。この世間信仰は日本人の骨肉となっており、明治時代になってもそう簡単に消えることはなく、競争社会の弱者救済システムの代わりに機能していたと思われる。これが、自由経済だけを取り入れて、不自由だが安定した身分（終身雇用）を継続させる日本型社会主義を生んだとも言えるだろう。與那覇は「社会主義のうち江戸時代の伝統に沿わない部分は徹底的に排除されたが、江戸時代と適合的な部分は全面的に採用された」と述べるとともに、「江戸時代の商習慣については社会主義的なところがある」という先輩研究者の発言も紹介している（p172）。先に指摘した、福澤の訳出した「競争」の語感に疑問を呈した役人の反応もこの世間感覚で理解できるだろう。

與那覇によると、江戸時代に確立した封建制に依拠するセーフティネットが崩壊したのは、家族構成が劇的に変化した一九九〇年代であり、「小泉政治（による混乱）は『中国化』の結果であって原因ではない」としている（p261．括弧内は筆者追加）。つまり、「イエ」を中心とした身分制社会が実質的に終わり、平等社会が実現したためだというのである。

彼は、その後の混乱を治めるための政権の対処について、以下のように述べている。

安倍内閣を継いだ福田康夫・麻生太郎の自民党政権も、取って代わった民主党の鳩山・菅政権も、いずれも改革路線を明白に修正し、格差是正や生活保障を強く打ち出しましたが、格差の真因が「封建制」の終焉という日本史上の巨大な画期にあることを見落としていた点で共通します。麻生政権下で選挙対策の目玉とされた「定額給付金」も、民主党の看板政策だった「子ども手当」も、ともに事実上「世帯」（イエ）を単位として支援するという発想で制度が作られており、しかもそのイエには子供がいることが前提となっています（定額給付金は子供がいると増額され、子ども手当はそもそも子供がいないともらえません）。

江戸時代のままなら、それでいいでしょう。しかし、それはもう終わったのです。そのことに気づいていないから、どちらも巨額の財源を投入しながら効果が見えず、かえって国民の不平等感を煽る結果に終わったのです。

結局のところ、小泉改革とは何だったのか。私は小泉政権の格差社会に対する「貢献」とは、格差自体を作りだしたとか拡大したとかいった経済上の問題ではなく、「格差なんて気にしなくたっていいじゃないか」という中国社会のようなエートスを公言して、それでもなおやりようによっては、当の底辺層をも含む人々の支持を集め、権力を維持し続けられるという先例を作った点にあるように思います。（p262）

弱者救済の観点から與那覇の主張を整理すると、中国は宋代からすでに自由経済を導入しており、その敗者に対しては「宋族」という父系血縁のネットワークで対応しているが、日本は、自由経済を明治期に導入し、敗者に対しては、江戸時代から続く「封建制ネットワーク（世間の温かい目）」で高度成長期まで対応しており、今はそれが機能していないにもかかわらず有効な手が打てていない、ということになる。

民主的でない社会の経済競争

市民革命を経ずして平等社会が実現したという意味では、日本も中国も共通していると言えるだろう。問題は、平等社会における競争のルールの決め方と競争の結果である格差の是正の仕方という政治の問題である。第二章はじめの図で示したように、平等社会ではすべての分野で競争が必然である。競争を公正に行わせるとともに敗者をうまく救済しないと、国は遅かれ早かれ滅亡する。救済方法を決めるのは政治権力である。ちなみに、中国では、官僚は科挙の試験競争で選ばれるが、権力者の皇帝は世襲であった。

與那覇は、政治権力に孔子ばりの道徳を期待すること（徳治主義）でその難題に対処してきた中国の歴史を紹介しているが、筆者は、西欧諸国で発達した「スポーツ競争」に随伴するノーサイドの精神に、本質的な対処法をゆだねている。どちらであっても、自由経済がうまく運営されれば、経済成長と弱者救済は達成されると思われるが、経済成長が制度的変革を必要としているにも関わらず政治改革が行き詰まった時、政治権力のあり方が民主主義と徳治主義では対処法に違いが出てくると思われる。

與那覇は、民主主義について、以下の考察を行っている。

　中国というのは本来、人類史上最初に身分制を廃止し、前近代には世界の富のほとんどを独占する「進んだ」国だったわけですから、むしろ、「なぜ遅れた野蛮な地域であるはずのヨーロッパの近代の方に、法の支配や基本的人権や議会制民主主義があるのか」を考えないといけないのです。中国近世の方がより「普通」の社会なのであり、西洋近代の方が「特殊」なんだと思わないといけない。

　実は、その理由は簡単に説明できます。西洋型の近代社会を支えるインフラであり、また他の社会と比べてその最大の魅力となっている法の支配や基本的人権や議会制民主主義とは、もとはといえば、どれも中世貴族の既得権益なのです（村上淳一『近代法の形成』）。

　俺様は貴族だから、公平な裁判なしに、王様の恣意で処刑されたりしない（法の支配）。俺様は貴族だから、不当に自分の財産を没収されたり、令状なしに逮捕されたりしない（基本的人権）。俺様は貴族だから、自分たちが代表を送った議会で合意しない限り、王様の増税や戦争には従わない（議会制民主主義）――そう、身分制という「遅れた」時代に生まれた特権が、実は現在の人権概念の基礎をなしている。

逆にいえば、ヨーロッパ型の近代化とは、このような貴族の既得権益を下位身分のものと分け合っていくプロセスだったわけです。最初は有資産者の平民男性（制限選挙）、次は貧乏でも男性一般（男子普通選挙）、さらには女性も含めて国民一般（完全普通選挙）、と順々にその対象が拡大してきて、じゃあ今度は隣国の人や移民の人とも分け合おうかな（地域統合・外国人参政権）、いやそれはどうしたものかな、という点で多くの欧州諸国が今、試行錯誤しているところなのです。

とすれば、中国にそれらがない理由もまた自明でしょう。だって宋朝の時代に「近世」に入って以来、そもそも中国には特権貴族なんかいなくなったのですから。だから、経済的には成長をとげて西欧諸国と肩を並べるようになったのに、政治の面では全然「西洋化」が進んでいるようにみえないのです。

実際、昨今の経済発展によって形成された中産階級の意識をみても、むしろ共産党の一党制による安定した支配を望む声が強い（園田茂人『不平等国家中国』）。経済的に豊かになってブルジョワジーが台頭すれば、やがて市民革命が起きて政治の民主化が進む、などというのは「遅れたヨーロッパではかつてそうでした」という類の「お話」です（p267－69）。

「貴族の既得権益を下位身分のものと分け合っていくプロセス」という表現は、筆者が第五章のデモクラシーの発達のところで指摘した問題点そのものである。そこで、この「ヨーロッパと中国の違い」を、前述した『比較国制史研究序説』の議論を参考にして考えてみたい。水林は、中世を「正当的暴力を集中・独占する国家の不在と定義し（p5）、中世から近代への移り変わりの過渡期を絶対王制の時代としている（p6-7）。近代は、その正当的暴力を独占する国家権力の成立とその権力による庇護の下での自由経済体制を特徴としている。

水木は、①経済と権力の二元制、②経済社会と政治社会の二元制、③公民の政治社会と官吏の政治国家の二元制という三つの観点を提示し（引用者注：「二元制」とは、現実の制度的に、あるいは、個人の中で心理的に分離しているという意味）、①は絶対王制においてもある程度達成されるが、②と③は欧州における革命によって達成されたとしている（p7）。つまり、①の二元制社会においても、経済の自由は達成できるが、すべての国民が二元制の社会活動のいずれにも参加できる体制は、革命後に生じた民主主義社会でなければ達成できないというわけである。

しかし、経済に関する平等で自由なルールに基づいた競争は、①の状態であれば可能である。そうすると、ヨーロッパと中国の違いは、国家における経済の自由化が、上からの自由化であったのか、下からの自由化であったのかという違いではなかったのかと思えてくる。経済の自由化は金儲けに関する競争状態を作り出し、それを担う人々の平等化を促すので、必然的に平等な人々の範囲を自由に活動できる人々全体に拡大することになる。下からの自由化は、経済を担う人材が増すに従って徐々に行われるので、平等に扱うべき人の数も徐々に増加する。上からの自由化は為政者が宣言すれば成立するので、平等化は瞬時に達成される。

しかし、問題が二つ残る。一つは前に述べたように、その平等感は理念的な達成であり、筆者が東日本大地震の経験から感じたように、「真に平等な他者」として感性的に認知できる範囲は、実際の競争体験を通して徐々にしか達成できないであろうというものである。そして、もう一つは、上からの経済自由化の場合、国の政治改革が必要になった時に、どのような人々、あるいはどのような組織にその改革が託される制度になっているのかということである。下からの自由化であれば、制度化されている政策提案競争で改革が進められるが、習近平が先頭に立った腐敗撲滅策がなかなか浸透しないことから分かるように、政治自由化と経済自由化が同時進行しない国家を近代国家と言っていいかどうかは大きな問題である。

ここで、第六章の始めに紹介した「われわれは当然、己や友人を贔屓目に見る。しかしわれわれは、より公正な行為をも為すことができるし、それが利得をもたらすという点を学び取ることができる。【中略】それゆえ市民社会のあらゆる場面において、所有という発想が必要になるのである。それゆえ正義は、公共にとってのそれらの有用性を引き出すものとなる。正義の価値と道徳的な義務は、まさしくそこから生ずるのである」というヒュームの言葉を再考してみよう。上からの経済自由化で、人々は、どのように「所有」の発想を進展させて正義の観念を学習できるのであろうか。「己や友人を贔屓目に見る」だけの人々が闊歩する中国における腐敗撲滅運動はこのような市民社会における公正の視点から再考する必要があろう。

自由経済の今後の展望を考える上で、スポーツの発展の仕方と発展したスポーツの持っている力を、過小過大評価せずに理解することが必要であろう。

国家権力と経済の自由化、あるいは、経済競争

ここで、経済活動における自由を保障する市場経済と国家権力の関係を再度考えてみよう。前述した『比較国制史研究序説』で、小路田泰直は、絶対王制（暴力の独占）と自由経済（市場経済）の発展の関係について、どちらが原因でどっちらが結果かという問題提起をしている（P155）。「競争」という概念が絶対王制を破壊する民主主義自由経済の活動とそれを象徴するスポーツ活動の平行的発展の結果だとすると、「ルールに基づく経済競争」という思想は民主主義国でしか成立しないはずだからで

ある。

スポーツ競技は、双方がルールを守ることを前提としなければ成立しない。スポーツ黎明期には、競技する双方が合意するだけで行われていたが、制度としてのスポーツ活動はルールを強制する組織（競技連盟）の成立によって確立された。同じように、経済活動も、はじめは等価の物々交換を基本として成立していたはずだが、制度としての経済活動は、貨幣と物の等価交換、そして、「私的財産と契約は守る」ということを前提としないと成立しない。そして、それを強制する組織が広い意味での国家（独占支配権力）である。なお、ここでは余剰価値の問題は議論しない。なぜなら、この概念はマルクスが提起した社会科学的問題であり、もともと商売は、損得の感情はあったとしても、相互の納得による等価交換とのみ意識されていたはずだからである。

そこで、小路田の問題提起をスポーツ競争との類似性から考察してみたい。スポーツでは、たまたま誰かが、ルールに基づく非経済的気晴らし活動を考え実践し、そのルールを強制する組織が後から成立し、スポーツという概念が成立したという事情を考えると、経済においても、たまたま誰かが経済活動（商売）を考え実践し、後から政治組織がそれを保証することで、市場経済の概念が成立したと考えられるからである。

商売がなぜ成立したかについては、余剰生産物を売る段階から売るために商品を作る段階に変化した（『比較国制史序説』p63 参照）と考えられるが、そのような経済活動は、「人のものは取らずに納得した場合に交換する、約束は守る」というルールさえあれば成立したと思われる。つまり、民法というルールで利益を求める自由な活動が成立したと考えられる。ボンベイの廃墟から「利益万歳」とか「利益は喜びを生む」という落書きが見つかっていること（ウルリケ・ヘルマン『資本の世界史』p21）から考えると、貨幣使用の初期段階でお金を増やす競争は成立していたと考えられる。

中世までの人々は、相手を蹴散らして野山を駆け巡るのが楽しくてモブフットボールに夢中になっていた。同じように、古代の人々の一部は金儲けに夢中になっていたのかも知れない。スポーツ的な遊びと金儲けへの熱中は、人間の本性なのであろう。

ただし、モブフットボールのプレイヤーが「自分がルールに基づくスポーツ活動をしている」と思っていなかったように、中世までの商売人も、「自分がルールに基づく経済活動をしている」とは理解していなかったと思われる。

この時代、その頃のスポーツに似た活動も経済活動も、「ルールを守らないとスポーツは面白くない」「ルールに基づいた自由な経済活動が国を豊かにする」というような自覚がもちろんなかったので、権力者はモブフットボールを禁じ、儲かる商売からは独占を条件にピンハネをしていた。

スポーツ的気晴らし活動は、発達のある段階で、「スポーツは、三条件（平等、ルール尊重、ノーサイド精神）で行う、人間に必要な自由競争である」と理解されるようになり、その後にスポーツ振興が唱えられるようになった。同じように、経済活動においても、「市場経済は、商人が儲かる活動を自由に創造し、政治組織がその発明者を庇護することで成立する経済競争である」と理解されるようになり、市場経済の推進が唱えられるようになった（スミスの「見えざる手」の共通理解の成立）と思われる。しかし、その自由競争の理念は、初期のスポーツがイギリスの貴族によってのみ享受されていたように、先進国であった民主主義国の一国内のルールとしてのみ機能していた。海外で活躍していたイギリス人が派遣先の国でスポーツを広めようとしたように、当時の先進国は、この制度を世界中に広めたいと思っていたかも知れないが、「世界的な暴力の一元化」が完成していない現在では、夢のまた夢でしかない。

そのことはさておき、ここでの問題は、本章のはじめに問題提起したように、中国の経済は市場経済と言えるかどうかという問題である。「預金、抵当権、利子」というような概念は、通常、資本主義経済の成立によってもたらされたと考えられているが、ヘルマンの『資本の世界史』によると、ローマ時代にそのような制度が存在し、上述したように利益追求にも熱心だったようだ（p21）。さらに、数十万人の人口を抱える大都市が複数存在した古代の中国でも、その大都市の生活を維持するだけの市場経済は発展していたらしい（p28）。それでも、中国で資本主義が発達しなかった理由として、彼は、ヨーロッパの特徴とも言える小国どうしの競争が欠けていた」からだと指摘している（p33）。

資本主義システムはともかく、現代の共産主義国中国を含めて、すべての国の経済体制をどう位置づけるかは大問題だ。しかし、民主主義国では、人々が商法ルールに基づく自由競争を実践しており、そのルールの改編についてもルールが存在することを考えると、中国の商人は、徳政令が出されるかも知れないと思いながら対処していた江戸時代の日本商人と同じ立場にいるのではないかと思えてくる。

ただし、ヘルマンは、自由競争を前提とした市場経済と資本主義はイコールではないとして、市場経済の問題点を指摘している。たとえば、先進国では政府が農業に補助金を出しており、大企業は合併や提携で利益増大を図っており、彼は、今日の資本主義国における市場を介した自由経済は、小規模の隙間産業でしか機能していないと指摘している（p78）。確かに、現代の先進国における自由経済競争の実態は、それを自由競争と言っていいかどうかという問題は存在するが、この問題は今後の課題としておきたい。

競争ルールの根源としての憲法

この視点も参考にして民主主義を再度考えてみると、民主主義活動のルールは憲法を頂点とした法体系であることが分かる。

最近かまびすしい憲法改正の議論を聞いていると、特に護憲陣営から、「憲法は本質的に権力者を縛るものである」という声が聞こえてくる。たとえば、田村理明治大学准教授は、「憲法を守る義務があるのは政治家や公務員であり、一般の国民ではありません」と述べている（朝日新聞、2016.5.17）。同じような意見が、この頃連載された朝日新聞の「憲法を考える」というシリーズでも紹介されているが、保守の論客、京大名誉教授佐伯啓思が、それに対して以下のように反論している記事を見つけた（朝日新聞、2016.6.8）。


【前略】

日本弁護士連合会は２００８年、「憲法って、何だろう?」という子ども向けの絵本を作った。「憲法は、リーダーを縛るもの」という項目では、「リーダーが決めるルールが『法律』」「リーダーを縛るルールが『憲法』」。柔らかい字体にほがらかな動物の挿絵。「中学で初体験」の私には、なるほどこれが立憲主義かと、ストンとくる。

だが佐伯氏は、このような憲法観は大きな問題をはらんでいるのだと指摘する。

「西洋の憲法は革命的な出来事のなかで作られ、王権との戦いを通じて市民が権利を唱え、近代立憲主義ができた。日本はそれと同じ歴史ではない」

単純化すればこうだ。

今の憲法は市民が作ったものではない。だから、正統性をもたない。

この点については、安倍晋三首相も強いこだわりを見せている。政権奪還を目前にした、総選挙終盤の２０１２年12月、インターネット番組でこんな発言をしている。「みっともない憲法ですよ、はっきり言って。それは、日本人が作ったんじゃないですからね」

改正草案は、現憲法の全面改正案だ。第2次世界大戦に敗れ、占領軍が我々におしつけたのが今の憲法である。内容以前に「出自」に問題がある。日本人自身の手で書き直さなければならない——。そうであれば本来は「廃憲」を求めるのが筋だが、改正にとどめているのは政治的思惑あってのことだろう。

佐伯氏は、日本人が憲法を考えるなら「近代立憲主義にとらわれない別の憲法観がある気がしている」と話す。その「別の憲法観」とは、歴史的なものをすくい、表現すること。「国柄」を盛り込む自民党改憲草案が、まさにそうであるように。

「国柄」が草案に盛り込まれた理由の一つに、日本の現状に対する「保守」の不安がある。

【後略】


前にも述べたように、確かに、佐伯が主張するように、初めての近代憲法は、権力者が恣意的に振る舞えないように権力者を縛ることを目的にヨーロッパで作られた。そして、これは王権との闘いで市民が勝ち得たものである。しかし、憲法の本質は、権力者を縛ることではなく、政治的現状を変更するルールとして作られたということである。第五章で述べたように、吉野作造も、フランスでは特権階級に対する民権の抗争の結果として革命的民主思想が発現して民主主義が成立したが、特権階級の存在しなかったアメリカでは革命運動はおきず、民主主義が成立したと記している。少なくとも、アメリカの憲法は「王権との闘いで権力者を縛るために作られた」ルールではない。単に、ルールを変更するための根本ルールとして作られたのである。厳密に言えば、「最高権力者を替える時のルールとルールを変える時のルール」と言うべきかも知れない。

復習になるが、絶対王制では、国王の交代ルールは国王が決めるが（通常は世襲）、その決め方自体も国王が恣意的に変えられ、それを覆すルールは戦争による王朝交代であった。日常生活のためのルール変更ルールも、慣例によることが大部分であったが、最終決定権は国王（江戸時代の日本においては老中）にあり、恣意的変更も可能であった。

しかし、その二つの面での恣意的決定をなくしたのが立憲主義と考えると、立憲主義とは、国の最高法規である憲法を作り、それによって政権交代のルールと憲法を含む法律変更のルールを明確にした国家運営方法と言うことができるだろう。こう定義すれば、憲法の成立過程はどうでもよいことになる。頻繁に行われたアメリカの憲法改正は、権力者がより恣意的に振る舞えなくなるように改正されてきたわけではないし、フランスでは、その憲法の成立経過から、国民に「権力者の恣意的振る舞いを抑制する成果」という意識が強いだけのことになる。

翻って日本国憲法を考えてみると、聖徳太子の一七条憲法も明治憲法も欽定憲法である。大昔は考えないとしても、現行の憲法は明治憲法を改正してできたもので、改正時に国民の多くが賛成していたのであるから、欽定憲法の伝統を守って改正したものと位置づけるべきである。佐伯は、「日本人が憲法を考えるなら近代立憲主義にとらわれない別の憲法観がある気がしている」述べているが、日本人が考えてもアメリカ人が考えても、憲法の本質は「最高責任者を替える時のルールと実情に合わない法律（ルール）を変える時のルール」であることは間違いなく、佐伯が主張するように、歴史的なものをすくいあげて議論するとなると、「憲法は権力者を縛るもの」というフランス人と同じ間違いを犯すことになる。

サッカーの憲法（ルール）は、荒々しい競い合いであるモブフットボールの時代から歴史に中で徐々に自然に成立した伝統ある規則であるが、バスケットボールの憲法（ルール）は、冬の体育館でサッカーみたいにやれるものとして、人工的（意図的）に作成された規則である。しかし、そのような歴史的出自に関係なく、国際連盟の競技ルールは最高法規として機能していて、その規則の本質と機能は両競技で差がない。サッカーとバスケットボールの本質的な違いを「歴史的なものをすくいあげて議論」しても、野球のルール変更を議論するための情報は得られないであろう。

しかし、右の指摘から、発展途上国における憲法制定過程はバスケットボールルールの成立過程に近いものとしては理解できるかも知れない。もしかしたら、大日本帝国憲法も……。憲法改正の視点も、「最高責任者を替える時のルールとルールを変える時のルール」の変更であることのみを念頭にして現代日本にあった形で議論すべきと考える。

世間をどう再評価するか

一方、最近の朝日新聞に、歴史社会学者小熊英二による以下の指摘があった。（2016.6.30）

政治家と一緒に、東京の繁華街を歩いたことがある。彼は道行くお年寄りや年配の店主に、親しげに挨拶（あいさつ）していた。

だが彼は、若い店員とは会話しなかった。その理由は、「彼らは店に通勤してきているだけだから」だった。

確かに、選挙区に定住している年配者は票になりうるが、通勤で街に来ている若者は票にならない。いつ移住するかわからない賃貸住宅住まいの子育て世代に会うより、地元の年配者が集まる冠婚葬祭に行く方が効率的だろう。

ある自民党元都議はこう言う。「任期中にどういう議会活動をし、実績を残したか」は「次の選挙での当落にはまったく関係ありません」。「では、何が大事なのか。地元の行事や冠婚葬祭に出席するかどうかなのです」。

そこでは政策の知識は関係ない。他の先進国と違い、日本では学歴の低い人の方が、学歴が高い人より投票率が高かった。地域や組織の「縁」で投票する人は、低学歴の年配者に多いからだ。そして高学歴の若い世代は、こうした政治から疎外され、棄権が多くなる。

低学歴の人が縁で投票するのは、日本では社会が縁で動いていると感じているからであって、いまだに日本型社会主義が根を張っていることを示している。冠婚葬祭を大切にする人は世間を大事にする人であり、そういう人を頼っていれば曲がりなりにも生きていけるという「世間信仰」が日本社会を覆っている。高学歴の若い世代が、「世間」がかつて持っていた機能がはたらいてないことを感じながらも投票に行かない背景には、やはり、自分が投票に行かなくて、自分の考えと違う制度ができても、最終的には世間が自分を庇護してくれるだろうという甘えがあると思われる。

また、高学歴者が発言しない背景には、その世間が、論争という荒波を嫌い、決定的な対立を回避して伝統的な社会関係を維持する機能を持っていることを肌で感じていることがあるのではないだろうか。おそらくこの伝統は江戸時代から四百年にわたって連綿と続いてきた日本人の琴線であり、高学歴の若者たちが投票に行かないことから考えられることは、「世間」を批判しながらも世間から逃れられないことを無意識のうちに感じているのかも知れない。

論理で割り切れない阿吽の呼吸によるお互いの助け合いが日本社会を支えているという、実生活上の真実。これは、共同作業による水管理を必要とする高度化した米作文化を支える行動様式であったと思われる。各人に役割が決まっていて、それは世間が無条件に要請したものであり反論権がない。

なぜなら、「世間」が各人に要請する役割は、何世紀にもわたって徐々に改良されて現在に至ったものであって、従うしかないからである。また、その論理（個々人の行動分担を決める方法）は、冷害や干ばつ等の経験も踏まえて長年改良を重ねて定着したものであり、想定されない不都合が起きることは念頭にないので、制度を変更する時のルールは、当然、定められていない。牛馬による田起こしからトラクターに、手植えから田植機に、水田耕作の様式は革命的に変化したが、それでもこれまで、「世間」のルールは変えなくとも、日本社会はなんとかなってきたのである。

同じように、サービス残業があたりまえの会社慣行も、「ウサギ小屋に住んでいる」と揶揄されながら、そのまま温存されている。政権が替わって残業を少なくするような政策ができたとしても、サービス残業に対する「社内世間」のルールが一朝一夕で変わるとは思えない。そのため、今まで通り世間に庇護される方がよいと考える低学歴層や高齢者は、どの候補者が世間を知っているかどうかで判断して投票し、高学歴層は、政権が変わっても世間は変わらないと思い棄権するのではないだろうか。

しかしながら、少子高齢化するこれからの日本のシステムは否応なしに変化する（させる）必要がある。その過程では、利害関係が抜本的に変わるので、「世間」に対する各人のスタンスも変えなければならない必然性が生じるであろう。本章のはじめで指摘したような、中国の「宋族」や日本の「ムラ」といったセイフティーネットが今後も十全に機能するとは思えない

その時、我々日本人は、「西欧社会」というお手本が使えなくなった中で、どのような議論を、どのような姿勢で展開していくのであろうか。経済大国日本の未来図は、好む好まないにかかわらず、世界から認知される必要がある。その未来図のためのルールに基づいた真の討論は可能であろうか。

本書で示したように、競争社会の本質を体現するスポーツは、「何をやってでも勝ちたい」という野蛮な気持ちを抑制して「ルールに則って勝とうね」というように軟着陸させたイギリス人の知恵の

産物であった。一方、もともと、「世間を慮《おもんぱか》って抑制的に行動する」性向があった日本人は、明治以降、西洋諸国によって、競争心を植え付けられてしまった。そのような中で、他国の尊敬を集める未来図の作成は可能であろうか。

そこで、再度、日本の特殊性について考えてみたい。

近代化とは、経済史的にみれば資本主義化であり、資本主義の成立による市場経済確立のための正当的暴力の国家独占であり、その対極に近代的市民権の確立があるが（『比較国制史研究序説』p190）、江戸時代は、幕府はあったものの、配下の各藩の運営は各大名に任されており、江戸幕府が「正当的暴力を独占していた」とは言えない。西洋も昔は同じような状態だったようだが、事情はやや異なる。たとえば、ハンガリーでは、ハプスブルグ家の君主を国王としていたが、「ハンガリー国法」で、各県の役人の権利が定められており、「立法権は国王と諸身分により共有される」と定められていた（同書、p178）。そのため、オスマントルコに対する防衛のための徴兵制がなかなか認められなかったとのことである（同書、p185–189）。

これを、江戸時代における藩のお取りつぶしと比較してみると、その落差は歴然としている。織豊時代から江戸時代になり、諸大名は徳川家に従うようになったが、藩のお取りつぶし基準を示す文書の存在など聞いたことがない。江戸時代は、とても法治国家とは言えないものであり、ある意味では、国家として体をなしていなかったとも言えるだろう。なあなあで空気を読んで行動する習慣が上は大名から下は百姓身分まで浸透しているのが日本社会であったし、今でもその気質はなくなっていないと思われる。

明治維新後の日本の近代化について記述した鈴木正幸は、「西欧では、はじめに超越法によって正当化された前国家的権利が存在した。日本近世武士社会にあっては、国家への義務が先にあり、その見返りとして国家によって与えられる権利しか存在しなかった。だから、国家への義務から解放された時、彼らは権利の本源を失って、権利主体として立ち現れることができなかった。このことは、後の国家と国民の権力・権利関係に影響を与えてゆくであろう」と述べている（『比較国制史研究序説』p197）。

『日本史のなぞ』で大澤真幸がたった一度の革命と主張した北条泰時が制定した御成敗式目は、憲法のように日本人に長く広く支持されたようだが、武蔵守の署名で出されたものであった（p160-61）。大澤は、現在の県知事に相当する身分の者の署名入り文書が国中に広まったところに日本の特殊性をみている。通常の革命は「求められている変化が、人民に外在する〈例外的な一者〉に帰せられた意志となった時、そのような意志として〈人民によって〉解釈された時（p104）」にのみ社会は変化する（革命が起きる）が、日本ではそうでないと述べている。「神の意志」から「国王の意志」に解釈し直された時に絶対王制が成立し、それが、「国民の意志」として人民によって解釈し直された時に民主主義社会が出現した。そうすると、当該書には書かれていないが「科学革命」を経て「科学的社会主義の意志」として人民によって解釈し直された時に共産党革命が成立したのかも知れない。そして、外在する〈例外的な一者〉が天皇であり続けた日本人でそのような革命が起きなかったことも納得できる。北条泰時も天皇制は廃止しなかった。したがって、泰時が制定した御成敗式目も「ルールを改正するルール」を含んだ真のルールとして機能するものではなかった。そのため、この御成敗式目というルールも、「世間」というルールの上位に存在し続けることができなかったのではないだろうか。逆に言うと、世間の下でしか存在できなかったのではないだろうか。筆者は、その日本人の心理を、他者を倒す論理よりも空気を読む論理を優先する「競争の不在ないし忌避」の心理ととらえ、これが世間を志向する文化の源流と捉えてみたい。

これまでの日本の「世間を念頭に置いた行動様式」は、本書でも前著でも指摘したように、日常生活のみならず、経済活動においても随所で頭をもたげているが、このような日本人は、これからの世界経済の荒波に立ち向かうことができるであろうか。

経済戦争ではなく経済競争は必然的にルールを要求する。そのルールを国内で作るのはその国の政権なので、経済競争が国内に留まっている限り、日本が中国化するにせよ西洋化するにせよ、結果は同じである。しかし、国際競争になった時に、国際経済ルールはどれほど堅固なものであろうか。第六章で示したように国際経済のルールはスポーツルールほどには規範性がなく、ましてや、政治ルールにおいてはいまだに発展途上である。日本及び日本人が、そのルールに対して如何に対処すべきかについては慎重に考える必要がある。

国家間の平等精神は、国家間の競争を通してしか達成し得ないとすると、民主主義国家とそうでない国家との競争が、ドーピング問題で示されたような結末を招く危険性がぬぐえない。オリンピックにおけるメダル争奪競争はロシア選手の排除で終わったが、国家間の政治経済分野の競争における許されないズルは、どのような結末を迎えるのだろうか。

本書で卓球の事例を提出した時、西欧人は「仕方なくルールを守る」という姿勢であるのに対して、日本人（水谷隼人選手）は「ルールは絶対に守るべきもの」と考えているという意味の指摘を行った。この時は「お人好しの日本人」というニュアンスをも入れて記述したが、もしかしたら、「理想に過ぎないかも知れないが、ルールを絶対に守る」という姿勢を貫くことが、日本の進むべき道なのかも知れない。これは、「憲法九条を無条件で守れ」という、私としては受け入れがたいスローガンと混同されそうで言いたくなかったが、日本と日本人が国際社会で尊敬される唯一の道かも知れない。

平等な他者が存在する世間とは

一方、国内的に必要なことは平等な人間のあいだの自由な討論（政策提案競争）の保障である。ところが、日本では討論が機能していない。二〇一六年の参議院選挙の時も本来の政策議論がまったくなされなかった。安倍首相は、テレビ討論の場を作ることすら拒否した。第五章で引用したように、高橋源一郎は「彼（引用者注：安倍首相）が、自分の支持者に向かってしかしゃべろうとしていないからだ。彼の演説では、最初から、通りすがりのわたしは除外されている。もちろん、これは、首相である彼の演説だけではなかった。反対する立場の人たちの多くもまた、同じように、支持者に向かってだけ話しているように思えた」と述べている。日本では言論競争が機能していない。平等な人間がお互いを批判しながら連帯を深める討論が、世間を慮って生きる生活習慣を身につけている日本人には苦手である。

二〇一七年の衆議院選挙は論争以前の混乱で今のところ評価のしようがないが、それ以前の都議選で安倍首相が、聴衆の一部から「帰れ」「やめろ」コールがわき起こった時に、連呼している人たちの方向を指さし、「憎悪からは何も生まれない。こんな人たちに負けるわけにはいかない」などと反論した事態は、この「安倍首相は身内に向かって発言している」という指摘の裏返しであり、ここから真の討論が生まれるはずもない。日本の未来の設計図はどうなるのか、また、誰と誰が本気で議論して設計案を決定するのであろうか。

今秋の総裁選に関しても、立候補した石破茂が安倍首相の政治姿勢を「正直・公正でない」と批判したところ、彼を支持している参議院竹下派の吉田博美参院幹事長が記者会見で「個人的なことで攻撃していくのは非常に嫌悪感がある」と指摘したそうだ（朝日新聞、2018.8.23）。政治姿勢への批判が個人攻撃というのであれば、論争はできない。そもそも、個人攻撃（討論時の自分へ考えへの批判）に耐えられないような柔な人材は、国際化の時代に国を代表する代議士などになるべきではない。

同じような激しい討論を毛嫌いする風潮は過去に何度も報道されている。たとえば、古くは、道路公団民営化の議論をする民営化推進委員会に作家の猪瀬直樹が選ばれたことに関して、当時の自民党亀井静香前政調会長は「どう考えても日本人と思えないような委員を任命した。公開の中であの人がめちゃめちゃな議論をしていけば当然、委員の中でそういう（まともな）議論が出にくくなる」と述べている。この記事は、二〇〇二年六月二六日の日刊スポーツとスポーツ報知の両方で報道されているが、二つのスポーツ紙で報道されたこと自体、スポーツ的でない論争形式が批判されていると解釈できる。

スポーツ紙で政治問題が取り上げられていること自体、昔はなかったことであり、政権争奪競争が競技的色彩を持ていることが徐々に認知された結果であると理解している。その後、亀井氏は自民党を離れたが、離合集散を繰り返す中で、真の政策議論がどれほどできていたのか、心許ないばかりである。

議論がかみ合わずに放置される理由の一つに、前章第五節でも取り上げたように、有権者の過半数であるサラリーマンの意見がスポイルされていることもあげられよう。前著では、政治競争で負けても生活に影響がない、社長、農民、組合役員のみが実質的な被選挙権を持ち、それが、自民党（社長・農民代表）と社会党（組合員代表）による55年体制を支えてきたと指摘した。しかし、組合の組織率が低下した現在、特に単純な組織の利益代表としてではなく高所から俯瞰する発想で、「世間を慮る」のではなく、これまでは機能していたが歴史的変化の中で機能不全となった「世間の在り方」を変えるべく真剣に活動することが期待されるサラリーマンを代表する議員がいないことが、議会の混乱に拍車をかけているのではないだろうか。最大の政治課題である介護や子育ての支援がもっとも必要なのは、サラリーマンである。

かつてサラリーマン新党という組織ができたが、サラリーマンの立場・要求は様々で、ムラ社会に基盤を持たなかったが故に、流れを作れなかった。筆者は、様々な立場のサラリーマンが、定年後に一期だけ市町村議員を務めることで議論重視の議会を作り出せるのではないかと考えている。市町村議会でも絶対多数を保守系が占め、形式的な議論をしただけで採決がなされている。筆者の居住する市の議会報告をみると、二〇ほどの議案のうち、大多数の議員が賛成して通過した議案と、大多数が反対した議案にきれいに分かれてしまっている。しかし、真剣に議論して賛否を取れば、その通過した議案も、大多数が賛成した議案、小差で通過した議案、惜しくも通過しなかった議案、そして、修正されて通過した議案に別れるはずである。そのためには、議員の中に、農林水産業者代表や商工業者の利益代表の他に、何名かの中立的なサラリーマン代表がいて、キャスティングボードを握る必要がある。なぜなら、サラリーマンは、同じような熟議を経て事業企画書を決定した経験をたくさん持っているからである。

筆者は、この考えを実践すべく、定年直後の市議会議員選挙で、実験的に、主としてホームページのみの選挙を行ってみた。選挙費用を逐一ホームページで報告し、主張もホームページのみで発表した。選挙ポスターにはメインの主張とホームページURLを掲示して戦ったところ、落選はしたものの法定数の二倍以上を獲得でき、供託金没収は免れ、選挙費用は五万円ほどで収まった。筆者は定年後に第二の職場に移る可能性があったので、事前には、誰にも相談せずに実行したが、定年の一年前から立候補宣言して、定年直後の地方選を目指して、「市長の政治姿勢への賛否は与野党の息のかかった議員に任せて、提出された議案に是々非々の姿勢を取る」という姿勢を明確にして活動すれば、普通のサラリーマンでも確実に当選可能だと思われる。詳しい内容には筆者のホームページを参考にして欲しい。

市町村の懸案事項で本格的な議論ができていないのに、国会の議論にそれを要求するのはないものねだりである。

ところで、対等な議論以前にも大きな問題がある。前著の終章で、筆者がトルシエ日韓W杯代表監督の「先輩をさん付けするな」という指示を紹介した時、日本人選手は「ピッチ上ではそうしても、試合が終わればさん付けするだろう」と推測して、日本の世間主義と西欧の個人主義のどちらでもない第三の道があるのではないかという指摘をした。しかし、最近の映像を見たところ、香川真司が本田圭佑のことを、試合後のインタビューで「ケイスケが……」と呼び捨てにしていた場面を見た。本田の方が年長であるので、ピッチ外では「ケイスケさん」と敬称で呼んでもいいはずであるが、試合が終わってからも呼び捨てにできるということは、幼少の序という日本人の心理的習慣が少しずつ変化してきているのかも知れない。

そうすると、平等社会は実現するが、他者を慮《おもんぱか》る日本人の良さはなくなってしまうかも知れない。よく言われるように、アメリカ人は、重い荷物を持った老人を見ても手伝わないが、手伝ってくれと言われれば、すべての人が喜んで手伝う。声をかけないことは自分で運ぶ気なのか誰かを待っているのだろうと考えているからである。日本人の場合、大部分は言われなくても「手伝いましょう」と声をかけ、少数は見向きもしない。この話は、滞米中の大学生との会話で確認した。

私としては、このようなおせっかいの心をなんらかの形で維持しながら、なおかつお互いに競争心を持って交流する生き方を日本人のスタンダードにしたいと考えているが、それが可能かどうか、もっと違う第三の道があるのかどうかは、本書の読者への宿題としておき、最後に天皇制のあり方を問題提起しておきたい。

前述した大澤は、『日本史のなぞ』の「やや長めのあとがき」の冒頭で、「どのような社会にも、（不）可能性の臨界のようなものがある。その先を越えていくことができない、という暗黙のうちに想定されている境界線がある。この境界線が維持されていることを前提にして、社会内の他のすべての活動がなされている」と述べて、結婚式の宣誓を引き合いに出している(p188)。「死ぬまで愛し続けますか」という牧師の問いに、そんなことは約束できないとまじめに考えている新郎も「ノー」とは言えない。日本語で「空気を読む」と表現される境界線の高い日本で天皇制を考え議論することは、後述するように「日本国民とは何か」を議論することになり、本当の意味での政治論争を引き起こすきっかけにはなるのではないだろうか。

退位に関するほとんどの記事で、「天皇の思いを深く受け止め」という表現がなされているが、天皇が制度に関する考えを表明することは、明らかに憲法で否定されている「天皇の政治介入」にあたるはずだ。しかし、天皇も自分で考えて行動する人間だとすると、議論の原点は、天皇を人間としてどう扱うかの問題のはずである。朝日新聞の異論のススメ（2017.1.6）で、佐伯啓思は「日本の天皇制度と、西洋から導入した近代的な立憲主義や民主主義の間に何か根本的に食い違いがある」と指摘して、この論の最後を「天皇を抱く日本の歴史的な『国のかたち』と戦後の民主主義や西洋流の立憲主義の間に齟齬が生じるのは当然ともいえよう。この齟齬を全面的に解決する方策はないが、天皇の退位問題を通してわれわれが見るべきものは、こうした困難な事情ではなかろうか」と締めくくっているが、「困難な事情」は情意的な問題であり、退位問題は論理的な議論の契機になると考える。

天皇が人間宣言をした以上、憲法第一章（天皇）に書いてあることは、「天皇も人間であり国民の一人だが、歴史的事情を考え国民の総意で国民でないことにしてもらった」と理解されるべきであろう。

元最高裁判事も歴任した東北大学名誉教授藤田宙靖は、朝日新聞のインタビューで（2017.1.18）、天皇に人権があるのかという昔からある難問に関して、「公務員がその地位に伴って活動に一定の制約を受けるように、天皇という地位にある方の基本的人権も制約されざるを得ません。しかし、最低限度の人権、つまり人間の尊厳、個人の尊厳まで奪われていいはずはありません」と述べている。

そうすると、人間である天皇に意見を述べる制約があるのは、天皇がその身分と引き替えに承諾したものと考えられるべきである。したがって、天皇の思いを汲んだ退位を承認するということは、「約束違反なので国民に還ってもらうということになる」はずである。一方、藤田が主張しているように、『退位を可能にする』ための要件設定」を皇室典範本体や特別法で規定して、天皇の意志に関係なく退位していただく場合は、皇室典範でその後の身分を明確にする必要があることになる。「退位は、天皇の意志とは無関係に、諸般の状況を勘案して○○会議で決定し、退位後の身分は××とする」という構造の法律で退位を認めることではじめて、退位後の天皇も皇室に残れるはずである。

こう考えてくると、人間宣言した戦後の皇室は、新憲法制定時にその人権的制約を受け入れたと解釈せざるを得ない。そうすると、本来であれば、その後の皇室の人間には、二十歳になった段階で、皇室に残るかどうかの選択をしていただき、残る決断のされた方々だけを「皇室の人間」として処遇すべきだったのではないだろうか。現在は、女性皇族は結婚すると自動的に普通の国民に還ることになっているが、それこそ人権侵害、藤田のいう「最低限度の人権、つまり人間の尊厳、個人の尊厳」の侵害のなのではないだろうか。

藤田の以下の指摘は、日本が「ルールを尊重した競争で成り立っている民主主義社会」であり続けるための踏み絵ではないのだろうか。そしてそれが、佐伯が言う「日本の天皇制度と、西洋から導入した近代的な立憲主義や民主主義の間にある何か根本的に食い違い」を民主主義国家として折り合いづける唯一の道であろうことを指摘して本書を終わりたい。

「憲法は『皇位は（略）国会の議決した皇室典範の定めるところにより、これを継承する』と定めています。退位を認めるには典範改正が必要だという主張がありますが、私は特別法でも可能であろうと考えます。憲法がいう『皇室典範』とは一種のカテゴリーであって、特別法やそれ以外の付属法令を含めたものをさすとの理解は不可能ではありません。また、そもそも今の陛下の退位という個別事例に限った立法が許されるのかとの議論もありますが、この点についても、平等原則など憲法がほかに定める規範に抵触しない限り、対象が個別的であるからといって、そのことだけから違憲だとは言えないでしょう」

——なぜでしょうか。

「ただ、私が強調したいのは、退位を特別法によって実現しようとするのであれば、その法律は必ず、今後の天皇にも適用されうる法的ルールを定めたものでなければならないということです」

「憲法がわざわざ『皇室典範』と法律名を特定して書いている背景には、安定的な皇位継承のためには明確な法的ルールが必要であり、政治状況や社会状況に応じて、時の政権や多数派の主導による安易な代替わりがあってはならないという意味が込められていると考えるからです。皇位継承のあり方は政治にとって最もセンシティブな問題の一つです。かりに特別法が、『今上天皇は何年何月何日に退位する』といった内容の規定にとどまる場合、憲法の趣旨に反するものとして、違憲の疑いが生じると思います」

「退位に至る陛下固有の事情を説明した後に『よって退位する』という構成の特別法にするとの報道がありました。しかし、そのような『歴史の叙述』は『ルールの設定』ではあり得ません」（朝日新聞、

2017.1.18）

立憲国家とは、為政者（形式的な長も含む）を選ぶルールが決められている国家なのである。

後書き

初稿を書き上げた後、二〇一六年七月二六日付の朝日新聞の一面に「南シナ海判決に触れず　ASEAN、中国に配慮　外相会議声明」の記事が、そして、一枚めくった左の三面（総合欄）には、ロシアの組織的なドーピング問題について「新たに13選手、リオ不可　ロシア五輪委会長発言　テニス・アーチェリー容認」という記事が載った。

前者では、「24日の会議では、判決を歓迎するフィリピンやベトナムなどと、判決は無効とする中国の立場を支持するカンボジアなどが対立。25日も協議を続けたが、声明では判決に触れず、影響力を強める中国への配慮をにじませた」と記して、国際法規に対する大国の影響について指摘し、後者では「巨大スポーツイベントの誘致に積極的なロシアは、各競技連盟にとってタニマチ」であり、「IOC、各競技の国際連盟には、スポーツへの投資を惜しまないロシアと亀裂を深めたくない依存体質が透けて見える」と、やはり、大国への配慮を指摘している。

スポーツは、民主主義と平行して発展したため、民主主義国としか相性がよくないのである。国際問題は、国際法が確立途上のため、スポーツにおいても政治経済においても、民主主義国の間でしか平和裏な解決が望めないのだ。

二つの事件に共通しているのは、大国の、ルール無視の横車である。そして、この国際競争でのルール無視によるトラブルが、非民主主義国で生じていることは、象徴的である。

経済競争であろうが、スポーツ競争であろうが、その競争が自国内で閉じている限り、競争ルールは参加者全員に平等に適用され、民主主義国では、競争が勝敗の決着とノーサイドの精神の発揮で終わる。しかし、民主主義国が、政策提案競争である民主主義の定着していない国との間で、経済やスポーツの競争をする場合は、契約を守り、人権を守り、ノーサイドの精神で他者に接してくれる保証がない。

非生産分野であるスポーツの世界にあっても、利害関係がないので国際法が貫徹されているようにみえるが、ルール遵守はスポーツの誕生を後押しした民主主義諸国の間のみであり、ロシアの組織的ドーピングにみられるように、スポーツを政治的に利用しようとする非民主主義国にとっては、スポーツに勝つためにスポーツの国際法を歪めることも「自国の正義」の一環に過ぎない。

まして、経済競争においては、国際ルールが守られる保証がないのに、理想主義によってか意図的な現実無視でか、多国籍企業の意向を受けた民主主義国の政府がGNPを増やそうと自由貿易を推し進めた。そのため、先進国のGNPは増えたが、その富は一部の企業人に独占され、国内の格差は増加した。そして、非民主主義国と交渉するためには、国民の意向ではなく権力者の意向に顔を向けた方が手っ取り早いので、非民主主義国では、民主主義国以上に貧富の格差は広がっている。

フェアトレードの仕組みが広がりつつあるが、それだけでは根本的な解決にはならない。本書で指摘しているように、敗者への配慮が実行されるのは民主主義国だけだからだ。左翼ナショナリストと称しているフランスのジャンピエール・シュベヌマンは、国境を越えた経済がグローバル化に異議を唱えている。

（グローバル化に反対するのは）民主主義は国民国家の中でしかうまくいかない仕組みだと考えるからだ。多数決でものごとを決めるときには、フランス人や日本人といった国民としての「私たち」という意識の共有が欠かせない。「私たちみんなでいっしょに決めたのだから」と思えてこそ、少数派も結果を受け入れられる。だから、国という枠を大事にする。その意味でナショナリスト。国を軽んじては民主主義がおかしくなる、と警告していた（朝日新聞、2017.12.10）。

国際関係が非民主主義国の台頭でぎくしゃくしている現在、トランプが二国間貿易協定に軸足を移したのは、その意味では正しい選択だ。ただし、このスタンスは「自由貿易ではなく、お互いのムネの探り合いでやりましょう」という精神に戻ることを意味している。国際的に民主主義的手続きが尊重されていたのは、民主主義の精神が世界中に行き渡っていたからではなく、民主主義の国々が大きな実力を持っていたからである。

シュベヌマンの指摘は「国民としての『私たち』」は、民主主義国が集まったヨーロッパでも「ヨーロッパ人としての『私たち』」に昇華されていないことを示している。そうすると、多くに非民主主義国も抱えた世界で『世界人』としての意識を持った人々が過半数になるには天文学的年月を必要とするだろう。

二〇一七年に入ってからは、トランプ発言、東シナ海問題、北朝鮮問題と国際法を無視した言動が多々みられたが、これらは、国際正義の実現、国際法治主義の限界を露呈している。本書で示したように、ルールに基づく競争活動は、国をまたぐと、どの分野においても、国際法の持つ力と同じくらいにしか有効に機能しないのである。

スポーツが平等な人々による競争であり、その競争の効果は、スポーツを行う人々はお互いを（いやいやでも）平等な人間と扱わざるを得ないこと、あるいは、スポーツで戦う人々は（自然に）対戦相手を同じ平等な人間と感じるようになることである。この無意識の平等観が広がるためには「競争」を経験する必要がある。日米が親しくなったのは、第二次世界大戦を経験したためなのかも知れない。

そうだとすると、戦国時代を経て日本が統一されたように、世界が一つになるためにはまだまだ戦いが必要となる。それが「戦争」ではなく「競争」であることを願っている。

なお、ポピュリズムの問題も政策提案競争次元の問題として把握されるだろう。トランプ大統領や安倍首相の言動に典型的に表れている国会討論における議論を拒否するような発言と、それを乗り越えられない野党の対応の積み重ねが、ノーサイド精神を涵養せず、感情的な国民の分裂に拍車をかけていると思われるが、本書では時間をかけて議論することができなかった。「競争の原理」から、問題点を見極めていただきたい。

最近、ラス・ロバートの『スミス先生の道徳の授業：アダム・スミスが経済学よりも伝えたかったこと』を読んだ。彼によると、「神の手」は『国富論』にも『道徳感情論』にも、一度しか出てこないようである（p251）。彼は、スミスの真骨頂は『道徳感情論』にあるとして、その一節を著書の冒頭で紹介している。

> 人間というものはどれほど利己的とみなすとしても、なおその生まれ持った性質の中には他の人のことを心に懸けずにはいられない何らかの働きがあり、他人の幸福を目にする快さ以外に何の得るものがなくとも、その人たちの幸福を自分にとってなくてはならないものと感じさせる。

アダム・スミスは、利己的な自己愛で利潤を求める活動が一国の経済発展に寄与するメカニズムを研究しながらも、その近代的な利潤追求の結果が愛に満ちた社会の誕生につながると信じていたのではないだろうか。それを私の言葉で表現すると、近世以降に開花した「目標に向かって共に相手を尊重しながら競い合う」愛の精神ではないのだろうか。

日本も中世においては、競い合いよりも争いが主流であったようで、鴨長明の方丈記には、冒頭の「ゆく川の流れは絶えずして」の後に「たましきの都のうちに、棟を並べ、甍を争へる、高き、卑しき人のすまひは、世々を経て尽きせぬものなれど、これをまことかと尋ぬれば、昔ありし家はまれなり」という文章がある。当時の有力者は、「争い」によって高級住宅を手に入れていたものと思われるが、今日の有力者は、「競い合い」によって手に入れているはずである。

ところが、日本の現状を顧みると、二〇一七年の都知事選で大勝後初登庁した小池百合子知事に対して、都議会議長がマスコミによる集合写真の撮影願いを拒絶したり、慣例に反して与野党都議会議員が出迎えを拒否したりしたことが報道された。また、衆議院選挙においては、政策議論がまったくなされずに投票のみが国民に強制されにもかかわらず、何の混乱もなかった。これらの事実は、国民が、民主主義における選挙が政策提案競争（争いではなく競い合い）であることを理解していない非民主主義思想の持ち主であることを証明するものである。

原稿の最終チェック中に起きた日本スポーツ界の数々の不祥事は、競技運営内にとどまらず、日本国に共通する非民主的・独裁的組織運営の実態を露わにしてくれた。これらの問題に対するコメントは、時間の関係で、関連する部分に少しだけ書き込んでおいた。

本書をお読みいただいた方には説明する必要はないと思われるが、どの分野にあっても、競争は勝敗が決することを前提としており、勝敗は時の運であり、敗者をノーサイドの精神で讃えることがセットとなっている活動である。都議会議員が負けるとこそこそ逃げ出した行動の背景には、負けるはずがないという間違った思い込み（日本型社会主義の精神）があったからであろう。

これらの問題の背景にある民主主義の本質は本書で書き尽くしたので、スポーツが平等な人々による競争であり、その競争の効果は、スポーツを行う人々はお互いを（いやいやでも）平等な人間と扱わざるを得ないこと、あるいは、スポーツで戦う人々は（自然に）対戦相手を同じ平等な人間と感じるようになることである、とのみ記して後書きとしたい。
ただし一つ書き残したことがある。それは、前著で詳述したように学問もまた競争であるということである。その学問競争について、マックス・ヴェーバーは、『職業としての学問』で、芸術家の作品は時代を経ても色あせることはないが、ある学者が到達した学問的真実は後の研究者から否定されることもあることを指摘している。学問上の論争も競争である以上、勝ち負けは学問のルールに基づいて、その時点での真実として仮決定される。本書を近代社会の作動原理に関する学問論争と認めていただければ、本書への批判が必ず現れると思われる。反論を期待したい。

平成三〇年十一月
杉崎　隆晴

引用文献

会田雄二『アーロン収容所：西欧ヒューマニズムの限界』中公文庫、一九七三年。

有本真紀『卒業式の歴史学』講談社、二〇一三年。

池上俊一『歴史としての身体：ヨーロッパ中世の深層を読む』柏書房、一九九二年。

イザヤ・ペンダサン『日本人とユダヤ人』山本書店、一九七〇年。

石井良助『江戸の刑罰』吉川弘文館、二〇一三年。

猪木武徳『経済学に何ができるか：文明社会の制度的枠組み』中公新書、二〇一二年。

井堀利宏『経済学で読み解く日本の政治』東洋経済新報社、一九九九年。

大谷武一『体育選集第五巻』、杏林書院体育の科学社、一九六〇年。

大澤真幸『日本史のなぞ』朝日新書、二〇一六年。

岡義武編『吉野作造評論集』岩波文庫、一九七五年。

岡本隆司『中国の論理』中公新書、二〇一六年。

加藤邦彦『スポーツはからだに悪い』カッパブックス、一九九二年。

加藤陽子『それでも、日本人は「戦争」を選んだ』朝日出版社、二〇〇九。

刈谷剛彦『階層化日本と教育危機―不平等再生産から意欲格差社会（インセンティブ・ディバイド）へ』有信堂、二〇〇一年。

河合香吏編『制度：人類社会の進化』京都大学学術出版会、二〇一三年。

川谷茂樹『スポーツ倫理学講義』ナカニシヤ出版、二〇〇五年。

岸田秀『ものぐさ精神分析』中公文庫、一九八二年。

木下秀明『日本体育史研究序説』不昧堂出版、一九七一年

木下秀明『スポーツの近代日本史』杏林書院、一九七〇年。

栗田房穂「『遊び』の経済学」朝日新聞社、一九九〇年。

小泉信三『練習は不可能を可能にする』慶応大学出版会、二〇〇四年。

古賀茂明『日本中枢の崩壊』、講談社、二〇一一年。

杉崎隆晴『政治・経済、そして、スポーツ』東京図書出版、二〇一〇年（21世紀アートより電子出版あり）

鈴木正幸他編『比較国制史研究序説』柏書房、一九九二年。

竹内洋『立志・苦学・出世：受験生の社会史』講談社学術文庫、二〇一五年。

武智幸徳『サッカーという至福』日本経済新聞社。一九九九年。

橘木俊詔『学歴入門』河出書房新社、二〇一三年。

永井洋一『スポーツは「良い子」を育てるか』日本放送出版会、二〇〇四年。

仲正昌樹『カール・シュミット入門講義』作品社、二〇一三年。

中村敏雄編『スポーツをとりまく環境』創文企画、一九九三年。

中谷巌『資本主義はなぜ自壊したのか』集英社、二〇〇八年。

西山哲朗『近代スポーツ文化とは何か』世界思想社、二〇〇六年。

長谷川俊明『競争社会アメリカ：競争は善、独占は悪』中公新書、一九九一年。

福沢諭吉『改訂福翁自伝』岩波文庫、一九四九年。

麓信義『新しいスポーツ心理学入門』春秋社、二〇〇〇年。

増田宏一『日本遊技史』平凡社、二〇一二年。

増田宏一『日本遊技思想史』平凡社、二〇一四年。

松井良明『ボクシングはなぜ合法化されたか：英国スポーツの近代史』平凡社、二〇〇七年。

松下良平『道徳教育はホントに道徳的か？：「生きづらさ」の背景を探る』日本図書センター、二〇一一年。

松本健一『「孟子」の革命思想と日本：天皇家にはなぜ姓がないのか』昌平黌出版会、二〇一四年
三木三之助『明治精神の構造』岩波現代文庫、二〇一二年。

望田幸男・村岡健次編『近代ヨーロッパの探求⑧スポーツ』ミネルヴァ書房、二〇〇二年。

森本あんり『宗教国家アメリカの不思議な論理』二〇一七年。

山本英貴『旗本・御家人の就職事情』吉川弘文館歴史文化ライブラリー、二〇一五年。

山本浩『フットボールの文化史』筑摩書房、一九九八年。

山室恭子『大江戸あきない白書』講談社選書メチエ、二〇一五年。

吉川徹・中村高康『学歴・競争・人生：代のいま知っておくべきこと』日本図書センター、二〇一二年。

吉野作造『吉野作造評論集』岩波文庫、一九七五年。

與那覇潤『中国化する日本：日中「文明の衝突」一千年史』文藝春秋社、二〇一一年。

ピエール・クラストル（毬藻充訳解説）『暴力の考古学：未開社会における戦争』現代企画社、二〇一三年
ロジャー・D・コングルトン（横山彰・西川雅史監訳）『議会の進化：立憲的民主統治の完成へ』勁草書房、二〇一五年。

レオ・ダムロッシュ（永井大輔・高山裕二訳）『トクヴィルの見たアメリカ：現代デモクラシーの誕生』白水社、二〇一二年。

シェリル・ベルクマン・ドゥール（川谷茂樹訳）『スポーツ哲学の入門：スポーツの本質と倫理的諸問題』ナカニシヤ出版、二〇一二年。

ノルベルト・エリアス、エリック・ダニング（大平章訳）「スポーツと文明化：興奮の探求」法政大学出版局、一九九五年。

ジョセフ・ヒース（栗原百代訳）『資本主義が嫌いな人のための経済学』NTT出版、二〇一二年。

ジョセフ・ヒース（瀧澤弘和訳）『ルールに従う：社会科学の規範理論序説』NTT出版、二〇一三年。

ウルリケ・ヘルマン『資本の世界史』太田出版、二〇一五年。

ミシェル・フーコー『監獄の誕生』新潮社、一九七七年。

アレン・グットマン（谷川稔（ほか）訳）『スポーツと帝国：近代スポーツと文化帝国主義』昭和堂、一九九七年。

ホイジンガ『ホモ・ルーデンス』中公文庫、一九七三年。

デイヴィッド・ジョンストン『正義はどう論じられてきたか：相互性の歴史的展開』みすず書房、二〇一五年。

アルフィ・コーン『競争社会をこえて』法政大学出版局、一九九四年。

P・C・マッキントッシュ（加藤橘夫・田中鎮雄訳）『近代イギリス体育史』ベースボール・マガジン社、一九六〇年。

ピーター・マキントッシュ『フェアプレイ：スポーツと教育における倫理学』ベースボール・マガジン社、一九八三年。（注：右と同じ筆者）

ラス・ロバーツ（村井章子訳）『スミス先生の道徳の授業』日本経済出版社、二〇一六年。

アダム・スミス（永田洋監訳）『国富論（一）』岩波書店、二〇〇〇年。

アレクシス・ド・トクヴィル（松本礼二訳）『アメリカのデモクラシー　第一巻（上）』岩波文庫、二〇〇五年。

マックス・ウェーバー（清水幾太郎訳）『社会学の根本概念』、岩波文庫、一九七二年。

評論家
杉崎隆晴（体育学研究者：麓信義）

略 歴

1948年東京都生まれ。中学3年生頃から日本文化論と心理学に興味を持ち始めるが、大学は教育学部体育学健康教育学科体育学コースを卒業。大学院に進み、体育学を修める。

専門分野は当時の名称で「体育心理学」。ただし、名刺では「運動・スポーツ心理学研究室」所属としていた。このあたりにも「体育」の名称の特殊性がうかがえる。

大学院の指導教官は運動生理学とバイオメカニックスが専門であり、結局、日本文化論も心理学も指導者なしの独学であるが、認知心理学の第一人者ナイサー教授（米国）の来日時にはシンポジウムに参加し、誠信書房の『新しい心理学シリーズ』や『心理学辞典新版』、そして、リハビリ関係の専門書への執筆等の業績がある。

国立大学教員養成学部で主に「体育心理学」と「サッカー」の授業を長年担当し、その分野で『新しいスポーツ心理学入門（春秋社）』や『スポーツ心理学からみたサッカーの理論（三一新書）』等を出版するとともに、日本体育協会（当時）のスポーツ指導者を育成する事業で「スポーツ心理学」を担当し、2012年に同協会より表彰された。

評論家としては、『Ronza』への寄稿の他、『国立大学権力構造の謎解き（三一書房）』『政治・経済、そしてスポーツ競争の現代的意味（東京図書出版:22世紀アートで電子書籍として再出版）』に続く3冊目の著作である。

スポーツは民主主義のバロメーター
スポーツで読み解く競争社会の本質

発行日　2019年1月10日
著　者　杉崎 隆晴
発行者　橋詰 守
発行所　株式会社 ロギカ書房
〒101-0052
東京都千代田区神田小川町2丁目8番地
進盛ビル303号
Tel　03（5244）5143
Fax　03（5244）5144
http://logicashobo.co.jp/
印刷・製本　藤原印刷株式会社

Printed in Japan
978-4-909090-19-5　C0031